ANDREAS KNUF

Nix wie fühlen!

Andreas Knuf

Nix wie fühlen!

Achtsamer Umgang mit Gefühlen in Beratung, Therapie und Coaching

Ein Erfahrungs- und Arbeitsbuch mit vielen Praxistipps

arbor

Arbor Verlag
Freiburg im Breisgau

1. Auflage 2022
Lektorat: Pascal Frank
Titelfoto: Hund links und mitte: ©2022 Elke Vogelsang/www.elkevogelsang.com, Hund rechts: ©2022 smrm1977/istockphoto.com
Umschlaggestaltung und Satz: mediengenossen.de
Druck und Bindung: Memminger MedienCentrum AG, Memmingen
Dieses Buch wurde auf 100 % Altpapier gedruckt und ist alterungsbeständig.
Weitere Informationen über unser Umweltengagement finden Sie unter www.arbor-verlag.de/umwelt

www.arbor-verlag.de

ISBN 978-3-86781-281-8

INHALT

EINLEITUNG

Stellen Sie sich die folgende Situation vor: Marco ist gerade in einer Trennungssituation. Für ihn vollkommen unerwartet hat sich seine Partnerin Franziska nach 5-jähriger Beziehung von ihm getrennt, weil sie sich neu verliebt hat. Er fühlt sich traurig, wütend, ängstlich und verwirrt. Er verurteilt sich nicht für seine Gefühle, sondern kann sich sagen, dass diese Empfindungen ganz normal sind und es anderen Menschen wohl ähnlich gehen würde, wenn sie in seiner Situation wären. Er lässt sich abends und am Wochenende genug Zeit, um all diese Gefühle zu fühlen, mal ist es der Schmerz und mal die Wut, zwischendurch fühlt er sich auch einsam und minderwertig. Außerdem bespricht er sich immer wieder mit einem guten Freund, von dem er ebenfalls hört, dass seine Gefühle ganz normal seien, und der sich viel Zeit lässt, um mit ihm über die Situation und seine Empfindungen zu sprechen.

Auch Christian ist in einer Trennungssituation, geht aber ganz anders damit um. Er ist äußerst wütend und hat neulich seine Mutter am Telefon beschimpft. Seitdem hat er mit niemandem mehr über die Trennung gesprochen. Er igelt sich ein, zwar geht er weiterhin zur Arbeit, am Abend und am Wochenende trinkt er aber viel Alkohol und hat sich umgehend auf Tinder angemeldet. Doch auch da hat es nur Streit gegeben. Jetzt verbringt er die Abende mit Netflix und fühlt sich immer schlechter.

Wir können auf sehr verschiedene Art und Weise mit unseren Gefühlen umgehen, und dieser Umgang entscheidet darüber, wie wir mit herausfordernden Situationen, Krisen und Belastungen zurechtkommen, ob es uns gut geht oder wir uns unglücklich fühlen. Jeder von uns kennt Beispiele von sich selbst, und wir wissen aus unseren Beratungs- und Therapiegesprächen, aus unseren Achtsamkeitsgruppen oder Trainings natürlich auch, dass Menschen extrem unterschiedlich mit ihren Gefühlen umgehen.

Das fängt schon damit an, ob wir ein Gefühl überhaupt wahrnehmen. Haben wir keinen oder nur einen sehr schlechten Zugang zu unseren Gefühlen, so zahlen wir meistens einen Preis dafür: Wir sind dann womöglich mit uns selbst und unserer Lebendigkeit nicht gut verbunden. Wir tun uns schwer damit, Entscheidungen zu treffen, weil Entscheidungen ohne Gefühle letztlich nicht möglich sind. Wir sind nicht motiviert zu handeln, denn die Motivation für unser Verhalten schöpfen wir aus unseren Gefühlen. Und wir sind kaum in Beziehung mit anderen Menschen und Lebewesen, denn unsere Beziehungen leben von emotionaler Energie. Letztlich sind wir ohne unsere Gefühle noch nicht einmal überlebensfähig, allein schon weil wir nicht in der Lage sind, Risiken abzuschätzen und uns vor Gefahren zu schützen.

Eigentlich geht es von morgens bis abends um Gefühle. Sie sind wohl mit das Wichtigste im Leben überhaupt und entscheiden darüber, wie es uns geht (»wie wir uns *fühlen*«) und was wir tun. Wenn es uns richtig gut geht, bedeutet das, dass wir angenehme Gefühle haben, die zumindest eine gewisse Zeitlang anhalten. Wenn es uns schlecht geht, werden wir von unangenehmen Gefühlen wie Traurigkeit oder Verzweiflung gequält. Seien es die schönsten Momente unseres Lebens oder die herausforderndsten Erfahrungen – immer spielen Gefühle dabei eine wesentliche Rolle.

Und doch haben wir wenig über sie gelernt. Es gab kein Schulfach dazu, und in vielen Elternhäusern wurde kaum über Emotionen gesprochen. Selbst in Forschung und Therapie waren sie lange eine Randerscheinung. Ich erinnere mich noch gut an mein Psychologiestudium in den frühen 1990er-Jahren. Damals hatte die Kognitive Verhaltenstherapie gerade ihre Blütezeit. Alles wurde auf die Gedanken zurückgeführt und entsprechend wurde an der Veränderung von Gedankenprozessen gearbeitet. Mit dem »Schmuddel« der Gefühle wollte man am liebsten gar nichts zu tun haben.

Aus meinen Seminaren und Trainings weiß ich: Auch bei anderen Berufsgruppen ist es nicht viel anders. Wer eine Ausbildung in einem sozialen Beruf absolviert hat, sei es ein Pflegeberuf, Sozialpädagogik, Heilerziehungspflege oder Medizin, der hat meistens erstaunlich wenig über Gefühle gelernt. Das gilt auch für andere Arbeitsbereiche, etwa in der Führung von Mitarbeitenden oder in der Weiterbildung. Selbst in der Achtsamkeitsbewegung oder in der Meditationsschulung, die sich ja der akzeptierenden Wahrnehmung aller Empfindungen verschrieben haben, geht es meistens eher um die Wahrnehmung von Gedanken oder Sinnesempfindungen – und weniger um Gefühle.

Wer aber schon länger mit Menschen arbeitet, der weiß ganz genau: Es sind die Gefühle, die der Motor für heikle Verhaltensweisen sind, die psychische Krisen begünstigen und die über menschliches Leid oder menschliches Glück entscheiden. Unsere Gedanken und Handlungen werden weit mehr durch unsere Gefühle gesteuert, als wir lange Zeit wussten oder wahrhaben wollten. Die neurowissenschaftliche Forschung macht uns darauf aufmerksam, dass in heiklen Situationen unsere mentalen Prozesse herunterreguliert sind und unsere emotionalen Hirnzentren darüber entscheiden, was wir tun. Im Bereich der Psychotherapie hat die Übergewichtung kognitiver Interventionen mittlerweile ein Ende gefunden, stattdessen ist von der »emotionalen Wende« die Rede. So betonen alle integrativen Methoden der modernen Psychotherapie, dass eine tiefergehende Veränderung von Menschen nur möglich ist, wenn unsere Gefühle aktiviert sind und wir auch an unseren Gefühlen arbeiten.

Dieses Buch unternimmt den vielleicht etwas gewagten Versuch, die Erkundung der eigenen Gefühle und die Vermittlung von Fachwissen zusammenzuführen. Statt uns nur mit den Gefühlen von (anderen) Menschen zu beschäftigen, die wir beraten oder in irgendeinem Kontext fachlich begleiten, starten wir zunächst jeweils bei unseren eigenen Gefühlen. So können wir von unserem eigenen Erleben ausgehend mehr darüber erfahren, wie wir Menschen unterstützen können, auf eine gute Art und Weise mit ihren Gefühlen umzugehen.

Nix wie fühlen! ist als Arbeits- und Erfahrungsbuch konzipiert. Neben fachlichen Inputs finden Sie hier Übungen zur Selbstreflexion, Praxistipps für verschiedene Settings, konkrete Formulierungsvorschläge und Antworten auf häufig gestellte Fragen. Natürlich können Sie dieses Buch »in einem Rutsch« lesen. Sie werden aber noch mehr davon profitieren, wenn Sie die vorgeschlagenen Übungen ausprobieren und sich immer wieder Zeit zum Hinspüren und Reflektieren nehmen. Alle Übungen wurden in Seminaren und Therapiesitzungen erprobt und sind nach meiner Erfahrung sehr wirkungsvoll. Sie dienen uns im Buch für den eigenen Erfahrungsprozess, können aber natürlich auch in Gruppen- und Einzelsettings angewendet werden. Um den eigenen Wahrnehmungsprozess zu unterstützen, finden Sie an verschiedenen Stellen in diesem Buch ein Pausenzeichen:

Dieses lädt zum Innehalten ein, vielleicht sogar kurz die Augen zu schließen, um dem jeweiligen Thema achtsam nachspüren zu können.

Dieses Buch wendet sich in erster Linie an alle, die in verschiedensten sozialen Kontexten tätig sind. Das können helfende Berufe sein wie beispielsweise Mitarbeitende in medizinischen Einrichtungen oder in verschiedenen Beratungssettings, etwa im Bereich der Erziehungshilfe oder des Coachings. Ebenso spreche ich Achtsamkeitstrainerinnen, Meditationslehrende, Seelsorger und andere an, die in verschiedenen Gruppen mit Menschen arbeiten. Und natürlich habe ich auch meine eigene Berufsgruppe vor Augen, denn für Psychotherapeuten ist die Unterstützung beim hilfreichen Umgang mit Gefühlen vielleicht das wichtigste Arbeitswerkzeug überhaupt. Zwei Beratungskontexte werden durch Gastbeiträge befreundeter Autorinnen zusätzlich vertieft. So beschreibt Christine Weiß, wie in der Paarberatung emotionsfokussiert gearbeitet werden kann, und Armin Kaupp, wie die Bedeutung von Gefühlen im Bereich des beruflichen Coachings und der Unternehmensberatung zu sehen ist.

Last but not least kann dieses Buch auch für das bessere Verständnis der eigenen Person oder anderen Menschen in unserem Umfeld gelesen werden, denn auch hier sind die Gefühle der eigentliche Schlüssel für ein zufriedeneres Miteinander.

Mögen wir in der Lage sein, uns unseren Gefühlen achtsam zuzuwenden, und möge dieses Buch einen kleinen Beitrag dazu leisten.

Konstanz, im März 2022
Andreas Knuf

KAPITEL 1

Hinführung

Wenn wir auf die Welt kommen, folgen wir einem natürlichen uns mitgegebenen Umgang mit unseren Affekten. Angst, Freude und andere Empfindungen erleben wir vollkommen ungefiltert. Wir sind ihnen gleichsam ausgeliefert und drücken sie unmittelbar aus. Doch schon bald wird aus dem reinen Erleben des Neugeborenen eine Interaktion zwischen Kind und Eltern oder anderen Bezugspersonen – bereits ab dem ersten Tag und zwischen Mutter und Kind sicher auch schon davor.

Jede Interaktion zwischen Kind und Eltern wirkt sich auch auf die Wahrnehmung der Gefühle aus und wie damit umgegangen wird. Der Säugling oder das Kleinkind strahlt vor Freude und die Mutter strahlt ebenfalls. Sie spiegelt also das Empfinden des Kindes und verstärkt es damit. Oder das Kleinkind ist von Angst überflutet und erfährt vielleicht Halt und Trost. Es könnte aber auch sein, dass die schmerzhafte Empfindung des Kindes ignoriert oder auf eine Art mit ihr umgegangen wird, die für das Kind nicht hilfreich ist. Diese Reaktionen von außen bestimmen sehr zentral, wie es in der Folge die eigenen Gefühle empfindet, sie ausdrückt und damit umgeht.

Die Reaktionen des Umfeldes auf die Gefühle des Kindes werden auf verschiedene Weisen vermittelt. Besonders wichtig ist die emotionale Atmosphäre innerhalb des Familiensystems. Beispielsweise könnte die Atmosphäre von Angst geprägt sein oder im Gegenteil natürlich auch von Vertrauen und Zuwendung. Auch die emotionale Resonanz, also die gefühlsmäßige Reaktion der Bezugsperson, ist für das Kind sehr wichtig. Die wesentlichen Bezugspersonen fungieren außerdem als Modell, sie leben dem Kind also vor, wie mit Gefühlen umgegangen werden kann. Zeigen die Eltern ihren Schmerz oder flüchtet die Mutter ins Schlafzimmer, wenn ihr die Tränen kommen? Sind die Eltern auch mal wütend aufeinander und können sich anschließend wieder versöhnen? Tausende solcher Modell-Verhaltenssequenzen erlebt ein Mensch in seiner Kindheit. Da die Eltern zu dieser frühen Zeit vom Kind geradezu wie Götter erlebt werden, prägt sich dieses Modellverhalten besonders stark ein und wird als unhinterfragbare Wahrheit abgespeichert.

Daneben reagieren die Eltern und andere Bezugspersonen auf die Emotionen, die *das Kind* zeigt. Was macht die Mutter oder der Vater, wenn das Kind wütend ist? Wird der Vater selbst auch wütend und schreit das Kind an oder darf es seine Wut zeigen, ohne dass es zu einer Gefährdung der Beziehung kommt? Reagieren die Eltern ebenfalls freudig, wenn sich das Kind freut, oder sind die Eltern eher unbeteiligt und in ihrem eigenen Empfinden gefangen? Außerdem vermitteln die Eltern und andere wichtige Bezugspersonen dem Kind verbal viel Wissen über Gefühle. Wenn der Vater etwa zum Sohn sagt: »Zeig niemals, wenn du dich schwach fühlst«, dann formen auch solche Sätze natürlich die Reaktionen des Kindes auf eigene Gefühlsimpulse.

Die Kultur des Wegdrückens von Gefühlen

Viele von uns haben gelernt, dass Gefühle besser nicht gezeigt werden sollten. Berühmte Sprüche wie »Indianer kennen keinen Schmerz« sind Ausdruck eines eher unterdrückenden Umgangsstils mit Gefühlen, einer sogenannten Emotionssuppression. Vor allem unangenehme Gefühle sollen, so die Botschaft in vielen Herkunftsfamilien, verschwinden oder am besten gar nicht erst auftauchen. Wenn es einem nicht gut geht, soll man »die Zähne zusammenbeißen« und sich »nichts anmerken lassen«. Aber auch angenehme und freudvolle Empfindungen durften manchmal nicht gezeigt oder ausgelebt werden.

Das »Wegdrücken« von Gefühlen ist kein neues Phänomen, und es ist auch nicht nur in Mitteleuropa, sondern in vielen Kulturen zu finden. Bereits seit dem 18. Jahrhundert wurden pädagogische Konzepte vertreten, die den Kindern ihre »Rohheit« und Wildheit austreiben sollten (Plamper, 2012). Gefühle sollten unterdrückt werden, um dadurch die reine Vernunft zu fördern. Im Rahmen der sogenannten Schwarzen Pädagogik wurde in Nazi-Deutschland und auch schon davor ein extrem emotionssuppressiver Erziehungsstil vertreten: Kinder sollten wenig berührt, die Bindung eher oberflächlich gehalten werden (Haarer, 1934). Und auch nach dem Krieg wurden in einer traumatisierten Gesellschaft Gefühle wie Scham, Schuld und Trauer beiseite gedrückt. Stattdessen versuchte sich die deutsche Gesellschaft in den 1950er-Jahren an einer aufgesetzten »entpolitisierten Fröhlichkeit« in der Kleinfamilie. Vor allem die Generation der Nachkriegskinder, aber wahrscheinlich die Geburtsjahrgänge bis in die 1980er-Jahre hinein, sind oft in einer Atmosphäre aufgewachsen, in der Gefühle kaum gezeigt wurden und die Kinder wenig über den Umgang mit Gefühlen lernten. Die wenigsten aus dieser Generation geben an, dass ihnen ihre Eltern einen authentischen und offenen Umgang mit Gefühlen vermittelten und die Eltern für sie ein Modell eines guten Umgangs mit Gefühlen sind oder waren.

Da ein kleines Kind schwierige Gefühle noch nicht allein regulieren kann, ist es auf die Unterstützung seiner engsten Bezugspersonen angewiesen, meistens sind das die Eltern. Das Kind braucht in emotional schwierigen Situationen eine emotionale Resonanz des Gegenübers, Trost und Mitgefühl sowie eine Validierung der eigenen Gefühle, also eine Bestätigung, dass sie stimmig sind, und auch eine Erlaubnis, dass sie da sein dürfen. Ob dieser Prozess gelingt, hängt von der Bindung zu den Bezugspersonen sowie deren emotionaler Verfasstheit und emotionaler Präsenz ab. Hier kann viel schiefgehen, etwa weil Eltern längerfristig nicht hinreichend präsent sind, da sie beispielsweise mit ihrer aktuellen Lebenssituation überfordert sind, selber Krisen durchleben, äußere Ereignisse dominant sind oder auch schlicht, weil sie ein anderes Erziehungsverständnis haben.

Wenn dieser Prozess, aus welchen Gründen auch immer, nicht oder nur unzureichend gelingt, hat das Kind keine andere Möglichkeit als zu versuchen, allein mit dem Gefühl zurechtzukommen, obwohl es eigentlich überfordert ist. Es wird dann auf ungünstige Strategien zurückgreifen, beispielsweise werden Gefühle komplett beiseite gedrückt oder sogar wegdissoziiert, das Kind verurteilt sich selbst für die Gefühle oder es beginnt, selbstschädigende Verhaltensweisen zu praktizieren.

Selbsterforschung

Nehmen Sie sich nun etwas Zeit, um genauer zu erkunden, mit welcher Form des Umgangs mit Gefühlen Sie aufgewachsen sind. Schließen Sie hierfür kurz Ihre Augen und atmen Sie einige Atemzüge lang bewusst und möglichst gelöst ein und aus. Öffnen Sie sich innerlich für Gedanken, Bilder und Erinnerungen, die Ihnen aus Ihrer Kindheit zum Umgang mit Gefühlen kommen.

Bitte stellen Sie sich nun die folgenden Fragen:

- Wurde Ihnen in Ihrer Kindheit und frühen Jugend vermittelt, dass Gefühle normal sind und zum Leben dazugehören?
- Oder haben Sie eher gelernt, dass sie nicht gezeigt werden sollten?
- Sahen Sie Ihre Eltern weinen?
- Wie ging man in Ihrer Familie mit Traurigkeit, Ärger oder Freude um?
- Wie reagierten Ihre Eltern, wenn Sie als Kind Freude, Angst oder Scham empfanden?
- Wurde darüber gesprochen?
- Wurden die Empfindungen anerkannt oder in irgendeiner Form negativ bewertet?

Wir können sehr froh darüber sein, dass es in den letzten Jahrzehnten vielerorts zu einer deutlichen Veränderung im Umgang mit Gefühlen gekommen ist. Es wird zunehmend leichter, über Gefühle zu sprechen, und in immer mehr Familien bleiben Gefühle nicht länger tabuisiert. Eltern zeigen sich eher mit ihren Gefühlen und vermitteln, dass Gefühle zum Leben dazugehören, man sich ihrer nicht schämen muss und über sie gesprochen werden kann. Dieser Trend ist sehr zu begrüßen und hat unseren gesellschaftlichen Umgang mit Gefühlen bereits deutlich gewandelt. So ist der Umgang mit ihnen zum Teil auch eine Generationenfrage.

Zwei Beispiele

Kerstin wurde Ende der 1960er-Jahre in einem streng katholischen Elternhaus geboren. Gefühle waren zu Hause eigentlich tabu. Sie erzählt, dass sie ihren Vater nie habe weinen sehen und ihre Mutter nur auf dem Friedhof beim Tod ihrer eigenen Mutter. Ansonsten seien Gefühle kaum gezeigt worden. Ausgelassenheit und Freude habe sie zu Hause fast nur im Zusammenhang mit Alkohol erlebt, dann seien auch Ärger und Wut aufgetreten. Diese seien ansonsten in der Familie ganz verpönt gewesen. Wenn sie als Kind ärgerlich geworden sei, sei sie sofort auf ihr Zimmer geschickt worden. Als Erwachsene gehe es ihr heute immer noch so, dass sie sich für ihren Ärger schäme und auch mit Angst reagiere, weil sie fürchte, bestraft zu werden. Wenn sie als Kind ausgelassen und heiter gewesen sei, habe ihre Mutter oft zu ihr gesagt: »So gut wie du möchte ich's auch mal haben.« Auch heute habe Freude manchmal für sie immer noch einen irgendwie negativen Beigeschmack, so als ob es ihr nicht zustünde, dass es ihr gut ginge.

Sabrina, Jahrgang 1991, wuchs in einer großen Hofgemeinschaft auf, wo sie in ihrer Kindheit nicht nur von ihren Eltern, sondern auch von den übrigen Hofbewohnern versorgt und erzogen wurde. Sie erzählt, dass dort alle Gefühle gezeigt werden durften und viel über Gefühle gesprochen worden sei. Sie habe auch viel Freude, Lachen und Ausgelassenheit erlebt, manchmal sei hier aber auch mit leichten Drogen nachgeholfen worden. Die Erwachsenen hätten auch wenig Scham gezeigt, so sei Sexualität und Körperlichkeit ganz offen gelebt worden. Seltsamerweise habe sie sich aber manchmal für die Erwachsenen geschämt, und heute sei es bei ihr so, dass sie eher viel Scham empfinde. Auch wenn sie weinen müsse, zeige sie das ungern anderen Menschen, sondern lasse die Tränen eigentlich nur zu, wenn sie allein sei.

Don't worry, be happy

Während sich die Sprachlosigkeit im Umgang mit Gefühlen zunehmend verliert, ist in den letzten 10–20 Jahren ein Trend zu beobachten, der auf andere Weise problematisch sein kann: ein zunehmender Wunsch nach durchgängig angenehmen Gefühlen. Unsere Kultur ist vermehrt auf Optimierung und Selbstoptimierung ausgerichtet, alles soll immer besser werden. Man muss an sich arbeiten, um sein »wahres Wesen« oder sein »besseres Ich« zu verwirklichen. Diese Suche nach dem Besseren bildet sich auch im Umgang mit Gefühlen ab: Wir möchten immer mehr angenehme Gefühle haben, und zwar besonders intensive, und glauben gleichzeitig, dass wir unangenehme Gefühle ganz aus unserem Leben verbannen können.

Diesen Trend bezeichne ich als Glückskult (Knuf, 2018). Er ist vor allem in vielen westlichen Ländern anzutreffen und wird auch von soziologischer Seite beschrieben (Reckwitz, 2017). Der Glückskult schlägt sich in einer wachsenden Zahl von Ratgeberliteratur über vermeintlich »positive Gefühle« und ein perfektes Leben im »Dauerglück« nieder.

Wenn sich die angenehmen Gefühle nicht von allein einstellen, wird immer häufiger nachgeholfen, sei es mit Psychotipps, Medikamenten oder irgendwelchen Suchtmitteln. Allein vom Jahr 2000 bis 2018 hat sich der Absatz von Antidepressiva in Deutschland fast verdreifacht, was ganz sicher nicht allein mit der Zunahme von Depressionen erklärt werden kann und vielfältige Gründe hat.

Einer davon ist, dass wir unangenehme Empfindungen immer seltener tolerieren, schnell bereit sind, sie als Teil einer Erkrankung zu verstehen, und uns Abhilfe wünschen. So benutzen Klienten von mir immer öfter den Begriff Depression und beschreiben letztlich eine traurige Stimmungslage, ein »schlechtes Wochenende« oder wenig freudvolle Gefühle in einer schwierigen und herausfordernden Lebensphase. Eine Klientin sagte mir einmal: »Wenn man unangenehme Gefühle hat, dann stimmt mit einem doch was nicht.«

Wer früher »schlecht drauf« war, gerade eine »schwierige Zeit« hatte oder in der »Midlife-Crisis« feststeckte, der gilt heute schnell als depressiv, empfindet sein Erleben als Erkrankung und lässt sich entsprechend behandeln. Als ich mich neulich in einem Erstgespräch mit einem Klienten über die Ziele der Therapie beriet, sprach ich von dem Ziel, dass er zufriedener werden könnte. Mein neuer Klient unterbrach mich und meinte: »Das wäre mir ehrlich gesagt zu wenig. Ich will, dass es mir immer gut geht.«

So droht aus einer Kultur des Wegdrückens von Gefühlen eine Glückssucht zu werden, bei der ja wieder Gefühle weggedrückt werden, diesmal zumindest nur die unangenehmen. Dabei wäre es viel wünschenswerter, wir würden die Fähigkeit entwickeln, uns für alle Gefühle zu öffnen, egal ob angenehm oder unangenehm.

Das Wegdrücken unangenehmer Empfindungen kann man allerdings nicht nur der Kultur der Selbstoptimierung und des »Immer besser« anlasten, sondern es ist auch Ausdruck einer biologisch-evolutionär verankerten Grundhaltung: Jedes Lebewesen versucht angenehme Empfindungen herbeizuführen und unangenehme zu vermeiden. Da eine angenehme Empfindungslage normalerweise darauf hinweist, dass unsere Bedürfnisse erfüllt sind, versuchen wir natürlicherweise häufiger, angenehme Empfindungen zu haben. Jeder möchte im Winter im Warmen sein oder genug zu essen haben, wenn er oder sie hungrig ist. Unangenehme Empfindungen wiederum geben uns einen Hinweis, dass eine Gefahr besteht oder ein Bedürfnis unerfüllt ist. Also versuchen wir, diesen Empfindungen aus dem Weg zu gehen.

Während ich das hier schreibe, findet gerade der Eurovision Song Contest 2021 in Rotterdam statt. Deutschland landet ja gerne auf einem der letzten Plätze und so ist es auch diesmal. Jendrik Sigwart belegt mit seinem Song »I don't feel hate« nur den vorletzten Platz. In deutschen Medien wird von einem Debakel gesprochen, das Lied von Jendrik sei zu simpel und kindisch. Während er in Interviews vor der Endausscheidung angab, dass er einen der vorderen Plätze anstrebe, sagt er nach der Niederlage »Ich bin wirklich glücklich!«.

Aber das darf natürlich bezweifelt werden, denn wenn man sich etwas erhofft und das Erwünschte nicht eintritt, ist Traurigkeit die angemessene Emotion. Da geht es auf den Fußballplätzen schon ehrlicher zu: Die Verlierer sind todtraurig, den Tränen nah oder trauen sich, diese auch zu zeigen. Die Sieger sind hingegen freudestrahlend und glückselig und lassen sich überschwänglich feiern.

Der Preis der Emotionssuppression

Auch wenn das Wegdrücken von unangenehmen Gefühlen wie auch die Gier nach angenehmen letztlich negative Folgen für uns haben, kann sich die Emotionssuppression zunächst einmal gut anfühlen, da das unerwünschte Gefühl ja weniger intensiv gespürt wird. So kann beispielsweise viel Ablenkung oder Arbeiten in einer Trauersituation dazu führen, dass der Schmerz über den Verlust vorübergehend weniger wahrnehmbar ist. Wir werden also kurzfristig belohnt, längerfristig kann das Gefühl aber nicht »durchfühlt« und verarbeitet werden.

Es bleibt daher verdeckt bestehen oder die Energie des Gefühls manifestiert sich auf andere Weise. Probanden, denen die Aufgabe gestellt wurde, auf eine experimentell induzierte Angst mit Vermeidung zu reagieren, zeigten eine subjektiv stärkere Angst als die Probanden, welche ihre Angstgefühle einfach nur beobachten sollten (Zvolensky & Forsyth, 2002). Vielfach kommt es zu einer körperlichen Anspannung (Luft anhalten, Mund zusammenpressen, Muskelverkrampfungen, Kloß im Hals, Spannung im Bauch). Der Sympathikus wird aktiviert, was sich in innerer Unruhe, Nervosität, Getriebensein etc. zeigen kann, auch der Blutdruck kann dauerhaft ansteigen. Dies kostet den Körper viel Energie und kann langfristig zu psychosomatischen und körperlichen Erkrankungen führen oder auch eine Schmerzsymptomatik bewirken.

Das Wegdrücken von Gefühlen führt zudem zu einem reduzierten Erleben angenehmer Emotionen. Wir sind nicht in der Lage, nur einzelne unerwünschte Gefühle zu verdrängen, sondern reduzieren dann unsere emotionale Erlebnisfähigkeit generell. In der Folge sind auch Gefühle wie Ausgelassenheit und Zufriedenheit sowie Qualitäten wie Lebendigkeit und Spontaneität weniger zugänglich. Als Metapher lassen sich Gefühle mit dem Wasser in einer gefüllten Badewanne vergleichen: Man kann das Wasser nicht nur an einer Seite der Wanne ablassen. Sobald der Stöpsel gezogen wird, läuft es überall gleichmäßig ab.

Aber natürlich gibt es durchaus auch Situationen, in denen das Wegdrücken von Gefühlen sinnvoll sein kann. Dies betrifft vor allem den Gefühlsausdruck, also ob man eine Emotion zeigt oder nicht. Wir sollten nicht in jeder Situation all unsere Gefühle zeigen, manchmal müssen wir unsere Gefühle bewusst zurückhalten. Außerdem sind wir nicht immer allen Gefühlen gewachsen, weshalb unser Organismus für absolute Hochstresssituationen über einen Mechanismus verfügt, mit dem er die Emotionswahrnehmung gleichsam ausschalten und uns so vor überflutenden Gefühlen schützen kann. Wie wir später noch sehen werden, gilt aber auch in solchen Situationen, dass wir uns zumindest zu einem späteren Zeitpunkt für die bis dahin weggedrückten Gefühle öffnen sollten.

Die Henne und das Ei: Psychische Erkrankungen und der Umgang mit Gefühlen

Eine von zahlreichen Fragen zum Zusammenhang von Gefühlen und psychischen Erkrankungen lautet: Führt ein ungünstiger Umgangsstil mit Gefühlen zur (späteren) psychischen Erkrankung, ist er also eine *Ursache* der Erkrankung? Oder führt die Erkrankung selbst zum ungünstigen Umgang mit Gefühlen, zum Beispiel, weil die Gefühle infolge der Erkrankung überwältigend sind und nicht so gut verarbeitet werden können?

Aufgrund der aktuellen Studienlage spricht einiges dafür, dass ein ungünstiger Umgangsstil mit Gefühlen tatsächlich *eine* Ursache zahlreicher psychischer Erkrankungen ist. Der in der Biografie erworbene ungünstige Umgangsstil erhöht die Wahrscheinlichkeit, eine psychische Erkrankung zu erleiden (zur Übersicht siehe Berking, 2010). So zeigt beispielsweise eine Studie, die an New

Yorker Studenten untersuchte, wie diese mit den Anschlägen des 11. September 2001 umgingen: Wer schon vor den Anschlägen Angst vor dem eigenen Gefühlserleben hatte und zu einem vermeidenden Umgangsstil mit Gefühlen neigte, entwickelte durch die Attentate eher eine Angstproblematik als Menschen, die auf eine gute und annehmende Art mit ihren Gefühlen umgehen konnten (Mennin et al., 2002).

Die Art des Umgangs mit Gefühlen scheint also zentral darüber zu entscheiden, wie traumatische Ereignisse verarbeitet werden und ob es zu einer Posttraumatischen Belastungsstörung kommt (Jennissen et al., 2016). Auch bei Jugendlichen konnte gezeigt werden, dass ein vermeidender Umgangsstil in emotional schwierigen Situationen voraussagen konnte, zu welchen psychopathologischen Symptomen es später kommt (Seiffge-Krenke, 2000).

Der Umgang mit Gefühlen entscheidet aber nicht nur mit darüber, ob eine psychische Erkrankung auftritt, sondern auch, wie diese in der Folge verläuft. Ein ungünstiger Umgangsstil ist einer der aufrechterhaltenden Faktoren für psychische Erkrankungen, er begünstigt also erneute Krisen und fortbestehende Symptomatiken. Außerdem hat er Einfluss darauf, ob es neben der ursprünglichen psychischen Erkrankung zum Auftreten weiterer psychischer Symptome kommt, denn diese sind oft Folge eines ungünstigen Umgangs mit Gefühlen, die sich im Laufe der Krankheitsdynamik ergeben.

Umgang mit Gefühlen und professionelle Arbeit

Die eben beschriebenen gesellschaftlichen Trends und kulturellen Entwicklungen prägen unseren eigenen Umgangsstil mit Gefühlen und den unserer Klienten. Außerdem zeigen sie sich auch in der Art, wie wir in Beratung, Therapie, Training etc. arbeiten und dort mit Gefühlen umgehen. Der emotionssuppressive Stil hat zudem großen Einfluss auf unsere Ausbildungen genommen. Die meisten Fachpersonen in psychosozialen Berufen haben nämlich wenig über Gefühle gelernt. Wenn ich in meinen Seminaren die Teilnehmenden danach frage, wie gut sie sich auf die Arbeit mit Emotionen bei ihren Klienten vorbereitet fühlen, dann wird mehrheitlich berichtet, dass sie wenig in ihren Ausbildungen darüber erfahren haben. Das betrifft übrigens sämtliche psychosozialen Berufsgruppen inklusive Psychotherapeuten und erstreckt sich leider in Teilen sogar bis in die heutige Zeit hinein.

Selbsterforschung

Wenden Sie sich nun einen Augenblick nach innen und stellen Sie sich die folgenden Fragen:

- Wie viel haben Sie in Ihrer Ausbildung im beraterischen oder psychosozialen Arbeitsfeld über Gefühle gelernt?
- Empfinden Sie sich gut vorbereitet für die Arbeit mit Gefühlen?
- Warum lesen Sie dieses Buch? Weil Sie schon intensiv mit Gefühlen arbeiten oder weil Sie sich mehr Sicherheit im Umgang mit Gefühlen wünschen?

Auch ich habe das in meinem Studium und teilweise sogar in der Therapieausbildung zu spüren bekommen. An der Universität tauchte die Arbeit mit Gefühlen fast nicht auf. Während meines Studiums in den frühen 1990er-Jahren erlebte die Kognitive Verhaltenstherapie gerade ihren Höhepunkt und galt an vielen deutschsprachigen Universitäten als Nonplusultra. Gefühle galten in diesem Zusammenhang, wie in der Einleitung bereits erwähnt, als etwas »schmuddelig«, sie waren sehr subjektiv und ließen sich schlecht erfassen und messen. So fokussierte man sich damals fast ausschließlich auf die Gedanken und wollte über die Veränderung von Gedankeninhalten auf das Befinden und auf psychische Krisen Einfluss nehmen. Dies war natürlich eine mit nichts zu begründende einseitige Herangehensweise.

Doch wenn ich ganz ehrlich bin, kam mir das einige Jahre gar nicht so ungelegen, denn auch ich bin emotionssuppressiv aufgewachsen und habe mich vor so manchem Gefühl gern gedrückt. Ich zog es vor, wenn es in den Therapiegesprächen nicht allzu viel um Gefühle ging – eine von heute aus betrachtet natürlich etwas sonderbare Haltung für einen Psychotherapeuten.

Gerade zu Beginn meiner beruflichen Tätigkeit habe ich vielfach starke Gefühle meiner Klienten unbewusst umschifft. Ich blieb im Gespräch eher auf einer kognitiven Ebene und stellte gern reflektierte Fragen. Entsprechend ging es dann in meinen Beratungsgesprächen erstaunlich wenig um schwierige Gefühle, es wurde wenig geweint und wir haben vielfach sehr sachlich über letztlich hochemotionale Themen gesprochen. Denn nicht nur mir war unwohl, wenn es um das Fühlen von Emotionen ging, sondern vielen meiner Klienten natürlich ganz genauso. So kam es diesen teilweise sicher auch entgegen, dass ich versuchte, heiklen Gefühlen aus dem Weg zu gehen.

Die gar nicht selten zu beobachtende Emotionsphobie von Fachpersonen ist Folge der schon beschriebenen Emotionssuppression in vielen Bereichen unserer Gesellschaft und der daraus resultierenden fehlenden fachlichen Kompetenz in verschiedenen Arbeitsbereichen. Dabei ist sie keine individuelle Haltung, sondern meistens ein fest integrierter Bestandteil des Hilfssystems.

So gibt es verschiedene Therapiemethoden, die das emotionale Erleben eher zu umgehen versuchen. Dazu gehört die Kognitive Verhaltenstherapie, aber auch weite Teile der Lösungsorientierten Therapie. Selbst die psychoanalytische Methodik steht in der Gefahr, vor allem über Gefühle zu sprechen, statt sich ihnen wirklich zuzuwenden (McCullough, 2019). Und auch in der Systemischen Therapie hat man, zumindest in den Lehrbüchern, das Thema der Gefühle lange vergeblich gesucht (Wagner & Russinger, 2016). Im psychiatrischen Kontext führt die Angst vor den Gefühlen der Klienten und die fehlende Kompetenz im Umgang damit oft zum Zurückgreifen auf medikamentöse Behandlungsstrategien.

In Seminaren höre ich immer wieder die Befürchtungen von Mitarbeitenden verschiedenster Berufsgruppen: »Und was, wenn mein Klient dann psychisch instabil wird?« Oder: »Wenn ich mit meinem Klienten über Gefühle spreche, werden diese womöglich erst aktiviert, und wenn er sie dann nicht gut kontrollieren kann, bin ich schuld, wenn etwas Heikles passiert.«

Doch wir Helfenden bewahren unsere Klienten nicht vor ihren Gefühlen, indem wir sie nicht ansprechen, denn meistens sind die Gefühle sowieso schon aktiviert oder unterschwellig vorhanden. Auch wenn das Gefühl vom Klienten selbst nicht angesprochen wird oder Fachperson und Klient bestimmte emotionale Themen vermeiden, heißt das noch lange nicht, dass das Gefühl nicht da ist. Unsere Haltung, Gefühle zu umschiffen, ist vergleichbar mit der früher verbreiteten Idee, man solle Klienten nicht auf ihre möglichen Suizidgedanken ansprechen, da man sonst »schlafende Hunde« wecke und den Klienten erst recht auf solche Gedanken bringe. Heute gilt dieses Vorgehen als unprofessionell und fahrlässig, und es ist gefährlich, keine genaue Suizidabklärung vorzunehmen.

Fast alle Menschen berichten, dass es für sie entlastend sei, mit anderen Personen über schwierige Emotionen zu sprechen. Daher ist es fachlich nicht haltbar, schwierige Gefühle der Klienten zu übergehen, zumindest wenn angenommen werden muss, dass sie sowieso da sind und den Klienten bewusst oder unbewusst beschäftigen. Warum sollte es für den Klienten leichter sein, allein mit seinen Gefühlen zurechtzukommen als mit Unterstützung eines professionell Tätigen?

MERKE:

Bei ehrlicher Betrachtung stehen Fachpersonen vielfach gar nicht vor der Wahl, ob sie bei ihrem Klienten ein Gefühl aktivieren oder nicht, sondern ob ein Klient mit dem sowieso schon aktivierten *Gefühl alleingelassen wird oder nicht!*

Es gibt viele Strategien, die wir in der Praxis anwenden können, um den Klienten und uns vor Gefühlen zu schützen. Manchmal mag das sogar sinnvoll sein, doch vielfach sind uns diese Techniken gar nicht bewusst. Hier ein paar typische Beispiele (angelehnt an Wendisch, 2015):

- Das Gespräch sachlich halten: Mit dem Klienten sehr »verkopft« und abstrakt über Themen sprechen.
- Kontrolle behalten: Möglichst konkrete und »kontrollierbare« Aufträge vom Klienten suchen und sich mit ihnen ausgiebig beschäftigen. Wenn dazugehörige Gefühle sichtbar werden, diese übergehen und sich auf die Handlungsebene »retten«.

- Vorschnelle Lösungsorientierung: Unter dem Deckmantel des lösungsorientierten Ansatzes werden unangenehme Gefühle quasi »übersprungen«. Anstatt sich zunächst mit den Gefühlen zu beschäftigen, die mit der gegenwärtigen Situation oder dem Thema verbunden sind, wird sofort nach einer Lösung gesucht. Emotionen werden teilweise als »lösungsfeindlich« betrachtet und ausgeblendet.
- Die Ressourcen fokussieren und die Defizite ignorieren: Statt sich mit den Schwierigkeiten und heiklen Themen des Klienten zu beschäftigen, werden ständig die Stärken, Fähigkeiten und Ressourcen des Klienten betont. So schützt sich der Helfende vor der Konfrontation mit problematischen Gefühlen des Klienten.
- Übervorsichtig sein: Helfende vermeiden alle Themen, die mit unangenehmen Gefühlen verbunden sein könnten, und übernehmen damit die Vermeidungshaltung des Klienten.

Selbsterforschung

Nehmen Sie sich einen Moment Zeit und fragen Sie sich:

- Welche dieser Strategien habe ich bei mir selbst schon beobachtet?
- Welche wende ich womöglich häufiger an?

Gefühle sind vielleicht das Wichtigste überhaupt

In wirklich krassem Widerspruch zum bisher Gesagten steht die heute einhellige wissenschaftliche Erkenntnis (und ganz nebenbei ja auch die gesunde Alltagswahrnehmung vieler Menschen), dass Gefühle vielleicht mit das Wichtigste in unserem Leben überhaupt sind. Sie entscheiden darüber, wie es uns geht, was wir tun, ob es uns gelingt, unseren Bedürfnissen zu folgen, Gefahren zu vermeiden und Möglichkeiten zu erkennen.

Wie in der Einleitung bereits erwähnt, wären wir ohne unsere Gefühle schlicht nicht überlebensfähig. Wir wären wohl schon in wenigen Tagen tot, wenn wir beispielsweise keine Angst mehr empfinden würden. Unsere Gefühle entscheiden über unser Wohlbefinden, denn dieses hängt natürlich ganz zentral davon ab, mit wie vielen schmerzhaften Gefühlen wir es zu tun haben und ob wir auch Zugang zu angenehmen finden. Unsere Gefühle steuern unser Verhalten und teilweise auch unsere Gedanken. Sie beinhalten wichtige Informationen, ohne die die Erfüllung unserer Bedürfnisse und das Zusammenleben von Menschen gar nicht möglich sind. Und sie entscheiden wesentlich darüber mit, ob wir psychisch und physisch gesund bleiben oder erkranken.

Dabei haben die verschiedenen Gefühle ganz unterschiedliche Funktionen: Angst schützt uns vor Gefahren, Trauer hilft Verluste zu bewältigen, Scham und Schuldempfinden sichern den Zusammenhalt in der Gruppe, Ärger hilft uns bei der Abgrenzung und Selbstbehauptung.

Gefühle sind jedoch nicht nur wegen dieser spezifischen Funktionen wichtig, sondern weil viele unserer Fähigkeiten durch die Wahrnehmung unserer Gefühle und den angemessenen Umgang mit ihnen gesteuert werden. Deshalb muss jede psychosoziale Arbeit eigentlich eine emotionale Arbeit sein, auch wenn der Klient nicht wegen spezieller Probleme mit Gefühlen unsere Unterstützung aufsucht. Der wohl wichtigste Zusammenhang ist dabei der zwischen Gefühlswahrnehmung und *Motivation.* Niemand handelt allein aufgrund bestimmter Gedanken, sondern aufgrund von Gefühlen, die man entweder als aversiv erlebt und vermeiden möchte oder die als angenehm empfunden werden, weshalb man versucht, sie herbeizuführen.

In der Werbeindustrie ist der Zusammenhang von Emotionen und Motivation schon seit langer Zeit bekannt. In Werbefilmen werden nicht in erster Linie Produktinformationen vermittelt, sondern Gefühle aktiviert. Sie werden oft handlungsleitend und bestimmen dann maßgeblich über unser Verhalten. Menschen kaufen sich neue Produkte, weil sie sich davon erhoffen, sich dann besser zu fühlen.

Nach meiner Erfahrung ist uns Fachpersonen der Zusammenhang von Gefühlen und Motivation vielfach unzureichend bewusst. Daher wird oft auf einer kognitiven Ebene versucht, die Motivation des Klienten zu fördern, etwa indem ihm vermittelt wird, welche Vor- oder Nachteile bestimmte Verhaltensweisen für ihn haben. Da der Antrieb für eine Handlung jedoch stärker von emotionalen Prozessen reguliert wird, mag dem Klienten dann zwar der Vorteil einer Handlung klar sein, er kann sich aber trotzdem nicht dazu überwinden. Wenn jemand keinen Zugang zu angenehmen Emotionen hat, wird seine Motivation zwangsläufig eingeschränkt sein.

Motivationsförderung ist daher eigentlich eine hochemotionale Angelegenheit, bei der es darum geht, angenehme Gefühle wieder zugänglich zu machen und unangenehme Gefühle als solche zu erleben.

Ganz zentral werden auch unsere *Entscheidungen* von unseren Gefühlen beeinflusst. Wenn wir erwarten, dass sich ein angenehmes Gefühl einstellt, falls wir etwas Bestimmtes erreichen, so werden wir uns natürlich dafür entscheiden. Erwarten wir hingegen eine unangenehme Konsequenz, so werden wir uns in der Regel dagegen entscheiden. Nehmen wir jedoch unsere Gefühle sehr schlecht wahr, spüren wir diesen »emotionalen Zug« in eine bestimmte Richtung gar nicht mehr, unsere Entscheidungen werden ambivalent und im Extremfall werden wir sogar entscheidungsunfähig, da wir gar nicht »vorausempfinden« können, welche Gefühle mit welcher Entscheidung verbunden sein könnten.

Auch unsere *Gedächtnisinhalte und unsere Gedächtnisleistung* hängen wesentlich von unseren Gefühlen ab. Längerfristig erinnert werden lediglich emotional bedeutsame Inhalte, diese aber teilweise so intensiv, dass wir uns von bestimmten Erinnerungen kaum lösen können. Auch die erinnerten Inhalte werden von unseren Gefühlen reguliert. Eine gedrückte Gefühlslage beispielsweise führt zur Aktivierung von Gedächtnisinhalten mit einer ähnlichen emotionalen Qualität.

Ebenso werden unsere *sozialen Beziehungen* durch unsere Gefühle geprägt. Wer beispielsweise kaum in der Lage ist, seine Gefühle auszudrücken, und nur schlecht eine emotionale Resonanz mit anderen Menschen aufbauen kann, wird weniger enge soziale Bindungen haben, da soziale Beziehungen maßgeblich durch unsere Emotionen entstehen und gefestigt werden.

Wir sehen, dass wir es eigentlich immer mit Gefühlen zu tun haben, sobald wir mit einem Menschen kommunizieren, und jeder von uns ist zwangsläufig mit seinen Gefühlen beschäftigt, sobald er eine Handlung plant, Ziele reflektiert, Zusammenarbeit gestaltet, Beziehungen aufbaut und kultiviert, Entscheidungen trifft etc. Dass es bei all dem maßgeblich um unsere Gefühle geht, ist uns meistens gar nicht bewusst. Das ist den Gefühlen aber egal, sie wirken trotzdem!

Gefühlszusammenhänge bei einigen psychischen Erkrankungen

Menschen in schweren depressiven Krisen sind angenehme Empfindungen nicht mehr zugänglich. Emotionen wie etwa Freude, Zufriedenheit oder Dankbarkeit können nicht mehr empfunden werden. In der Folge reduziert sich die Handlungsmotivation fast gegen null. Im Extremfall verlässt eine Klientin dann das Bett nur noch, um ihren körperlichen Grundbedürfnissen nachzugehen, lässt sich aber ansonsten zu keiner weiteren Handlung bewegen. Da angenehme Empfindungen nicht mehr erfahren werden können und demnach nicht mehr als Belohnung dienen, werden Handlungen bedeutungslos.

Der Zusammenhang von Gefühlen und Erinnerungen zeigt sich sehr eindrücklich bei Menschen mit einer posttraumatischen Belastungsstörung (PTBS). Erinnerungen, die mit starken Gefühlen verbunden sind, meistens mit Angst, drängen sich immer wieder ins Bewusstseinsfeld.

Bei psychotischen Störungen ist die soziale Wahrnehmung vielfach beeinträchtigt und in der Folge wird Scham nicht mehr wahrgenommen. Betroffene missachten dann soziale Regeln und stellen sich häufig selbst außerhalb der Gemeinschaft, was wiederum längerfristig negative Folgen für sie hat.

Auch die negativen Folgen des Fehlens von Gefühlen zeigen sich bei psychischen Erkrankungen. So sind Menschen in manischen Krisen vielfach nicht mehr zur Angstwahrnehmung in der Lage. Risiken können daher nicht mehr eingeschätzt werden, die Betroffenen bringen sich und andere in Gefahr.

Vor allem für innerpsychische Veränderungsprozesse sind Emotionen unabdingbar. Sobald in einem Gespräch die Gefühle beteiligt und aktiviert sind, enthält dieses Gespräch das Potenzial für eine Veränderung (Plassmann, 2019). In der psychotherapeutischen Arbeit wird manchmal davon gesprochen, dass Verzweiflung und Veränderung nah beieinanderliegen. Veränderungen geschehen leichter, wenn man wirklich spürt, wie belastend die gegenwärtige Situation ist. Wird hingegen nur theoretisch, abstrakt, unpersönlich und emotional unbeteiligt über etwas gesprochen, so stellt sich kaum ein Wandel ein. Die emotionale Aktivierung muss sich dabei in einem gewissen Toleranzfenster befinden.

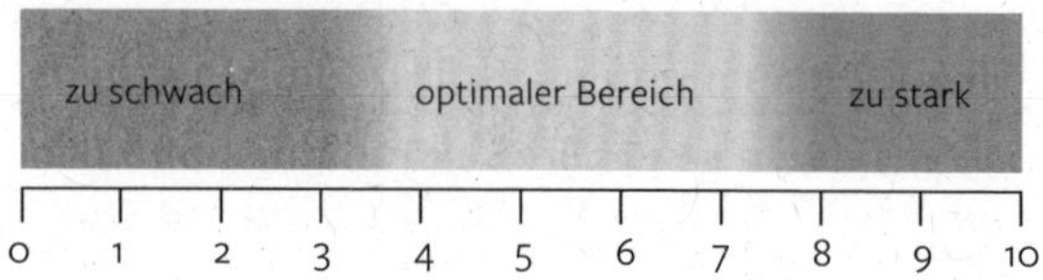

→ Emotionales Toleranzfenster für Veränderung

Ist die emotionale Aktivierung zu schwach, so ist keine Veränderung zu erwarten. Ist sie zu stark, so schaltet der Organismus in einen Alarmzustand, in dem ebenfalls keine Veränderung möglich ist, da das reine Überleben im Vordergrund steht. Werden in der professionellen Arbeit bestimmte Emotionen und Themen umgangen, so werden Entwicklungsmöglichkeiten blockiert.

Wer als Klient beispielsweise den Schmerz über die Scheidung und die Trennung von den Kindern nicht bearbeitet, der wird an die vergangene Partnerschaft innerlich gebunden bleiben, und ihm ist es nicht möglich, sich wieder für eine neue Perspektive zu öffnen. Wer keine Unterstützung erhält, seine Scham über bestimmte Verhaltensweisen oder ein Ereignis anzusprechen, kann nicht die erleichternde »Entschämung« verspüren, die eintritt, wenn schambesetzte Themen frei angesprochen werden können und auf Verständnis stoßen.

Wir können also weder ohne Gefühle leben noch im professionellen Kontext Hilfestellung bieten, ohne sie zu berücksichtigen und mit ihnen zu arbeiten.

KAPITEL 2

Wie sieht ein guter Umgang mit Gefühlen eigentlich aus?

Achtsamkeit auf die Emotionen

Wir wissen heute viel darüber, wie ein guter Umgang mit Gefühlen aussieht. Ganz grob gesagt ist es am hilfreichsten, wenn wir unsere Gefühle *wahrnehmen* und *annehmen.* Viele von ihnen sollten wir darüber hinaus da sein lassen, also *durchfühlen.* Außerdem ist es hilfreich, freundlich mit den eigenen Gefühlen wie auch mit uns selbst umzugehen und uns nicht für unsere Empfindungen zu verurteilen.

Das offene Wahrnehmen eines Gefühls und die innere Bereitschaft, es auch tatsächlich zu fühlen, ist die zentrale Fähigkeit und wünschenswerte innere Haltung allen Emotionen gegenüber. Genau diese Fähigkeit wird heute als Achtsamkeit bezeichnet.

Das Achtsamkeitskonzept hat in den letzten zwei Jahrzehnten einen regelrechten Boom erfahren. Es ist von einem ursprünglich spirituell-buddhistischen Ansatz zu einem professionellen Handlungskonzept für Stressabbau geworden, aber auch zu einer therapeutischen Methode zur Behandlung psychischer und teils auch körperlicher Erkrankungen. In den letzten Jahren wurde der Begriff leider zunehmend trivialisiert, sodass heute auch zahlreiche Wellnessansätze und sogar Techniken zur Selbstoptimierung als Achtsamkeit bezeichnet werden. Hier möchte ich Achtsamkeit als ein säkularisiertes, aber tief in der Meditationspraxis verankertes Konzept vorstellen.

Achtsamkeit kann definiert werden als eine »Ausrichtung auf das gegenwärtige Erleben. Diese geschieht absichtsvoll, im Hier und Jetzt, mit möglichst wenig Bewertung und ohne das Erleben zu verändern« (Eifert, 2011). Was vielleicht einfach klingt, erweist sich bei genauerer Betrachtung als ausgesprochen herausfordernd, denn diese Ausrichtung gelingt uns normalerweise nur für kurze Zeit, manchmal nur für Sekunden oder etwas längere Zeiträume. Durch eine vertiefende Achtsamkeitspraxis wird es uns aber möglich, unsere Fähigkeit für die wache und annehmende Präsenz zu fördern, sodass es uns gelingt, häufiger und länger in diesem Modus des reinen Wahrnehmens und Empfindens zu verweilen.

Im gegenwärtigen Moment begegnet uns Verschiedenes: äußere Sinneswahrnehmungen, Körperempfindungen, Handlungsimpulse, Gedankenprozesse und eben auch Gefühle und Stimmungen. Achtsamkeitskonzepte beschäftigen sich dabei oft mit dem achtsamen Wahrnehmen von Gedanken oder mit der Wahrnehmung von Sinnesreizen und Körperempfindungen. Die Bereitschaft, unsere Gefühle wahrzunehmen und da sein zu lassen, ist wohl die größte Herausforderung für unsere Achtsamkeit, in gewisser Weise ist sie die Königsdisziplin. Sie setzt voraus, dass wir überhaupt in der Lage sind, unsere Gefühle wahrzunehmen, was längst nicht immer der Fall ist. Zudem setzen bei unangenehmen Gefühlen besonders starke und hochgradig automatisierte Impulse zur Unterdrückung und Regulation des Gefühls ein, wodurch der achtsame Umgang mit ihm natürlich erschwert wird.

Was genau zeichnet einen achtsamen Umgang mit Gefühlen aus?

MERKE:

Alle Gefühle, angenehme wie unangenehme, dürfen da sein ...

... und zwar in der ihnen innewohnenden Zeitdauer, sie werden nicht verkürzt oder verlängert.

... in der ihnen innewohnenden Intensität, sie werden nicht abgeschwächt oder verstärkt.

... ohne Handlungsimpulsen und anderen inneren Reaktionen zu folgen.

... mit einer möglichst annehmenden und wohlwollenden rundhaltung und mit Bewusstheit für die Bewertungen, die dann leichter losgelassen werden können.

Wir könnten auch vom »bejahenden Fühlen« sprechen, um die Haltung deutlich zu machen, mit der wir uns idealerweise unseren Gefühlen zuwenden. »Ja« zu sagen bedeutet aber nicht, unangenehme Gefühle toll zu finden oder uns einzureden, sie seien besonders wichtig oder hielten eine Botschaft für uns bereit. Bejahen ist viel schlichter: »Ja, dieses Gefühl ist gerade da. Wenn ich ganz ehrlich bin, wünsche ich mir zwar, dass es nicht zu lange anhält, aber wenn es jetzt schon mal da ist, dann will ich auch bereit sein, mich ihm zuzuwenden und es zu fühlen. Soweit es mir im Moment möglich ist, versuche ich mich für jedes Gefühl zu öffnen.«

Uns achtsam unseren Gefühlen zuzuwenden bedeutet also, ihnen ihren Raum zu geben, ohne zunächst einzugreifen. Achtsamkeit hilft uns, unsere Gefühle und auch unsere Reaktionsmuster, die auf die Emotion folgen, überhaupt zu bemerken. Wir nehmen also beispielsweise wahr, dass wir traurig sind und es einen Impuls in uns gibt, uns abzulenken, um die Traurigkeit nicht spüren zu müssen. Ferner bringt uns Achtsamkeit in die Lage, diesen Reaktionsmustern nicht zwangsläufig zu folgen, wir gewinnen also mehr innere Freiheit im Umgang mit Gefühlen.

Vielleicht sind Sie ein bisschen schockiert und denken: »Dann bin ich ja fast nie achtsam, was meine Gefühle angeht.« Und genau so ist es bei ehrlicher Betrachtung wohl auch. Wir müssen aber auch nicht *immer* achtsam für unsere Gefühle sein. Wenn wir sie jedoch ständig unachtsam behandeln und auch mit den starken oder wiederkehrenden Gefühlen so umgehen, dann wird das zwangsläufig Probleme zur Folge haben.

Die eigentliche Kernfähigkeit der Achtsamkeit, nämlich eine Empfindung wahrzunehmen und bei ihr verweilen zu können, wird in der emotionsorientierten Therapie auch als Emotionstoleranz bezeichnet. Statt ein Gefühl wegzudrücken oder es vorsorglich gar nicht erst zuzulassen, haben wir die Fähigkeit, ein Gefühl zu tragen, zu halten und es zunächst wahrzunehmen, ohne gleich auf hochgradig automatisierte Regulationsstrategien zurückgreifen zu müssen. In psychodynamischen Konzepten wird auch vom Containing gesprochen, also wie ein Container zu sein, der die Empfindung aufnimmt und trägt. Gerade diese Emotionstoleranz oder dieses Containing ist wohl die wichtigste Fähigkeit im achtsamen Umgang mit Emotionen.

Im vorherigen Kapitel haben wir uns schon damit beschäftigt, was geschieht, wenn wir unsere Gefühle ignorieren oder beiseite drücken. Aber was passiert stattdessen, wenn wir achtsam mit unseren Gefühlen umgehen, bereit sind, sie zu fühlen und ihnen den gebührenden Raum zu geben? Zunächst kann das Gefühl dann sozusagen »ausgefühlt« oder zu Ende gefühlt werden. Dadurch kann es wieder abklingen und sich auflösen. Die Bereitschaft zur Wahrnehmung von Gefühlen führt weiter dazu, dass auch angenehme Gefühle intensiver erfahren werden. Denn die meisten Strategien, die wir zum Wegdrücken von Emotionen nutzen, führen zu einem generellen Verlust der Wahrnehmungsfähigkeit von Gefühlen. Wir spüren dann die Angst nicht mehr, haben aber auch weniger Zugang zur Freude.

Der achtsame Umgang bewirkt außerdem, dass Gefühle zukünftig in der Intensität auftauchen, wie es der aktuellen Situation angemessen ist. Wir werden nicht länger von »Altlasten« überflutet. Denn wenn Gefühle beiseite gedrückt werden, bleibt die in ihnen enthaltene Energie gleichsam bestehen und entlädt sich in einer späteren ähnlichen Situation. Wenn diese Gefühlsenergie ihren Raum bekommt, lädt sich der Organismus nicht auf. Dies führt zu vermehrter körperlicher Entspannung und es steht mehr Energie zur Verfügung. Das Wohlbefinden nimmt zu, Schmerzen und Verspannungszustände können nachlassen.

Studie: Gefühle sind wie ein Wecker

30 Freiwillige sollten sich in einer in Zürich durchgeführten Studie (Herwig et al., 2010) entweder ihre Gefühle vergegenwärtigen (»Wie fühle ich mich?«) oder über sich nachdenken (»Wer bin ich?«). Während der genannten Aufgabe wurde die Hirnaktivität der Versuchspersonen anhand von funktioneller Magnetresonanztomographie erfasst, einem Verfahren, bei dem genau beobachtet werden kann, welche Hirnareale aktiviert sind. Das erstaunliche Ergebnis: Die Gruppe, die entlang der Frage »Wer bin ich?« über sich nachdachte, hatte eine höhere Aktivierung der Mandelkerne – jener Hirnareale, die bei emotionaler Erregung tätig sind.

Doch wie kommt dieses paradox erscheinende Ergebnis zustande? Warum ist bei jemandem das Hirnareal für emotionale Verarbeitung aktiviert, der nur über sich nachdenken soll? Und warum haben jene eine geringere Tätigkeit der Mandelkerne, die sich direkt mit ihren Gefühlen beschäftigten? Was zunächst nicht plausibel erscheint, wird bei genauerem Hinsehen klarer: Sobald bei uns Gefühle aktiviert werden, aber nicht wahrgenommen werden können (schließlich sollte die eine Gruppe ja über sich nachdenken und war somit anderweitig beschäftigt), bleiben die Gefühlsbereiche des Gehirns dauerhaft aktiv. Wenn wir jedoch die Gefühle bewusst fühlen, kann sich das entsprechende Hirnareal wieder herunterregulieren. Wenn wir uns über etwas aufregen und diese Aufregung wahrnehmen, dann beruhigt uns das bereits wieder.

Die Forscher vergleichen unsere Gefühle daher mit einem Wecker, der mit dem Klingeln aufhören kann, sobald wir ihn wahrgenommen haben und abstellen. Genauso ist es mit unseren Gefühlen, die sich erst dann wieder beruhigen können, wenn sie wahrgenommen wurden. Wenn ich aber den Wecker überhöre, dann klingelt er unentwegt. Bei manchen Modellen wird der Lärm dann immer lauter und unerträglicher. Dies kann auch mit den Gefühlen geschehen, die sich verstärken, wenn wir ihnen keine Aufmerksamkeit schenken.

Das Ergebnis dieser Studie ist insofern nicht überraschend, als unsere Gefühle unter anderem eine Signalfunktion haben: Sie machen uns auf Risiken und Gefahren aufmerksam. Erst wenn das Gefühl wahrgenommen und die Gefahr erkannt wurde, hat es seine Aufgabe erfüllt. Wenn es aber nicht gefühlt wird, bleibt das dafür zuständige Hirnareal weiter aktiviert. Wir erzeugen einen dauerhaften Stress im Organismus, wenn wir ein Gefühl nicht wahrnehmen.

Der fühlende innere Beobachter

Der sogenannte innere Beobachter ist eine im Achtsamkeitsansatz sehr oft genutzte Metapher. Gemeint ist damit jene Instanz in uns, die in der Lage ist, bestimmte Empfindungen wie Gedanken, Gefühle oder Sinnesreize sowie Handlungsimpulse zu beobachten, ohne ihnen sofort und automatisiert folgen zu müssen.

So ist der innere Beobachter beispielsweise während einer Meditation in der Lage, die eigenen Gedanken achtsam wahrzunehmen, zu erkennen, wenn man von Gedankenprozessen sozusagen »entführt« wird, und diesen Prozessen nicht weiter zu folgen, sondern sich wieder auf das gegenwärtige Erleben auszurichten. Das Gegenteil des inneren Beobachters ist der Autopilot, also all die hochgradig automatisiert und inflexibel ablaufenden inneren Prozesse, die wir nicht bewusst wahrnehmen und die deshalb ihr Eigenleben führen, ohne dass wir auf die jeweiligen Gedanken, Gefühle oder Handlungsimpulse Einfluss nehmen könnten.

Der innere Beobachter registriert jedoch nicht nur, sondern er hat auch bestimmte Qualitäten, eine bestimmte Haltung mit der er allen Empfindungen begegnet. Die in meinen Augen wichtigsten Qualitäten sind Annahme, Absichtslosigkeit und Offenheit – zentrale Aspekte der Achtsamkeit. Ergänzend könnten wir auch sagen, dass der innere Beobachter liebevoll, wohlwollend, erlaubend, geduldig, interessiert, friedvoll, einladend, warm, neugierig etc. ist.

Für alle hilfreichen Strategien zum Umgang mit unseren Gefühlen benötigen wir diese innere Instanz. Nur wenn wir mitbekommen, dass wir gerade unserer Angst folgen oder uns in Grübeln verstricken, haben wir die Chance, diesen automatisierten Programmen nicht zu folgen. Wir haben zwar keine Entscheidungsfreiheit, aber durchaus die Möglichkeit, unseren Entscheidungsspielraum auszuweiten.

Leider gibt es in der Achtsamkeitsbewegung einige Missverständnisse in Bezug auf den inneren Beobachter, die durch den Begriff »Beobachter«

bereits nahegelegt werden. Es wird nämlich so getan, als würde es um ein unbeteiligtes Beobachten gehen. Mag eine solche Haltung bei der achtsamen Wahrnehmung von Gedanken durchaus empfehlenswert sein, so kann sie beim achtsamen Umgang mit Gefühlen dazu führen, dass wir uns von ihnen übermäßig distanzieren und so tun, als sei das Fühlen der Emotion gar nicht notwendig, sondern die reine Beobachtung bereits ausreichend.

Diese Haltung wird beispielsweise in folgendem Zitat deutlich: »Eine gute Metapher für diesen Umgang mit den eigenen Emotionen besteht darin, sich diese wie Wolken am Himmel vorzustellen. Man nimmt sie wahr, lässt sie jedoch ihrer eigenen Dynamik folgend vorüberziehen, ohne einzugreifen und bleibt dabei innerlich distanziert: Die Wolken ziehen in der Ferne des Himmels, unbewegt schaue ich und lasse sie ziehen.« (Lammers, 2015, S. 98).

In therapeutischen Kontexten wird manchmal die Formulierung »Ich bin nicht dieses Gefühl, sondern ich habe dieses Gefühl« verwendet, doch auch in der hier suggerierten Distanzierung schwingt die Emotionssuppression mit. Denn wenn wir uns beispielsweise auf eine tiefe Trauer einlassen, dann haben wir eben nicht nur dieses Gefühl, sondern sind es vorübergehend voll und ganz und müssen uns ihm eben auch hingeben, anstatt in einer dauerhaften Distanzierung zu bleiben. Denn genau diese innere Distanzierung ist für eine heilsame Verarbeitung von Gefühlen gerade nicht wünschenswert, da sie nicht nur unserer Wahrnehmung bedürfen, sondern auch unserer Bereitschaft, uns für das jeweilige Gefühl zu öffnen und es zu erfahren.

Für den Bereich der Vipassana-Meditation macht der buddhistische Mönch Henepola Gunaratana auf diese Problematik aufmerksam und entwickelt ein anderes Verständnis des inneren Beobachters: »Der Meditierende ist sowohl Teilnehmer als auch Beobachter zu ein- und derselben Zeit. Wenn man seine Gefühle oder körperlichen Empfindungen betrachtet, fühlt man sie auch genau in diesem Moment. Achtsamkeit ist keine intellektuelle Bewusstheit, sie ist einfach Bewusstheit. Achtsamkeit ist objektiv, aber sie ist nicht kalt und gefühllos. Sie ist die wachsame Erfahrung des Lebens, eine aufmerksame Teilnahme am laufenden Prozess des Lebens.« (Gunaratana, 1996, S. 154).

Um Missverständnisse zu vermeiden, habe ich es mir inzwischen abgewöhnt, vom »inneren Beobachter« zu sprechen. Ich benutze heute meistens ganz schlicht den Begriff »Bewusstsein«, um jene Instanz in uns zu beschreiben, die in der Lage ist, alle Empfindungen wahrzunehmen und sie da sein zu lassen. Gelegentlich wird auch vom »erwachsenen Bewusstsein« (Nissen & Sturm, 2018, S. 89) gesprochen.

Es geht sozusagen darum, 200 Prozent Aufmerksamkeit aufzubringen (Meyer, 2016), sich nämlich sowohl aus der beobachtenden Position heraus des Gefühls bewusst zu sein als auch sich für den emotionalen Fluss des Gefühls zu öffnen. Letzteres müssen wir dabei keineswegs für alle Gefühle tun. Wie wir später noch sehen werden, gibt es beispielsweise lebensgeschichtlich verursachte Gefühle, für die wir uns nicht unbedingt emotional öffnen sollten. Aber alle in einer gegenwärtigen Situation stimmigen Gefühle (beispielsweise Trauer nach einem Verlust oder Angst in einer Bedrohungssituation) brauchen unseren emotionalen Raum und sollten eben nicht nur beobachtet werden.

Emotionskompetenz statt Emotionsregulation

Die achtsame Wahrnehmung und das achtsame Erfahren sind wohl die wichtigsten Fähigkeiten im Umgang mit Gefühlen überhaupt, doch sie sind natürlich nicht die einzigen. Wir benötigen weitere Fertigkeiten, um mit belastenden Gefühlen gut umgehen zu können, das Potenzial von Gefühlen zu nutzen und Zugang zu angenehmen zu gewinnen.

Es gibt viele Konzepte, die diese zahlreichen Fähigkeiten zu beschreiben versuchen. Sehr bekannt ist die »emotionale Intelligenz« geworden. Dieser Begriff geht auf den amerikanischen Psychologen Daniel Goleman und seinen gleichnamigen Weltbestseller zurück (Goleman, 1996). Emotionale Intelligenz beschreibt einen sehr weiten Bereich von Fähigkeiten, Eigenschaften und Handlungen zum Umgang mit Gefühlen. Er ist in der Coaching-Szene und im Management-Bereich sehr beliebt. Psychologen stehen ihm zumeist eher kritisch gegenüber, da es sich natürlich nicht um eine Intelligenz im klassischen Sinne handelt und das Konzept nicht ausgereift ist.

In der aktuellen Forschung und in vielen Veröffentlichungen hat sich der Begriff »Emotionsregulation« (ER) in den letzten Jahren zunehmend verbreitet, der auch in weiten Teilen der heutigen Psychotherapie – vor allem der verhaltenstherapeutischen Ausrichtung – benutzt wird. Dieser Begriff beschreibt eine sehr wichtige Fähigkeit, nämlich auf Gefühle Einfluss nehmen zu können.

Er fokussiert aber meiner Meinung nach einseitig auf eine Veränderung der Emotionen, eben eine Regulation, und steht damit in der Gefahr, vorschnell in den Gefühlsprozess eingreifen oder gegebenenfalls sogar die Gefühle zum Abklingen bringen zu wollen. Er berücksichtigt die Fähigkeit zur Regulation einer Emotion, aber nicht die in vielen Fällen mindestens ebenso wichtige Fähigkeit, das Gefühl überhaupt wahrzunehmen.

Ich persönlich ziehe den Begriff »emotionale Kompetenzen« (Berking, 2010) vor und finde ihn deutlich angemessener. Er ist zunächst viel weiter gefasst und beschreibt ein ganzes Bündel von Fähigkeiten, die wir brauchen, um gut mit unseren Gefühlen umgehen zu können.

Wir werden uns später noch ausführlich mit den verschiedenen Fähigkeiten und vor allem mit ihrer Kultivierung beschäftigen. An dieser Stelle geht es zunächst darum, einen ersten Überblick über jene Kompetenzen zu bekommen, die wir für einen gesunden Umgang mit unseren Gefühlen benötigen. Hierzu zählen unter anderem:

- **Gefühle erkennen, benennen und verstehen:** Um uns unseren Emotionen gegenüber nicht ausgeliefert zu fühlen, ist es hilfreich, dass wir genauer wahrnehmen, welches Gefühl wir gerade haben, und dass wir verstehen, warum es gerade da ist und welche Informationen in ihm enthalten sind.
- **Eigene Gefühle ausdrücken und die Gefühle anderer wahrnehmen können:** Gefühle helfen uns, Kontakt zu anderen Menschen herzustellen und Beziehungen zu gestalten. Nur wenn wir in der Lage sind, die Gefühle anderer Menschen wahrzunehmen, können wir deren Motive verstehen. So wird ihr Verhalten für uns einschätzbar. Wenn wir nicht in der Lage sind, Gefühle zu zeigen, werden soziale Begegnungen deutlich erschwert. Daher sind der Ausdruck der eigenen Gefühle und das Wahrnehmen der Gefühle anderer eine Voraussetzung für gute zwischenmenschliche Kontakte und Bindungen. Beispielsweise können wir in schwierigen Situationen nur dann soziale Unterstützung erhalten, wenn andere wahrnehmen können, wie es uns eigentlich geht.
- **Gefühle regulieren können:** Emotionsregulation ist eine sehr wichtige Fähigkeit, um von Gefühlen nicht überflutet zu werden und sich ihnen gegenüber nicht ausgeliefert zu fühlen. Nur wenn wir ein gewisses Maß an Kontrolle über unsere Gefühle erleben, bleiben wir handlungsfähig, selbst wenn starke Gefühle auftauchen. Regulation bedeutet, dass wir Einfluss auf das Auftreten, die Intensität und die Dauer von Gefühlen nehmen. Außerdem bezieht sich Regulation auch auf den Gefühlsausdruck, also die Fähigkeit, eine Emotion in einer bestimmten Situation *nicht* zu zeigen.
- **Bereitschaft, sich mit den Auslösern unangenehmer Gefühle zu konfrontieren:** Wenn wir schwierige Gefühle dadurch vermeiden, dass wir ihren Auslösern aus dem Weg gehen, reduziert sich unser Lebens- und Handlungsspielraum drastisch. Wir versuchen ein Gefühl oft dadurch

zu vermeiden, dass wir uns nicht in die Situation bringen, die es aktivieren würde. Wer Angst vor sozialen Situationen hat, steht in der Gefahr, soziale Begegnungen ganz zu vermeiden oder zu reduzieren.

- **Mitfühlender Umgang mit sich selbst und den eigenen Gefühlen:** Freundlich mit sich selbst und den eigenen Gefühlen umgehen zu können ist eine zentrale Fähigkeit. Wenn wir uns verurteilen oder für eigene Gefühle schämen, verstärken wir diese Emotionen sogar. Außerdem kann es zu sekundären Emotionen kommen, etwa wenn jemand auf ein Lob mit Scham reagiert, statt die Freude über das positive Feedback wahrnehmen und zulassen zu können.
- **Ungünstige Emotionssuppressions- und -regulationsstrategien erkennen und beenden:** Wir wenden viele Strategien im Umgang mit unseren Gefühlen an, die längerfristig ungünstig sind. Dazu gehören vor allem Grübeln, Vermeidungsverhalten, aber auch Suchtmittel oder übermäßige Ablenkung.

Die emotionale Wende im professionellen Kontext

Wie können wir Fachpersonen einen hilfreichen und akzeptierenden Umgang mit Gefühlen am besten vermitteln? Indem wir uns darum bemühen, zunächst einmal mit unseren *eigenen* Gefühlen annehmend und freundlich umzugehen, die mit unseren Gefühlen verbundenen Handlungsimpulse besser zu verstehen und uns mit unseren eigenen Gefühlen zu zeigen – sei es gegenüber Kollegen in einer Intervision oder Supervision, in unseren Teams oder mit unseren Klienten. Aus diesem Grund habe ich versucht, kein reines Fachbuch zu schreiben, sondern neben den Anregungen für die professionelle Arbeit immer auch unseren eigenen Gefühlen Raum zu geben und sie genauer zu verstehen.

Denn die Gefahr ist groß, dass aus der emotionalen Wende im professionellen Kontext eine »halbe« Wende wird, wir Fachpersonen uns nämlich gern mit den Gefühlen unserer Klienten beschäftigen möchten, unsere eigenen aber lieber für uns behalten. Vor allem als Supervisor erlebe ich es immer wieder, wie schwer wir uns mit unseren eigenen Gefühlen tun. Ich kenne Teams, die mit sehr emotionalen Klienten arbeiten, selbst aber eine Reflektion eigener Gefühle ablehnen. Zugleich begegne ich aber auch immer mehr Fachpersonen, die eine falsch verstandene Professionalität ablegen möchten, die es ihnen nämlich nicht gestattet, sich mit ihren eigenen Gefühlen zu zeigen und diesen Raum zu geben. Tendenziell eher bei jüngeren Kollegen und Kolleginnen nehme ich eine zunehmende Bereitschaft wahr, sich mit eigenen Empfindungen zu zeigen und diese zu reflektieren.

Auch in der Forschung und in Veröffentlichungen kommt den Gefühlen eine immer größere Bedeutung zu. Emotionen sind gegenwärtig ein regelrechtes Boomthema in der psychologischen Forschung. Und auch aus den modernen Therapiemethoden sind Gefühle nicht mehr wegzudenken. Fast alle modernen Ansätze, wie etwa die Schematherapie (Young et al., 2005) oder die Akzeptanz- und Commitmenttherapie (Luoma et al., 2009), widmen sich deutlich intensiver der Arbeit mit Emotionen, als dies früher der Fall war. Mehrere spezifische Therapiemethoden sind in den letzten Jahrzehnten entwickelt worden (etwa Greenberg, 2011; McCullough, 2019). Was ich hier gerade für den Bereich der Psychotherapie darstelle, ließe sich auch für andere Arbeitsfelder beschreiben. Beispielsweise wird den Gefühlen auch im Business- und Coachingbereich eine immer größere Bedeutung beigemessen.

Wenn wir uns mit unseren Gefühlen auseinandersetzen, verlieren wir selbst die Angst vor ihnen. Dies bewirkt, dass wir ein entspanntes Verhältnis zu Gefühlen entwickeln und in der Folge auch mit den Emotionen unserer Klienten gelassen umgehen können. Angst vor den Gefühlen der Klienten ist letztlich immer die Angst vor den eigenen. Da Emotionen ansteckend sind, werden wir von den Gefühlen unseres Gegenübers berührt. Wenn wir uns dem nicht gewachsen fühlen, werden wir die schon im letzten Kapitel beschriebenen Strategien anwenden, um Gefühlen aus dem Weg zu gehen. Unser Gegenüber erspürt dabei unbewusst unsere Haltung zu Gefühlen. Tiefere und problematischere Emotionen werden sich deshalb in der Begegnung in erster Linie dann zeigen, wenn uns selbst ein möglichst angstfreier Umgang mit unseren eigenen Gefühlen gelungen ist.

Dadurch wird dann der achtsame Umgang mit Gefühlen in der professionellen Begegnung überhaupt erst ermöglicht, denn wenn Gefühle gar nicht erst aufkommen, kann auch nicht achtsam mit ihnen umgegangen werden. Achtsamkeit des Klienten wird also durch die Achtsamkeit der begleitenden Person vielfach überhaupt erst ermöglicht oder zumindest erleichtert.

Ein achtsamer Umgang mit Gefühlen kann immer nur in der gegenwärtigen Situation stattfinden. Wenn das Gefühl aktuell gar nicht aktiviert ist, kann auch nicht achtsam mit ihm umgegangen werden. Dann ist es jedoch immer noch möglich, darüber zu sprechen, wie mit dem Gefühl umgegangen werden kann, wenn es sich das nächste Mal wieder zeigt.

Doch die gegenwärtig aktivierten Gefühle haben ein viel größeres Lernpotenzial. Daher ist es wünschenswert, dass sich auch in der Begegnung mit der begleitenden Person die Gefühle des Gegenübers zeigen. Da Emotionen eine gewisse Eigendynamik entfalten, kann der Verlauf und die Intensität nicht vorab kontrolliert werden. Die begleitende Person muss also in der Lage sein, sich angstfrei auf diesen Prozess einzulassen und ihr Kontrollbedürfnis zurückzustellen.

Außerdem sollten wir bereit sein, uns von den Gefühlen des Gegenübers berühren zu lassen, zwar nicht von allen, aber von vielen, wie wir später noch sehen werden. Und auch das ist eine große Herausforderung für uns Fachpersonen, denn viele Gefühle, mit denen unsere Klienten konfrontiert sind, sind unangenehm und belastend. Sich diesen mit Achtsamkeit zuzuwenden stellt sicherlich eines der wichtigsten, aber auch herausforderndsten Anliegen für die professionelle Begleitung dar.

KAPITEL 3

Gefühle besser verstehen

Was sind Gefühle?

Die Frage zu beantworten, was Gefühle eigentlich genau sind, ist viel schwieriger, als man zunächst meinen mag. In unserer Alltagskommunikation benutzen wir häufig das Wort »Gefühl«, ohne dabei wirklich ein Gefühl zu beschreiben. Wenn wir sagen »Ich habe das Gefühl, dass morgen gutes Wetter wird«, sprechen wir natürlich nicht über unsere Gefühle, sondern in diesem Fall eben über eine Vermutung. Wir bezeichnen einen Gedanken oder eine Zukunftsprognose als Gefühl, obwohl es das natürlich gar nicht ist. Wenn man Klienten nach ihren Gefühlen fragt, bekommt man meistens keines mitgeteilt. Oft wird eine Körperwahrnehmung geschildert, wie etwa »Ich bin so angespannt« oder »Ich habe schlecht geschlafen«. Ganz oft werden auch Gedanken formuliert wie etwa »Ich glaube, mir wird's nie wieder besser gehen« oder »Ich schaffe das alles nicht«. Letztlich gehen wir in unserer Alltagssprache wohl fast alle recht »unsauber« mit dem Begriff »Gefühl« um.

Affekt, Emotion, Gefühl

Meistens wird der Begriff Affekt für sehr starke Gefühle benutzt, etwa für Schreck oder Panik. Emotion beschreibt meistens die Gesamtheit des Empfindens, also auch körperliche Empfindungen und unsere Handlungsimpulse. Mit Gefühl wird vielfach die subjektive Erlebnisqualität umschrieben, die über die reinen Körperempfindungen hinausgeht. Anders als in manchen wissenschaftlichen Veröffentlichungen unterscheide ich die Begriffe »Gefühl«, »Emotion« und »Affekt« nicht. Nach meiner Erfahrung ist die Unterscheidung für die Beratungstätigkeit oder andere Arbeitsfelder nicht notwendig und kann den Klienten sogar eher verwirren.

Um besser zu verstehen, was Gefühle sind, können wir sie von anderen Empfindungen abgrenzen, nämlich von Gedanken, Körperempfindungen und Handlungsimpulsen. Diese Unterscheidung und Abgrenzung zu treffen ist hilfreich, um innere Prozesse besser zu erkennen und darüber sprechen zu können. Daher empfehle ich, diese klare Unterscheidung auch in der eigenen beraterischen Arbeit zu nutzen, also genau herauszuarbeiten, welches Gefühl sich gerade zeigt, welche Gedanken ablaufen, von welchem Körperempfinden dies begleitet ist und welche Handlungsimpulse es gibt. Teilweise ist es auch möglich, diese unterschiedlichen Empfindungen in einen ursächlichen Zusammenhang zu bringen, also beispielsweise herauszuarbeiten, dass es zunächst einen mentalen Prozess gab (etwa eine negative Bewertung der eigenen Person), dem dann eine emotionale Reaktion folgte (Scham), die mit bestimmten Körperempfindungen einherging (Starre) und zu einem bestimmten Handlungsimpuls führte (Rückzug).

Gefühle klar von Gedanken und anderen Empfindungen zu unterscheiden ist für die professionelle Arbeit sehr wichtig, denn mit den verschiedenen Empfindungsformen sollte unterschiedlich umgegangen werden. Gedanken beispielsweise können als solche erkannt und beobachtet werden, wie dies in Achtsamkeitstrainings oder in der Meditation praktiziert wird. Dort werden wir normalerweise angeleitet, Gedankenprozesse zu erkennen, ihnen nicht zu folgen und sie stattdessen wie Blätter oder Wolken im Wind vorbeiziehen zu lassen. Wie wir schon gesehen haben, reicht das reine Beobachten nicht aus, denn zahlreiche Gefühle »wollen« gefühlt werden, sie klingen erst dann ab, wenn wir sie auch tatsächlich als solche wahrnehmen. Beispielsweise gelingt ein Trauerprozess nicht, wenn wir die Trauer lediglich beobachten, sondern wir müssen bereit sein, uns für die Trauer zu öffnen und das Gefühl wirklich zu erfahren, ja uns vom Gefühl sogar zeitweise überfluten zu lassen.

Gedanken, Körperempfindungen, Gefühle, Handlungsimpulse

Nach den Befunden der modernen neurowissenschaftlichen Forschung ist die eben getroffene Unterscheidung allerdings letztlich wohl nicht haltbar. Da unser Gehirn sehr systemisch organisiert ist, werden in Wirklichkeit eher Netzwerke aktiviert, die alle Komponenten enthalten. Wir haben eben nicht entweder einen Gedanken oder ein Gefühl, sondern jeder Gedanke aktiviert auch emotionale Qualitäten (oder wurde schon durch eine bestimmte Stimmung hervorgerufen) und jedes Gefühl geht mit kognitiven Komponenten einher.

Daher sprechen Forscher manchmal von der sogenannten »Cogmotion« (zusammengesetzt aus »Cognition« und »Emotion«), womit sie das aus Gedanken und Gefühlen (und weiteren Empfindungen) bestehende Netzwerk beschreiben. Deshalb sind einseitige Bewertungen dieser verschiedenen Wahrnehmungsbereiche auch fehl am Platz. Es ist eben nicht so, dass wir dem »wahren Bauchgefühl« trauen können und unsere Gedanken trügerisch sind. Auch stimmt es natürlich nicht, dass unsere rechte Gehirnhälfte eher analytisch denkt und unsere linke eher emotional. All das sind Mythen, die leider vielfach vermittelt werden, letztlich aber einfach nicht der komplexen Realität entsprechen.

Wenn wir nun Gefühle genauer erkunden möchten, können wir zunächst einmal unterscheiden zwischen Gefühlen, die wir als angenehm erleben, beispielsweise Freude oder Interesse, und solchen, die wir als unangenehm empfinden, etwa Traurigkeit oder Scham. Die vielfach benutzte Begrifflichkeit von negativen und positiven Gefühlen ist nicht hilfreich und sollte vermieden werden. Es gibt keine »positiven Emotionen«, sondern angenehme Gefühle. Da alle Gefühle ursprünglich hochgradig funktional sind, ergibt es keinen Sinn, einzelne Gefühle als negativ zu bezeichnen. Solche Bewertungen verstärken nur die Tendenz, bestimmte Gefühle vermeiden und andere herbeisehnen zu wollen.

MERKE:

Es gibt keine positiven und negativen Emotionen, sondern nur angenehme und unangenehme.

In der Psychotherapie ist die Unterscheidung von adaptiven und maladaptiven Emotionen gebräuchlich, also Gefühlen, die in der jeweiligen Situation angemessen und hilfreich sind (adaptiv) oder die im Gegenteil nicht stimmig sind und uns schaden können (maladaptiv). Adaptiv wäre beispielsweise ein Angstgefühl in einer gefährlichen Situation, maladaptiv hingegen ein Bedrohungsempfinden, obwohl wir gerade in Sicherheit sind. Wie es überhaupt dazu kommen kann, dass wir Gefühle haben, die uns schaden, werden wir später noch genauer betrachten.

Wie bereits erwähnt, versucht ein Lebewesen normalerweise, möglichst oft angenehme Gefühle zu haben und möglichst selten unangenehme. Wir suchen also Situationen auf, die uns angenehme Gefühle bereiten. Wenn wir gerne mit anderen Menschen zusammen sind und uns dabei wohl fühlen, werden wir uns häufiger mit anderen Menschen verabreden. Umgekehrt werden wir Situationen vermeiden, die sich für uns unangenehm anfühlen. Doch durch verschiedene biografische Erfahrungen kann es dazu kommen, dass eigentlich angenehme Gefühle als unangenehm oder falsch erlebt werden und unangenehme Gefühle sich richtig anfühlen und aufgesucht werden. Auch damit werden wir uns später noch beschäftigen.

Gefühle bestehen aus körperlichen Komponenten (etwa Schwitzen oder Tränen) und der eigentlichen subjektiven Gefühlskomponente selbst. Jede Emotion hat eine bestimmte Wahrnehmungsqualität, die teilweise schwer zu beschreiben ist. Wie fühlt sich etwa »Traurigkeit« an? Ähnlich wie wir beispielsweise den Geschmack von Honig kaum beschreiben können, ist es nur sehr schwer möglich, die eigentliche Gefühlsqualität zu beschreiben. Wir wissen aber alle, dass sich Scham ganz anders anfühlt als Traurigkeit und es zwischen Empfindungen, die recht nahe beieinander liegen, beispielsweise Traurigkeit und Verzweiflung, vom subjektiven Erleben her einen sehr großen Unterschied gibt.

In der Wissenschaft gibt es einigen Streit darüber, was genau eigentlich unsere zentralen Gefühle sind. Besonders oft werden die sogenannten Basisgefühle oder Grundgefühle beschrieben, die relativ kulturübergreifend sind. Dazu werden meistens Freude, Traurigkeit, Angst, Ärger, Neugierde und Ekel gezählt (Ekman, 2016). Unbedingt hinzugefügt werden muss noch das Gefühl der Scham, das sehr verbreitet ist und weithin unterschätzt wird. Es handelt sich jeweils um ein Kontinuum, das unterschiedliche Intensitäten des Gefühls beschreibt. So kann beispielsweise eine sehr milde Angst eine leichte Verunsicherung oder eine Schüchternheit sein, in einer besonders starken Ausprägung handelt es sich hingegen um Panik oder Todesangst.

Genervtheit wiederum ist eine leichte Form des Ärgers, zu dem aber auch sehr starke Empfindungen wie Wut oder Hass gehören. Die feinen Abstufungen von Gefühlen bilden sich auch in unserer Sprache ab, die für die meisten Gefühle sehr viele Begriffe hat.

Begriffe der deutschen Sprache zum Gefühlsbereich der Freude

Entspannt, geschützt, sicher, zufrieden, beruhigt, anerkannt, wohl, gelöst, ausgeruht, sorgenfrei, sorglos, still, ausgeglichen, ruhig, gelassen, vertraut, frei, satt, befriedigt, geborgen, gemütlich, behaglich, wohlig, friedvoll, freundlich, leicht, gut gelaunt, erfrischt, entlastet, befreit, dankbar, zugeneigt, zugewandt, zutraulich, bezaubert/zauberhaft, erfüllt, berührt, wohlwollend, voller Vorfreude, verspielt, cool, munter, belebt, energiegeladen, vergnügt, unbeschwert, amüsiert, heiter/erheitert, belustigt, begeistert, lebendig, vital, keck, lebensfroh, lebenslustig, vergnügt, frohlockend, erfreut, freudig, froh, fröhlich, gut gelaunt, kraftvoll, stark, mutig, tapfer, engagiert, tatkräftig, verliebt, ausgelassen, beflügelt, hocherfreut, glücklich, wie neu geboren, hingerissen, selig, glückselig, schwungvoll, beschwingt, entzückt/verzückt.

Neben den genannten Basisgefühlen gibt es komplexere Gefühle, die sich vor allem auf das Miteinander unter den Menschen beziehen. Gefühle wie Neid, Schuld, Stolz, Eifersucht, Missgunst oder Schadenfreude beinhalten stärkere kognitive Komponenten. Sie entstehen durch Bewertungs- und Vergleichsprozesse mit anderen Menschen.

Von Gefühlen lassen sich noch die Stimmungen abgrenzen, die deutlich länger anhalten als Gefühle. So kann jemand schon seit Tagen eine heitere Stimmung oder zu Herbstbeginn eine melancholisch-gedrückte Stimmung haben.

Selbsterforschung

Wir alle kennen Gefühle, die uns sehr vertraut sind, und andere, die wir vielleicht selten empfinden oder womöglich auch beiseiteschieben. Die uns vertrauten Gefühle erkennen wir leichter und erwarten sie auch eher beim anderen. Uns unvertraute oder unerwünschte Gefühle werden stattdessen möglicherweise eher ignoriert.

- Welches Gefühl haben Sie oft?
- Welches ist Ihnen eher fremd und haben Sie schon lange nicht mehr empfunden?
- Für welche Gefühle bei Ihren Klienten sind Sie besonders offen?
- Welche begegnen Ihnen (vermeintlich) selten?

Von wirklichen Gefühlen wie den bis hierher genannten sollten wir unbedingt noch die sogenannten Pseudogefühle abgrenzen, bei denen zwar das Wort Gefühl benutzt wird, die tatsächlich aber nichts anderes als Bewertungen und Beurteilungen sind.

So höre ich beispielsweise in Paarberatungen immer wieder Sätze wie »Ich fühle mich von dir abgelehnt«, »Ich fühle mich ungeliebt« oder »Ich fühle mich missachtet«. Oft hat dann die Person, die diesen Satz sagt, ein »gutes Gefühl« dabei. Immerhin spricht sie in der Ich-Form, ganz so wie sich das heute gehört. Sie offenbart vermeintlich ein Gefühl von sich und beschuldigt den anderen nicht. Damit redet der- oder diejenige eigentlich genau so, wie es in jedem Kommunikationsratgeber steht und es einer Partnerschaft dienlich sein soll.

Doch wenn wir diese Sätze näher unter die Lupe nehmen, stellen wir fest, dass es letztlich doch wieder Anklagen und Vorwürfe sind, die als angebliche Gefühle daherkommen. Es gibt nämlich kein Gefühl des Abgelehntseins oder des Ungeliebtseins. »Ich fühle mich abgelehnt« ist in Wirklichkeit ein Gedanke, der sich als Gefühl tarnt. Darin enthalten ist die Interpretation und Unterstellung »Du lehnst mich ab«. Das dazugehörige Gefühl wäre möglicherweise Traurigkeit oder vielleicht auch Ärger.

Pseudogefühle lassen sich an Formulierungen wie »Ich habe das Gefühl, dass …« oder »Ich fühle mich wie …« erkennen. Bei solchen Formulierungen wird in der Regel gerade kein Gefühl benannt, sondern eine Bewertung, eine Einschätzung o. Ä. als Gefühl bezeichnet. Wenn man dem eigentlichen Gefühl auf die Spur kommen will, jenem hinter dem Als-ob-Gefühl, kann man fragen: »Wie fühle ich mich, wenn ich denke, dass ich abgelehnt werde?«. Die Antwort könnte dann lauten: »Ich werde traurig, denn du bist mir wichtig, und ich wünsche mir, dass du mich annimmst, so wie ich bin.« So formulieren wir unser Befinden und unsere Bedürfnisse und geben dem anderen die Möglichkeit, auf unser Bedürfnis einzugehen.

MERKE:

Pseudogefühle oder Als-ob-Gefühle lassen sich an folgenden Sätzen erkennen:

»Ich habe das Gefühl, dass ...«

»Ich fühle mich wie ...«

»Ich fühle mich, als wenn ...«

Wie entstehen Gefühle?

Gefühle haben immer einen oder mehrere äußere und/oder innere Auslöser. Sie können aktiviert werden durch Gedanken und Erinnerungen, andere Gefühle, Sinnesreize oder Körperprozesse, aber natürlich auch durch äußere Reize wie eine bestimmte Situation oder ein Ereignis oder etwa durch Verhaltensweisen anderer Menschen. Sie können zudem durch hormonelle Prozesse, Temperatur, Licht und anderes beeinflusst sein. Manche dieser Auslöser sind uns bewusst, jemand sagt dann beispielsweise »Ich habe mich in etwas reingesteigert« oder »Meine Hormone spielen gerade verrückt«. Doch andere Auslöser bekommen wir gar nicht mit, wir merken dann nur, wie sich unsere Stimmung verändert oder ein Gefühl aufgekommen ist.

Es lassen sich vor allem zwei Entstehungsarten unterscheiden: Top-down- und Bottom-up-Prozesse. Mit Top-down, von oben nach unten, ist gemeint, dass es unsere Gedanken sind, die Gefühle nicht nur mitbeeinflussen, sondern sogar hervorrufen können. Innere Gedankenprozesse können wie eine äußere Realität wirken und (fast) die gleichen emotionalen Effekte haben wie sie. Bei der Vorstellung der berühmten Zitronenscheibe kann uns tatsächlich das »Wasser im Munde zusammenlaufen«. Wer die Fantasie hat, dass man im Wald häufig überfallen wird, der wird natürlich dort mehr Angst haben als jemand, der sich sicher ist, dass gerade an diesem Ort am wenigsten passieren kann. Ein Großteil unseres Stresserlebens ist nicht die Folge äußerer Stressoren, sondern gerade solcher inneren Prozesse. Wer von uns hat nicht schon eine schlaflose oder zumindest schlafarme Nacht erlebt, weil unser Verstand sich mit irgendwelchen Herausforderungen des nächsten Tages beschäftigt und unser Organismus mit der gleichen Angst und Adrenalinausschüttung reagiert hat, wie wenn die Situation tatsächlich schon stattfinden würde?

Daneben gibt es die Bottom-up-Prozesse, jene emotionalen Vorgänge, die ohne oder mit wenig Beteiligung höherer kortikaler Strukturen entstehen. Unter Umgehung dieser Strukturen gelangen die Reize direkt in die für die Emotionsverarbeitung zuständigen frühen Hirnareale und setzen dort emotionale Programme in Gang. Typische Beispiele dafür wären etwa eine starke Angstreaktion nach einem lauten Knall oder eine Trauerreaktion, nachdem jemand die Nachricht von einem Todesfall erhalten hat.

Die Unterscheidung zwischen Top-Down und Bottom-Up ist für die Alltagsarbeit mit Gefühlen sehr hilfreich. Daher empfehle ich, sie pragmatisch einzusetzen, auch wenn sie (wie vorhin schon kurz beschrieben) moderneren wissenschaftlichen Erkenntnissen letztlich wohl nicht standhält. Bei genauerer Betrachtung gibt es nämlich kein Entweder-oder, sondern einen jeweils unterschiedlichen Grad der Beteiligung von Top und Bottom. Trotzdem bleibt die Unterscheidung für die therapeutische Arbeit wichtig, denn der Umgangsstil mit den verschiedenartig ausgelösten Gefühlen ist ein sehr unterschiedlicher. So sind Bottom-up-Prozesse, wenn sie einmal angestoßen sind, kaum beeinflussbar. Dies ist beispielsweise bei Menschen nach Traumatisierungen oft der Fall. Dementsprechend besteht die professionelle Unterstützung dann darin, die Auslöser zu beeinflussen, statt das Gefühl zu verändern.

Anders sieht es bei Top-down ausgelösten Gefühlen aus, denn auf unsere Gedankenprozesse können wir noch relativ einfach Einfluss nehmen. Lange wurde dabei vornehmlich versucht, die Gedankeninhalte zu verändern. In modernen Konzepten wie den achtsamkeitsbasierten Therapiemethoden oder der Metakognitiven Therapie geht es hingegen darum, einen inneren Abstand zu problematischen Gedankenmustern zu gewinnen. Sobald erkannt wird, dass es sich bei der Überzeugung »Ich bin nichts wert« letztlich nur um ein erlerntes Gedankenkonstrukt handelt und nicht um eine gegebene Realität, werden die mit diesem Gedanken assoziierten Gefühle wie Scham oder Angst schwächer.

MERKE:

Wir sollten zunächst verstehen, wie ein Gefühl entstanden ist, bevor wir nach einer Strategie suchen, wie gut mit ihm umgegangen werden kann.

Wie verlaufen Gefühle?

Wenn ich mit meinen Klienten darüber spreche, wie bei ihnen Gefühle verlaufen, dann höre ich anfänglich oft Formulierungen wie »Das geht gar nicht mehr weg« oder »Das Gefühl wird immer schlimmer«. Gefühle werden manchmal so erlebt, dass sie sehr lange anhalten und sich aus sich heraus verstärken. Wer dies erlebt, fühlt sich womöglich seinen Gefühlen gegenüber ausgeliefert und hat das Empfinden, ohne Einflussmöglichkeit von ihnen überschwemmt zu werden. Folglich bekommt man Angst vor den eigenen Gefühlen, wodurch diese als noch stärker erlebt werden. Dann ist es schlüssig zu versuchen, sich dem Gefühl zu entziehen oder es gar nicht erst aufkommen zu lassen.

Dabei verlaufen Gefühle eigentlich vollkommen anders, nämlich in einer ganz typischen Welle: Das Gefühl flutet an, hat einen Höhepunkt und ebbt dann wieder ab.

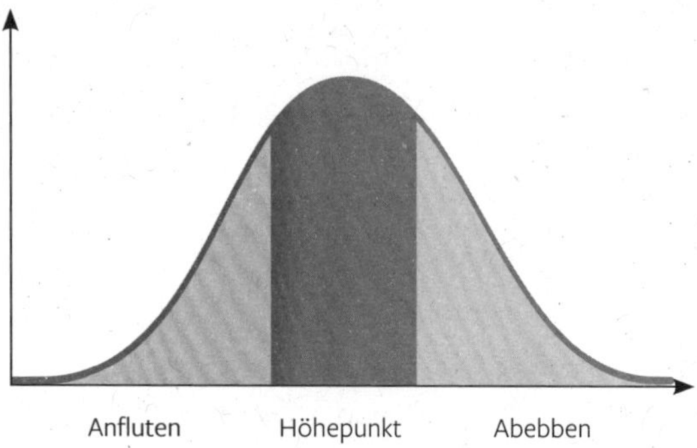

→ Die Gefühlswelle

In Reinform können wir diese Gefühlskurve bei kleinen Kindern in den ersten Lebensjahren sowie bei Tieren beobachten. Dort zeigt sich außerdem, dass fast alle Gefühle nur von kurzer Dauer sind. Wenn ein Kind erschrickt, voller Angst zur Mutter läuft und dort Zuspruch erfährt, ist der Schrecken gewöhnlich innerhalb kürzester Zeit abgeklungen und das Kind wieder offen für die nächsten Eindrücke. Der Großteil unserer Gefühle ist nicht nur von kurzer Dauer, sondern auch von schwacher bis mittlerer Ausprägung. Doch auch das wird von den meisten Menschen anders wahrgenommen, denn viele verbinden mit Gefühlen vor allem sehr intensive Gefühle und den dazugehörigen Ausdruck, also beispielsweise ein lautes Weinen oder eine explodierende Wut.

MERKE:

Wir haben Hunderte Male am Tag Gefühle schwacher oder mittelgradiger Intensität, die nach recht kurzer Zeit wieder abklingen. Die meisten Gefühlen dauern einige Sekunden bis hin zu wenigen Minuten.

Die leichte Freude darüber, dass der Cappuccino richtig lecker schmeckt, die Genervtheit über den Nachbarn, der die Mülltonne in die Einfahrt gestellt hat, die »Schrecksekunde« im Straßenverkehr, die leichte Aufregung vor einem anstehenden Telefongespräch, die aber schon nach den ersten Minuten am Hörer wieder verflogen ist.

Selbsterforschung: Gefühle in der eigenen Kindheit

Diese Übung soll Ihnen helfen, sich daran zu erinnern, wie Gefühle bei Ihnen als Kind verlaufen sind. Nehmen Sie sich hierzu einige Minuten Zeit und stellen Sie sich die folgenden Fragen:

- Können Sie sich noch an unbändige Freude oder Vorfreude erinnern? Etwa vor dem Weihnachtsfest oder dem eigenen Geburtstag?
- Erinnern Sie sich an Angst, Traurigkeit oder Scham?
- Haben Sie auch Erinnerungen an Gefühle während der Kindergarten- oder frühen Grundschulzeit?
- Wie sind diese Gefühle bei Ihnen als Kind abgelaufen? Wie haben sie sich im Körper angefühlt?

Bei uns Erwachsenen ist diese typische Gefühlswelle nur selten zu beobachten, am ehesten noch bei Schreckreaktionen. Denn auf die emotionale Aktivierung folgen unmittelbar verschiedene innerpsychische Prozesse, die vielfach dazu führen, dass das ausgelöste Gefühl bestehen bleibt oder sich sogar noch verstärkt.

Zwei dieser Prozesse sind besonders wichtig, nämlich (1) die kognitive Reaktion und (2) die eingesetzten Strategien, um das aufgekommene Gefühl zu regulieren:

Der kognitive Prozess besteht aus Reflektionen über das Gefühl (»Warum habe ich nur immer so viel Angst?«), Bewertungen der eigenen Person (»Das müsstest du doch längst überwunden haben«), Erinnerungen an ähnliche Situationen, Vergleichen mit anderen Menschen und vielen weiteren Prozessen. Wenn jemand beispielsweise in einer bestimmten Situation Angst empfindet und nicht nur die gegenwärtige Angst spürt, sondern auch darüber nachdenkt, in welchen weiteren Situationen er schon mal ähnliche Angst hatte oder was alles passieren könnte, wenn das Gefühl nun immer stärker wird, dann wird dadurch natürlich die schon vorhandene Angst immer weiter angefacht und potenziert sich. Es kommt dann zu einem in der Psychotherapie sehr gefürchteten Prozess des Aufschaukelns einer Emotion, den man sich ungefähr so vorstellen kann:

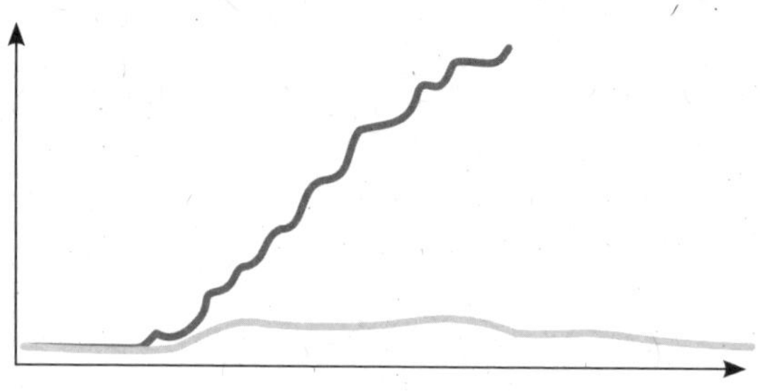

→ Sich durch Gedanken und andere Prozesse immer weiter aufschaukelnde Emotionen (dunkelgrau), im Unterschied zum normalen Verlauf einer Emotion (hellgrau).

Diese Aufschaukelungsprozesse sind bei verschiedenen psychischen Störungen zu beobachten, beispielsweise bei der Angststörung und Depression. Bei der Depression etwa führt eine gedrückte Grundstimmung zum vermehrten Auftreten negativer Gedanken und Erinnerungen an negative und problematische Situationen, wodurch sich die Grundstimmung weiter verschlechtert. Dies wiederum aktiviert Erinnerungen an schmerzhafte Empfindungen, negative Zukunftsvorstellungen etc. Subjektiv wird dieser Prozess vom Betroffenen meistens jedoch nicht wahrgenommen, sodass er auch nicht aktiv beendet werden kann. In der Folge wird die negative Stimmung nicht als Ergebnis des inneren Prozesses erkannt, sondern als Gradmesser für die ausweglose äußere Situation missverstanden. Das belastende Gefühl wird dann als Beweis der durch subjektive Wahrnehmung und mentale Prozesse erzeugten Situation interpretiert.

Jedes belastende Gefühl setzt sofort einen Prozess der Bewältigung in Gang. Je nach biografischen Vorerfahrungen, kulturellem Hintergrund etc. werden dann zumeist Strategien zum Wegdrücken des Gefühls praktiziert, etwa eine körperliche Anspannung oder Ablenkung vom Gefühl. Das Wegdrücken führt aber längerfristig dazu, dass das Gefühl aufrechterhalten bleibt, teils sogar noch verstärkt wird.

MERKE:

Wenn ein Gefühl sehr lange anhält und nicht wieder abebbt, wird es in den meisten Fällen durch ein inneres Verhalten des Betroffenen oder durch Reaktionen von außen aufrechterhalten.

Es ist ausgesprochen befreiend, wenn zumeist durch professionelle Unterstützung ein typischer Aufschaukelungsprozess unterbunden oder unterbrochen wird und in der Folge das Gefühl eine erträgliche Intensität behält oder unerwartet schnell wieder abebbt. Wer diese Erfahrung machen darf, begreift, dass es nicht eine im Gefühl liegende zwangsläufige Eigendynamik gibt, sondern das Gefühl von unserem eigenen Verhalten mitmoduliert wird. Später werden wir uns diesen Prozess noch im Detail ansehen.

Wie viel Kontrolle haben wir über unsere Gefühle?

»Sie müssen lernen, Ihre Emotionen zu beherrschen, sonst wird das noch Ihr Untergang sein.« So jedenfalls sieht es Mr Spock, erster Offizier des Raumschiffs Enterprise. Doch nicht nur der Vulkanier mit den großen Ohren, sondern auch viele Menschen sind der Meinung, dass sie ihre Gefühle im Griff haben müssten, da sonst mit ihnen schlimme Dinge passieren würden. Doch können wir unsere Gefühle überhaupt kontrollieren – und wie sinnvoll ist das?

Wenn wir verstehen wollen, wie unser Gehirn Gefühle »produziert« und welchen Einfluss wir darauf haben, müssen wir uns klarmachen, dass Gefühle in der Evolutionsgeschichte bereits vor Millionen von Jahren entstanden sind. Gefühle und die damit verbundenen Hirnareale teilen wir mit vielen anderen Säugetieren, die manche Emotionen wie Angst oder Wut mit uns gemeinsam haben. Die dazugehörige Gehirnregion ist vor allem das limbische System mit der Amygdala und dem Hypothalamus. Sie ist evolutionär früh entstanden, weshalb sie manchmal auch als »frühes Gehirn« bezeichnet wird. Sie wird aktiviert, sobald ein emotional bedeutsamer Reiz ausgemacht wird. Kommt es beispielsweise zu einem lauten, nicht einzuordnenden Geräusch, so schaltet sich diese innere Alarmanlage an, und zwar ausgesprochen schnell. Das »frühe Gehirn« ist daher auch ein »schnelles Gehirn« (Kahneman, 2016). Es wird nun eine Bedrohungssituation gemeldet und das Lebewesen wird durch Hormone auf eine Reaktion vorbereitet, beispielsweise steigt der Blutdruck und das Herz schlägt schneller.

Eine Übung zum Veranschaulichen von Schreckreaktionen (1)

In meinen Seminaren veranschauliche ich die autonome Reaktion unseres frühen Gehirns manchmal mit einer Übung. Und zwar bitte ich die Teilnehmenden, kurz die Augen zu schließen und wahrzunehmen, was in ihnen geschieht. Nach ein paar Sekunden schreie ich recht laut. Manche Teilnehmende reißen dann vor Schreck die Augen auf, andere nehmen mit geschlossenen Augen wahr, wie das Herz anfängt zu rasen und sie feuchte Hände bekommen. Doch kurz nach dieser ersten Schreckreaktion wird das innerliche Alarmprogramm schon wieder abgeblasen, denn meine Teilnehmenden haben erkannt, dass keine wirkliche Gefahr besteht, sondern ich nur eine etwas gewagte Übung mit ihnen gemacht habe.

Die erste Reaktion hält etwa 500 Millisekunden an. Während dieser Zeit läuft ein biologisch vorgegebenes Programm relativ gleichförmig und vollkommen autonom ab. Wir können also weder entscheiden, ob das Alarmprogramm aktiviert wird, noch wie es genau abläuft. Erst nach dieser halben Sekunde werden höher entwickelte Hirnregionen hinzugeschaltet. Das ist der Zeitpunkt, zu dem bei meinen Teilnehmenden das Alarmprogramm dann auch schon wieder abgeblasen wird, denn mein Schrei wird als ungefährlich interpretiert.

Diese Hirnregionen werden auch als »neues Gehirn« bezeichnet, da sie evolutionär später entstanden sind. Das »neue Gehirn« könnten wir auch »langsames Gehirn« nennen, denn seine Reaktion braucht etwas Zeit. Da diese Zeit Lebewesen in einer Gefahrensituationen aber nicht zur Verfügung steht, sind diese Hirnareale an der ersten Reaktion nicht beteiligt. Der Anteil, den unser frühes Gehirn an unserer emotionalen Aktivierung hat, ist sehr hoch und kann durch unser »neues Gehirn« deutlich weniger beeinflusst werden als wir meistens meinen und als uns vielleicht lieb ist.

Eine Übung zum Veranschaulichen von Schreckreaktionen (2)

In einem zweiten Teil der Übung sage ich meinen Teilnehmenden, dass sie die Augen noch einmal schließen sollen, und *ich kündige an,* dass ich gleich nochmals laut schreien werde. Das Verblüffende ist: Selbst wenn meine Teilnehmenden wissen, was als Nächstes passiert und dass keine reale Gefahr besteht, reißen manche wieder vor Schreck die Augen auf, und bei allen kommt es zu einem schnelleren Herzschlag oder feuchten Händen.

Wir sehen also eindrücklich, wie wenig Kontrolle wir durch kognitive Prozesse auf unsere autonomen körperlichen Reaktionen und aufkommende Emotionen haben. Nun handelt es sich bei dieser Übung um eine Schreckreaktion, die nachvollziehbarerweise einen sehr starken autonomen Anteil hat. Doch bei ehrlicher Betrachtung ist es so, dass wir auch auf schwächere Emotionen kognitiv deutlich weniger Einfluss haben, als gemeinhin gedacht wird.

Neurowissenschaftliche Studien zeigen beispielsweise, dass jene Bahnen, die vom neuen Gehirn zum alten verlaufen, deutlich schwächer ausgeprägt sind, als solche in umgekehrter Richtung. Daher gilt im Gehirn der Grundsatz »Im Zweifelsfall hat das alte Gehirn das Sagen!«. Aus diesem Grund ist auch das Verhindern oder unmittelbare Unterdrücken einer Alarmreaktion grundsätzlich unmöglich. Wir können eben nicht entscheiden, ob wir auf ein lautes Geräusch hin zusammenzucken oder nicht.

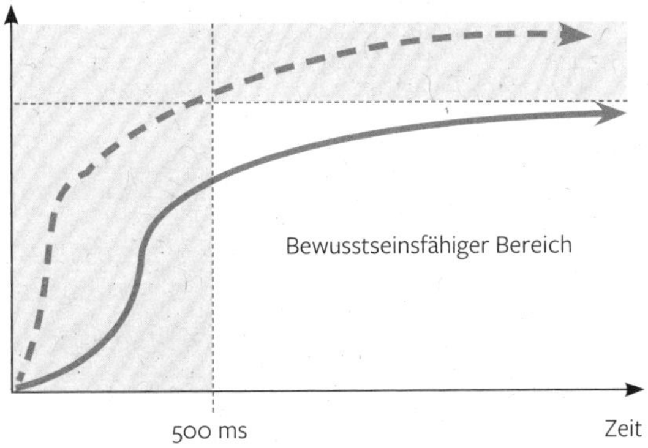

→ Zeitlicher Ablauf einer Alarmreaktion und der Zusammenhang zur Bewusstseinsfähigkeit (aus Nissen & Sturm, 2018)

Die hier beschriebene Sequenz und das Zusammenspiel von langsamen und schnellen Hirnregionen laufen ab, wenn die emotionale Aktivierung nicht zu hoch ist. In diesem Fall ist es möglich, durch unsere Kognitionen auf die emotionale Verarbeitung Einfluss zu nehmen. Dies geschieht zwar zeitverzögert, aber es ist prinzipiell möglich und findet statt. In der Grafik ist das der untere Teil.

Sobald die emotionale Aktivierung allerdings eine gewisse Intensität erreicht hat, wird die zeitverzögerte kognitive Verarbeitung gehemmt, das ist der obere Teil der Grafik. Ist die Amygdala stark aktiviert, so wird der präfrontale Cortex dermaßen gebremst, dass eine kognitive Beeinflussung der Gefühle und Handlungsimpulse nicht mehr möglich ist oder zumindest deutlich erschwert wird. Beispielsweise gelingt es dann kaum noch, Gedanken zu denken, die mit dem aktivierten Gefühl nicht kompatibel sind. Wenn man beispielsweise allein in einem dunklen Wald unterwegs ist und seltsame Geräusche aus dem Unterholz hört, kann man sich womöglich sogar noch innerlich sagen, dass eigentlich keine Gefahr besteht. Das Problem ist nur, dass diese Selbstberuhigung meistens nicht mehr geglaubt wird und der Körper trotzdem schneller läuft.

Wir alle kennen sehr starke Emotionen, bei denen durch eine kognitive Kontrolle keinerlei Einflussnahme mehr möglich erscheint. Dies geschieht vor allem dann, wenn sich der Organismus bedroht fühlt und in einem starken Stresszustand befindet. Die Bedrohung muss aber nicht real sein, es sind auch unsere Lebensthemen, die uns bedrohen und in Panik versetzen können. So geriet eine Klientin von mir in Panik, wenn ihr Partner ein Wochenende keine Zeit für sie hatte. Der biografische Hintergrund war, dass meine Klientin als »Vatertochter« aufwuchs, der Vater nach vielen Affären aber im vierten Lebensjahr meiner Klientin die Familie verließ.

MERKE:

Wenn ein Gefühl eine sehr hohe Intensität erreicht hat, lenkt es die Gedanken und die Wahrnehmung. Eine bewusste Beeinflussung der Gefühle und Handlungsimpulse ist dann unter Umständen nicht mehr möglich.

Es ist ausgesprochen wichtig zu verstehen, dass emotionale Reaktionen und die daraus hervorgehenden Handlungen oft gar nicht oder wenig beeinflusst werden können. Dies hat nämlich zum einen großen Einfluss darauf, wie die helfende Person versuchen wird, ihre Klientin oder ihren Klienten zu unterstützen. Und es wirkt sich zum anderen natürlich darauf aus, wie der Klient selbst über sich und seine Gefühle denkt. Wenn wir davon ausgehen, dass sich Gefühle durch Gedankenprozesse beeinflussen lassen, werden wir natürlich versuchen, unser Gegenüber auf der »Vernunftebene« zu erreichen, beispielsweise indem wir ihm bestimmte Argumente vor Augen führen.

Doch dies ist vor allem bei starken Gefühlen zum Scheitern verurteilt. Wer mit Flugangst im Flugzeug sitzt, dem nützt es nichts, wenn er zum x-ten Mal gesagt bekommt, dass das Flugzeug das sicherste Verkehrsmittel der Welt ist. Die Angst wird dadurch in der akuten Situation nicht abklingen. Wir helfen einem Klienten mit einer Panikstörung nicht, indem wir ihm in der Paniksituation verdeutlichen, dass es keinen Grund zur Panik gibt. Der psychotische Klient ist nicht durch Argumente von seinem Wahn abzubringen und die depressive Klientin wird ihre negativistische Sicht auf sich und die Welt nicht aufgeben, wenn wir ihr ihre Ressourcen oder die schönen Seiten des Lebens vor Augen führen.

Die allermeisten Klienten haben wenig Wissen darüber, wie unser Gehirn in hochemotionalen Situationen reagiert. Sie gehen fälschlicherweise davon aus, dass es ihnen eigentlich möglich sein müsste, »selbst« zu entscheiden, wie sie in einer schwierigen Situation empfinden und reagieren. Daher ist es wichtig, Klienten im Rahmen einer Psychoedukation zu vermitteln, dass bestimmte Prozesse im Gehirn autonom ablaufen und wir ab einem gewissen Punkt kognitiv gar nicht oder nur bedingt steuernd eingreifen können. Ansonsten kann es dazu kommen, dass sich der Klient für sein Verhalten schämt. Er wird sich dann dafür verurteilen, dass er sich »nicht im Griff« und schon wieder vermeintlich negative Gefühle hat. Außerdem wird er versuchen, gegen die unerwünschten Emotionen zu kämpfen. Da dies aber nicht erfolgreich sein kann, wird er zwangsläufig scheitern. Die Folge davon sind Frustration und Resignation, ein geringeres Selbstwirksamkeitsempfinden und eine verstärkte Angst vor Gefühlen.

Selbsterforschung: Gefühle außer Kontrolle

Wenden Sie sich kurz nach innen und denken Sie an Situationen, in denen Sie Ihre Gefühle gar nicht oder kaum kontrollieren können. Das kann beispielsweise eine Konfliktsituation in der Partnerschaft oder eine Angstreaktion sein. Prüfen Sie nun: Verurteilen Sie sich hierfür?

Die drei Motivationssysteme

All unsere Gefühle sind auf der biologischen Ebene verankert. Sie werden durch biochemische Prozesse ermöglicht und beeinflusst. Nach Paul Gilbert lassen sich vor allem drei emotionale Regulationssysteme unterscheiden, die uns jeweils für verschiedene Verhaltensweisen motivieren und unser Handeln bestimmen (Gilbert, 2011).

Das erste Regulationssystem ist das *Alarmsystem*, das vielfach auch als Kampf-Flucht-System bezeichnet wird. Es geht vor allem mit den Emotionen Angst und Ärger einher, auf hormoneller Ebene spielen Adrenalin, Noradrenalin und Cortisol eine wichtige Rolle. Es ist in der Evolutionsgeschichte sehr früh entstanden und gut erforscht. Die Beschäftigung damit ist ein zentraler Teil jeder psychosozialen Arbeit.

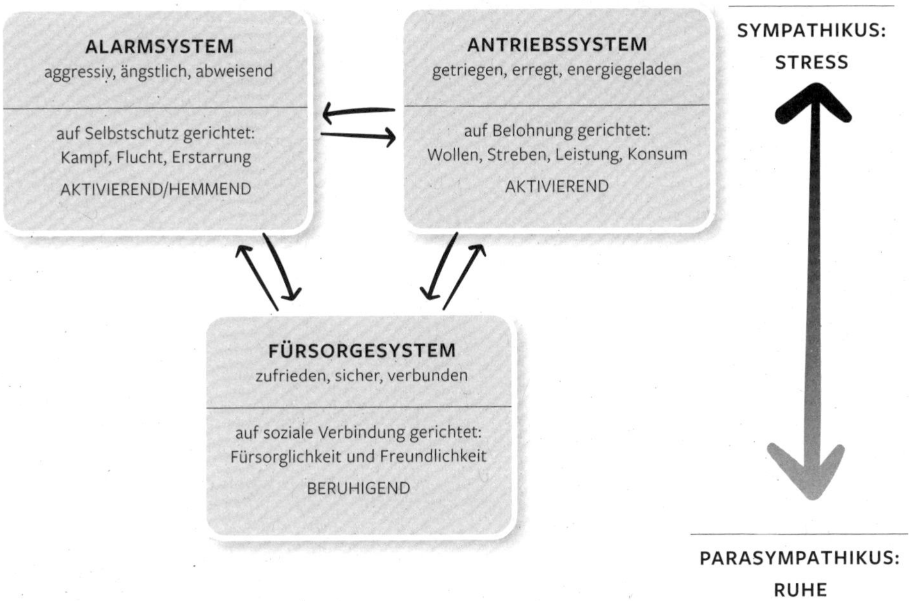

→ Die drei emotionalen Regulationssysteme im Gleichgewicht (nach Gilbert, 2011)

Das *Antriebssystem* ist ebenfalls recht früh in der Evolutionsgeschichte entstanden und hat vor allem die Funktion, uns so zu aktivieren, dass wir uns um die Erfüllung unserer Bedürfnisse bemühen. In der Menschheitsgeschichte ging es lange um die basalen Grundbedürfnisse wie Nahrung oder Wärme, aber auch die Möglichkeit zur Fortpflanzung. Heute haben wir viele breitere Bedürfnisse, und unser Antriebssystem kann aktiviert sein, wenn wir etwas Neues lernen oder beruflich herausgefordert sind. Dieses System geht vor allem mit dem Botenstoff Dopamin einher.

Ein weiteres System ist das *Fürsorgesystem*. Sobald wir uns sicher und geborgen fühlen und unsere Bedürfnisse erfüllt sind, stellen sich Empfindungen von Zufriedenheit und Wohlbefinden ein. Wenn wir uns angenommen und zugehörig fühlen und von Menschen umgeben sind, denen wir vertrauen, können wir entspannen und innerlich loslassen. Das Fürsorgesystem ist für unser längerfristiges Überleben notwendig, da wir uns ohne es in einer dauerhaften Anspannung und Aktivierung befänden. Erst im Fürsorgesystem springt der Parasympathikus wirklich an, Oxytocin und Endorphine vermitteln dieses Empfinden.

Meine Hündin Mouna und die drei Emotionssysteme

Ich kann diese drei emotionalen Systeme tagtäglich bei unserer Hündin Mouna beobachten. In den Angstmodus des Alarmsystems gerät sie, wenn ihr zum ersten Mal ein bisher unbekanntes Objekt auffällt, zum Beispiel ein Müllauto. Der Schwanz ist dann eingezogen und sie jederzeit zur Flucht bereit.

Wenn Herrchen aber tapfer vorausgeht, lässt der Angstmodus langsam nach und sie wechselt in den Neugierdemodus des Antriebssystems, in dem sie voller Interesse das Unbekannte erkundet. In diesem Modus ist sie auch, wenn wir gemeinsam in den Wald gehen, sie überall schnüffeln darf und ganz aufgeregt irgendwelchen Fährten folgt.

In den dritten Zustand, den Beruhigungsmodus des Fürsorgesystems, kommt sie fast nur, wenn sie sich wirklich sicher fühlt, das ganze Rudel in der gefahrlosen Höhle beisammen ist und sie abends mit Frauchen und Herrchen vor dem Kamin liegen darf. Sie wirft sich dann auf den Rücken, streckt alle viere von sich und lässt sich den Bauch kraulen (nach Knuf, 2016).

Die unterschiedlichen emotionalen Systeme sind nicht gleichzeitig aktiviert, auch wenn der Wechsel vom einen in den anderen Zustand durchaus abrupt erfolgen kann. Wir befinden uns *entweder* im Angst- *oder* im Neugierde- *oder* im Beruhigungsmodus. Für unser Wohlergehen und die Erfüllung unserer Bedürfnisse brauchen wir einen Zugang zu allen drei Systemen, denn sie alle sind für die Bewältigung der Herausforderungen des Lebens notwendig. Sie sollten sich in Balance befinden, sind jedoch vielfach hochgradig im Ungleichgewicht.

Gerade in der heutigen Zeit ist bei vielen Menschen das Antriebssystem überaktiviert. Es wird durch Daueraktivität, viele äußere Reize und intensiven Medienkonsum aufrechterhalten. Ebenfalls überaktiviert ist bei vielen Menschen das Alarmsystem. Das Fürsorgesystem ist hingegen vielfach unteraktiviert.

Bei psychischen Krisen und emotionalem Stress kommt es oft dazu, dass das Alarmsystem extrem aktiv und das Fürsorgesystem gleichsam nicht mehr zugänglich ist. Die Folgen davon sind Ängste, Schlafstörungen oder sogar paranoide Gedanken. Beispielsweise führen schwere Traumaerfahrungen fast zwangsläufig zu einem überaktivierten Alarmsystem und einem unteraktivierten Fürsorgesystem. Der Organismus versucht sich vor weiteren Traumatisierungen zu schützen, indem er hypersensibel für Bedrohungsanzeichen wird. Da es aber nirgendwo wirklich sicher scheint, springt das Fürsorgesystem nicht an. Die Folgen sind dann beispielsweise ständige innere Unruhe, inneres Getriebensein und erhöhte Schreckhaftigkeit.

Diese drei Systeme können wieder mehr in Balance gebracht werden, indem entweder einzelne Systeme gefördert oder andere Systeme beruhigt werden. Möglich ist auch, dass beides gleichzeitig stattfindet. So kann man bei Angstsymptomen versuchen, entweder das Alarmsystem zu reduzieren oder das Fürsorgesystem zu aktivieren, damit sich in der Folge das Alarmsystem von allein herunterreguliert. Da das Fürsorgesystem bei vielen Klienten nicht hinreichend aktiviert ist, stellt sich für Fachpersonen gerade hier eine zentrale Herausforderung: Wie kann dem Klienten mehr Erleben von Sicherheit, Geborgenheit, Zugehörigkeit und Vertrauen vermittelt werden?

Unter- und Überregulation

Eines der wichtigsten emotionstheoretischen Konzepte für verschiedene Felder therapeutischer und psychosozialer Arbeit ist die Unterscheidung von unter- und überregulierten Klientinnen und Klienten. »Unterregulation« meint ein Zuwenig an Regulation, und zwar mit der Folge, dass Gefühle sehr stark, oft lang anhaltend und belastend erlebt werden. »Unter« heißt also einfach gesagt »zu viele Gefühle«, was von der Formulierung her etwas verwirren kann. »Überregulation« hingegen bedeutet, dass Gefühle sehr stark reguliert werden, mit der Folge, dass sie nur noch sehr schwach oder fast gar nicht mehr wahrnehmbar sind.

In Fortbildungsgruppen frage ich oft nach der Einschätzung der Mitarbeitenden, wie viel Prozent ihrer Klientinnen und Klienten eher unterreguliert und wie viel eher überreguliert sind. Natürlich ist diese Verteilung in den verschiedenen Arbeitsfeldern und verschiedenen Klientengruppen sehr unterschiedlich, trotzdem ähneln sich viele Einschätzungen von Fachpersonen. Oft wird nämlich angegeben, dass der *deutlich* größere Teil der Klientinnen und Klienten eher überreguliert ist, Gefühle also gehemmt sind, und ein eher kleinerer Teil eher unterreguliert. Das höre ich beispielsweise besonders oft von Mitarbeitenden in sozialpsychiatrischen Einrichtungen, aber auch in Fortbildungsgruppen von Psychotherapeuten gibt die Mehrheit an, dass sie mit mehr über- als unterregulierten Klienten konfrontiert ist.

Selbsterforschung

Nehmen Sie sich etwas Zeit, um die folgenden Fragen zu reflektieren:

- Befassen Sie sich in Ihrem Arbeitsfeld tendenziell eher mit unter- oder überregulierten Menschen?
- Sind Sie selbst eher unter- oder überreguliert?
- Arbeiten Sie lieber mit unter- oder überregulierten Menschen? Woran könnte das liegen?

Zwei Beispiele

Stefanie erlebt ihre Gefühle sehr intensiv. Wenn sie traurig ist, dann ist sie richtig traurig, muss viel weinen und hat manchmal sogar den Eindruck, dass ihr das Gefühl über den Kopf wächst. Aber auch Freude erlebt sie sehr intensiv, sie ist ausgesprochen begeisterungsfahig und kann überglücklich sein. Schwierigkeiten hat sie mit ihrer Wut, denn sie wird manchmal sehr schnell wütend und drückt ihren Ärger dann auch aus. Das hat ihr schon einige Probleme vor allem bei der Arbeit eingehandelt, denn dort wird die Meinung vertreten, dass man seine Gefühle jederzeit kontrollieren sollte. Insgesamt möchte Stefanie ihre starken Gefühle nicht missen, auch wenn sie manchmal denkt, dass sie nicht noch stärker werden sollten.

Natalie nimmt ihre Gefühle meistens gar nicht recht wahr. Das liegt vor allem daran, dass sie selten richtig starke Emotionen hat. Sie kann sich nicht erinnern, wann sie das letzte Mal geweint hat. Manchmal betrachtet sie ganz verwundert andere Menschen, die im Kino weinen oder sich auf der Straße streiten, und versteht gar nicht, wie es dazu kommen kann. Ihr geht es nicht schlecht, aber sie leidet darunter, dass sie sich gar nicht so richtig freuen kann. Selbst wenn etwas Schönes passiert, berührt sie das meistens sehr wenig. Irgendwie fühlt sie sich manchmal auch nicht wirklich lebendig.

Bei psychischen Erkrankungen hängen Über- und Unterregulation unter anderem vom Krankheitsbild ab. So sind Borderlinebetroffene und andere Klienten mit Persönlichkeitsstörungen oft unterreguliert und Psychoseklienten und depressive Menschen vielfach überreguliert.

Die negativen Folgen einer Unterregulation sind offensichtlich. Beispielsweise neigen Borderlinebetroffene zu starken Wutausbrüchen und selbstverletzenden Verhaltensweisen, weil es ihnen nicht gelingt, ihre Gefühle so zu beeinflussen, dass sie damit gut umgehen können.

Die negativen Folgen von Überregulation hingegen sind zunächst weniger offensichtlich. Überregulierte Klienten sind in professionellen Kontexten oft sogar die »angenehmeren Klienten«, die sich eher zurückhalten und nicht ständig mit ihren intensiven Emotionen das Team oder den Behandler »auf Trapp« halten. So können beispielsweise in manchen Einrichtungen der Sozialpsychiatrie oder Jugendhilfe Mitarbeitende ihre Arbeitsbelastung nur bewältigen, weil es auch diese eher ruhigen Klientinnen und Klienten gibt, die »mitlaufen« und eher unauffällig und wenig fordernd sind.

Doch Klienten zahlen einen hohen Preis dafür, denn mit der Wahrnehmung der Gefühle und der emotionalen Schwingungsfähigkeit sind viele Fähigkeiten wie Motivation und Lebensfreude verbunden, zu denen der Betroffene dann ebenfalls keinen Zugang findet. Auf die negativen Folgen der Emotionssuppression bin ich in der Hinführung schon näher eingegangen.

Wenn jemand kaum in der Lage ist, seine Gefühle wahrzunehmen, wird von Alexithymie (Gefühlsblindheit) gesprochen, was als die Unfähigkeit, Gefühle zu erkennen und auszudrücken, übersetzt werden kann. Es handelt sich dabei nicht um ein Krankheitsbild, sondern ein ursprünglich aus der Psychoanalyse stammendes Konzept, mit dem diese Menschen beschrieben werden. Die Betroffenen tun sich auch schwer damit, emotionale Zustände nicht nur bei sich, sondern auch bei anderen zu erkennen und als Hinweise für den Umgang mit Situationen zu nutzen. Verschiedene Untersuchungen gehen davon aus, dass etwa 10 Prozent der Bevölkerung betroffen sind, Männer wohl häufiger als Frauen (Franz, 2016).

Die Unterscheidung von Unter- und Überregulation ist für die professionelle Arbeit vor allem deshalb so wichtig, weil diese beiden Klientengruppen natürlich eine unterschiedliche Unterstützung brauchen. Während unterregulierte Klienten Strategien benötigen, die ihnen eine bessere Kontrolle ihrer Emotionen möglich machen, sollten überregulierte Klienten dabei unterstützt werden, einen besseren Zugang zu ihren Gefühlen zu finden.

MERKE:

Unterregulierte Klienten brauchen Strategien, die ihnen eine bessere Kontrolle ihrer Emotionen ermöglichen; überregulierte hingegen sollten dabei unterstützt werden, einen besseren Zugang zu ihren Gefühlen zu entwickeln.

Vorhin habe ich schon darüber berichtet, dass wir recht häufig mit überregulierten Klienten konfrontiert sind, was aufgrund der lange praktizierten gesellschaftlichen Emotionssuppression ja auch naheliegend ist. Nun müssen wir noch einen Schritt weiter gehen, denn auch hinter vermeintlicher Unterregulation verbirgt sich vielfach eine Überregulation.

Beispielsweise versucht jemand sehr lange, schmerzhafte Gefühle beiseite zu drücken, und wird anschließend von tiefster Verzweiflung bis hin zu Suizidgedanken überwältigt. Auch aus diesem Grunde darf man unterregulierten Klienten nicht nur Strategien zur Regulation ihrer Gefühle vermitteln, sondern muss sehr genau erforschen, welche Gefühle im Alltag beiseite gedrückt werden und wie das genau geschieht.

Was tun bei Überregulation?

- Gefühlsunterdrückungsmethoden durchschauen und beenden.
- Körperwahrnehmung schulen, da Gefühls- und Körperwahrnehmung eng verwoben sind.
- Bei überregulierten Klienten nicht mit vornehmlich kognitiven Methoden arbeiten, obwohl dies von Klienten oft gewünscht wird.
- Wissen über Emotionen vermitteln (sich den Verstand nicht zum Feind machen).
- Modell der Fachperson für Emotionswahrnehmung und -ausdruck nutzen.
- Körper wahrnehmen, weich und durchlässig werden lassen (Atem frei fließen lassen, Körperanspannungen lösen, inneren Körper erforschen etc).

Was tun bei Unterregulation?

- Bewusstheit dafür schaffen, durch welches eigene Verhalten Gefühle verstärkt und gegebenenfalls aufrechterhalten werden (in der Regel mentale Prozesse, die dann achtsam wahrgenommen werden sollten).
- Gefühle benennen und differenzieren lernen (aufgrund der Stärke der Emotion werden diese oft unspezifisch wahrgenommen, etwa als starker Druck/starke Anspannung).
- Schwerpunkt der Arbeit sind die Gefühle leichter und mittlerer Ausprägung, nicht starker Ausprägung.

Psychoedukation: *Dem anderen helfen, seine Gefühle besser zu verstehen*

Da Gefühle ein selbstverständlicher Bestandteil unseres Lebens sind, denken viele Menschen, dass sie sich damit gut auskennen. Doch wie wir in diesem Buch immer wieder sehen, ist mehrheitlich das Gegenteil der Fall. Daher ist es ein wichtiger Einstieg in die Arbeit mit Gefühlen, Informationen über diese zu vermitteln. Dies geschieht sicher vornehmlich *begleitend* zur eigentlichen beraterischen Arbeit, teilweise aber auch *zu Beginn*, um die Bereitschaft zur Öffnung für die eigenen Gefühle überhaupt herzustellen.

Psychoedukation soll die Hinwendung zu den Gefühlen erleichtern, sie soll emotionale Prozesse verständlicher werden lassen und Missverständnisse beseitigen, die durch bisherige Lernerfahrungen, Erziehung und gesellschaftliche Einflüsse entstanden sind. In der Regel wird der eher kognitive Zugang zu Gefühlen für Klienten und vielfach auch für

Helfende als unproblematisch angesehen. Klienten wie Helfende fühlen sich sicherer, wenn zunächst *über* Gefühle gesprochen wird, anstatt sich direkt mit der Wahrnehmung der Gefühlsqualitäten zu beschäftigen.

Die Wissensvermittlung soll aber nicht nur Missverständnisse beseitigen, sondern auch Ängste in Bezug auf Emotionen abbauen helfen. Viele Klienten haben Angst vor ihren Gefühlen. Dies ist besonders dann der Fall, wenn jemand bereits die Erfahrung gemacht hat, von Gefühlen hilflos überflutet zu werden, oder fürchtet, die Fähigkeit zur Selbststeuerung zu verlieren. Es tauchen dann die schon genannten Befürchtungen auf wie »Ich werde das nicht aushalten« oder »Wenn ich die Gefühle zulasse, passiert etwas Schlimmes«.

Wissen vermittelt Kontrollempfinden, da die Dynamik von Gefühlen besser verstanden wird und Befürchtungen als unrichtig erkannt werden können. Kontrollempfinden wiederum reduziert eine emotionsphobische Haltung und führt damit zu einer erhöhter Emotionstoleranz, also zu einer höheren Bereitschaft, die Gefühle achtsam wahrzunehmen.

Außerdem sollte unseren Klienten verständlich werden, warum sie sich überhaupt ihren Gefühlen zuwenden sollten und was es sie »kostet«, wenn Gefühle längerfristig beiseite gedrückt werden. Solange die Frage des Klienten »Warum soll ich dieses verdammte Gefühl eigentlich fühlen?« nicht überzeugend beantwortet ist, wird logischerweise keine Öffnung für die Gefühle stattfinden.

Da die meisten Menschen sich mit ihren Gefühlen eben nicht so gut auskennen, beginnt die psychoedukative Arbeit zu Gefühlen meistens sehr basal bei den Themen, die ich bis hierher in diesem Buch beschrieben habe. Typische Gesprächsthemen sind beispielsweise der Unterschied von Gedanken, Gefühlen und Körperempfindungen, die eigenen Überzeugungen über Gefühle, verbreitete Strategien zum Wegdrücken, die Bedeutung von Emotionen leichter und mittlerer Ausprägung, die Folgen der Gefühlssuppression und vieles mehr.

Ein psychoedukatives Gespräch kann beispielsweise bei den möglichen Fehlüberzeugungen ansetzen, die Klienten über Gefühle haben. Es gibt sehr viele Missverständnisse und viel Unwissen in Bezug auf Gefühle, und diese Falschinformationen tragen oft zu einem ungünstigen Umgang bei. Unsere Überzeugungen über unsere Gefühle werden teilweise als »Metaemotionen« bezeichnet. Sie entscheiden maßgeblich darüber, wie wir mit unseren Emotionen umgehen. Wer die Überzeugung hat, unangenehme Gefühle seien ein Zeichen für psychische Instabilität, der wird möglicherweise versuchen, entsprechende Emotionen wegzudrängen, mit der Folge, dass diese sogar noch stärker werden.

Der Psychiater und Psychotherapeut Claas-Hinrich Lammers hat verbreitete Fehlüberzeugungen zusammengefasst (Lammers, 2011). Oft kommen unter anderem die folgenden vor:

- Emotionen sind eigentlich überflüssig.
  Gegenargument: Ohne sie können wir nicht überleben.
- Entweder hat man sehr starke Emotionen oder gar keine.
  Gegenargument: Die meisten Gefühle sind von mittlerer oder geringer Intensität; man kann lernen, diese wahrzunehmen.
- Das Vermeiden bzw. Unterdrücken von Emotionen ist hilfreich.
  Gegenargument: Vermeidungsstrategien bewirken eine anhaltende Aktivierung der Emotion und reduzieren das Erleben von positiven Gefühlen.
- Man sollte angenehme Emotionen besser nicht zeigen.
  Gegenargument: Sie sind ein wichtiges Kommunikationsmittel, wenn sie angemessen in Ausdruck und Verhalten sichtbar werden.
- Was man fühlt, ist immer angemessen.
  Gegenargument: Es gibt maladaptive Emotionen, die in der Vergangenheit einmal adaptiv waren, es in der Gegenwart aber nicht mehr sind.

- Intensive Emotionen halten unverändert an, wenn sie einmal aktiviert wurden.
  Gegenargument: Auch starke Emotionen sind von kurzer Dauer.
- Man muss unangenehme Emotionen immer bekämpfen.
  Gegenargument: Häufig schafft das Bekämpfen von adaptiven, aber unangenehmen Emotionen neue, größere Probleme.
- Ärger und Wut muss man herauslassen bzw. ausleben, dann wird man diese Emotionen los.
  Gegenargument: Diese Auffassung ist nachweislich falsch, da hierdurch diese Gefühle eher zunehmen.

Psychoedukation darf nicht missverstanden werden als eine abstrakte oder theoretische Wissensvermittlung. Ein wirkungsvoller Wissenstransfer verbindet Wissen stets mit eigenen Erfahrungen und Empfindungen, andernfalls bleibt das Wissen für das Gegenüber letztlich bedeutungslos, und es gelingt keine tiefere Verankerung. Im Einzelsetting gelingt Psychoedukation nach meiner Erfahrung dann am einfachsten, wenn auf übermäßige Struktur verzichtet wird. Es geht eher darum, mit dem Klienten in ein Gespräch über Gefühle zu kommen und in diesem Rahmen Wissen über Emotionen und den Umgang mit ihnen zu vermitteln. Wissensvermittlung, Selbstreflexion und die zunehmende Öffnung für die eigenen Gefühle verbinden sich dann miteinander, ganz ähnlich wie ich das auch in diesem Buch durch die verschiedenen Übungen zur Selbsterforschung, Beispiele etc. versuche.

Sehr empfehlen möchte ich, auch eigene Beispiele zu nutzen, um die jeweiligen Themen verständlich werden zu lassen. Wenn sich die helfende Person nicht selbst als Modell anbietet, und zwar sowohl für einen gelungenen wie auch für einen ungünstigen Umgang mit den eigenen Gefühlen, wird die erwünschte zunehmende Öffnung des Klienten nicht gelingen. Viele emotionale Themen sind schambehaftet, und eine »Entschämung« wird erst möglich, wenn Gemeinsamkeiten gesehen werden. Da die begleitende Person durch mehr reflektierte Erfahrungen in der Regel leichter in der Lage ist, ihre Gefühle wahrzunehmen und zu tragen, sollte sie den ersten Schritt tun. Eine professionelle Zurückhaltung empfinde ich hier als »unfair«, da sie unberücksichtigt lässt, wie groß die Hürde für den Klienten sein kann.

Psychoedukation bietet sich natürlich auch in einem Gruppensetting an. Der große Vorteil besteht sicher darin, dass sich viele Gemeinsamkeiten im Umgang mit Gefühlen, in den bisherigen Lernerfahrungen etc. zeigen, wodurch der eigene Umgangsstil normalisiert wird. Es sind verschiedene Gruppenkonzepte erarbeitet worden (Berking, 2010; Bohus & Wolf 2006; Barnow, 2015). Empfehlen möchte ich auch meinen Ratgeberband *Ruhe, ihr Quälgeister* (Knuf, 2013) und meinen Onlinekurs *Nix wie fühlen!* (www.inneresglueck.de).

KAPITEL 4

Welche Arten von Gefühlen gibt es?

In diesem Kapitel betrachten wir verschiedene Gefühlsarten. Gefühle haben eine ganz eigene innere Dynamik, die davon abhängt, wie sie entstanden sind und welche Funktion sie haben. Ein heilsamer und achtsamer Umgang mit dem jeweiligen Gefühl hängt von dieser Dynamik ab. Wir können und sollten also nicht mit jedem gleich umgehen. Das gilt sowohl für die unterschiedlichen Gefühle wie Angst, Freude oder Traurigkeit als auch für die verschiedenen Emotionstypen, die ich nun vorstellen werde.

Mit einem Gefühl, das uns seit unserer Kindheit begleitet und uns immer wieder einholt, bedarf es eines anderen Umgangs als mit einem, das durch eine konkrete äußere Situation ausgelöst wurde und in der aktuellen Situation stimmig ist. Manche Gefühle sind durch Traumatisierungen oder traumaähnliche Erfahrungen entstanden und erfordern wieder einen ganz anderen Umgangsstil. Gleiches gilt für die sogenannten sekundären Gefühle, die andere Emotionen überdecken, etwa wenn wir ärgerlich werden, obwohl wir eigentlich traurig oder beschämt sind.

Primäre adaptive Gefühle: *Unsere wahren und hilfreichen Gefühle*

Primäre adaptive Emotionen sind jene, die als unmittelbare Folge einer Situation bzw. einer inneren oder äußeren Wahrnehmung auftreten. Sie sind die wahren, eigentlichen Gefühle, die in einer Situation stimmig und damit für denjenigen, der sie empfindet, auch dienlich sind. Wer sich an eine schöne Situation erinnert, der wird wahrscheinlich zuerst Freude empfinden. Wer gerade seine Lieblingstasse fallen ließ, der wird traurig werden, und wer sich in einer schmerzhaften und ausweglos erscheinenden Situation befindet, der wird sich womöglich verzweifelt fühlen. Primäre Emotionen sind genau diese spontanen und ursprünglichen Gefühle.

Sie sind passend und angemessen und werden als »primär« bezeichnet, weil es sich um die erste emotionale Reaktion handelt, die durch ein Ereignis hervorgerufen wird. »Adaptiv« meint, dass sie hilfreich sind und den betroffenen Menschen dabei unterstützen, den eigenen Bedürfnissen zu folgen und mit der jeweiligen äußeren Situation angemessen umzugehen. Wenn jemand beispielsweise in eine Bedrohungssituation gerät, wird natürlicherweise Angst ausgelöst. Diese legt dann vielleicht das Handlungsmuster »Flucht« nahe. Oder es kommt zu Ärger, wodurch die Handlungsbereitschaft »Angriff« gebahnt wird. Solche Gefühle passen in die Situation und enthalten wichtige Informationen, nämlich zum Beispiel, vorsichtig zu sein und auf Gefahrensignale zu achten.

Die allermeisten unserer vielen Alltagsgefühle sind solche primären adaptiven Emotionen, dies gilt vor allem für die vielen Gefühle schwacher und mittlerer Ausprägung, die uns den Tag über begleiten und durch äußere Eindrücke und Ereignisse ausgelöst werden. Die reinsten primären Emotionen haben Säuglinge und Kleinkinder, und auch Tiere sind meistens auf eine gute Art mit ihren eigentlichen Gefühlen verbunden. Durch Erziehung, andere Lernerfahrungen und sich selbst regulierende innere Prozesse kommt es aber rasch dazu, dass auf ein aufkommendes Gefühl eine automatisierte innere Reaktion erfolgt, sodass das eigentliche Gefühl bereits »bearbeitet« wird.

Beispiel

Peter wird von seiner Vorgesetzten immer wieder zu Mehrarbeit gedrängt. Er ist zwar bereit, Überstunden in gewissen Grenzen zu machen, möchte aber noch genügend Zeit für seine Familie haben. Daher hat er ganz klar kommuniziert, dass er am Wochenende und abends nach 18 Uhr für Mehrarbeit nicht zur Verfügung steht. Mit verschiedensten Begründungen und der Formulierung »mir zuliebe« versucht seine Chefin jedoch, ihn dazu zu bewegen, länger zu bleiben. Gestern hat sie ihm einen Kundentermin um 17 Uhr eingetragen, wissend, dass er um 18 Uhr noch nicht fertig sein würde. Peter macht das ziemlich ärgerlich und entscheidet daher, heute mit seiner Vorgesetzten zu sprechen. Er sagt ihr klar und bestimmt, dass er über ihr Verhalten verärgert ist und solche Termine zukünftig nicht mehr machen wird.

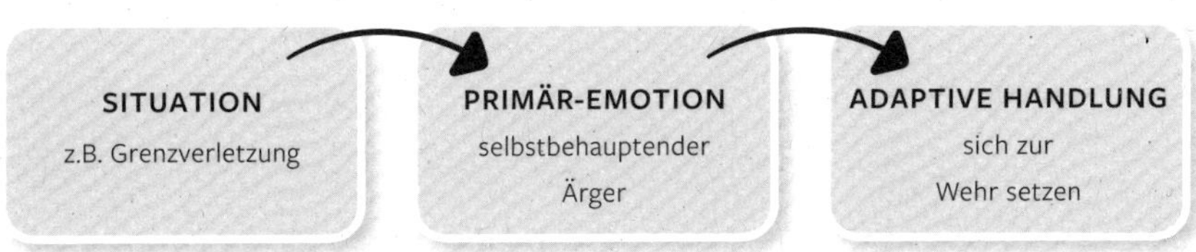

→ Zusammenhang von Situation, primärer Emotion und stimmiger adaptiver Handlung am Beispiel von Ärger bei Bedrohung

Neben angemessenem und selbstbehauptendem Ärger kann man primär adaptive Emotionen besonders gut am Beispiel der Trauer verdeutlichen. Trauer entsteht infolge eines Verlustes und hilft uns, diesen zu bewältigen. Dabei tritt Trauer beim Tod eines geliebten Menschen auf, aber auch bei vielen anderen Verlusten. Zunächst kommt es zumeist zu einer akuten Trauerphase, die eintritt, sobald wir die Nachricht über den Tod des geliebten Menschen erhalten haben. In dieser akuten Phase, die bis zu mehreren Tagen anhalten kann, ist der Trauernde vom Gefühl des Schmerzes überwältigt, und es ist oft oder fast durchgängig präsent. Im späteren Trauerprozess kommt es zu Trauerphasen und solchen, in denen die Trauer weniger oder kaum spürbar ist. Mit der Zeit werden diese Trauerphasen seltener und sind nicht mehr so intensiv.

Am Beispiel der Trauer lässt sich auch gut zeigen, dass es vor allem die achtsame Hinwendung zum Gefühl ist, die bei den primären adaptiven Emotionen hilfreich ist. Denn der Trauerprozess wird durch eine Zuwendung zur Trauer erleichtert. Wenn sich der trauernde Mensch dem Schmerz öffnet, sich den Tränen hingibt und die Verzweiflung spürt, klingt die Trauer mit der Zeit ab. Wird hingegen versucht, das Gefühl zu unterdrücken oder sich dauerhaft davon abzulenken, besteht die Gefahr, dass es zu komplizierten Trauerprozessen oder einer sich chronifizierenden Trauer kommt (Wagner, 2013). Der im Volksmund gebräuchliche Spruch »Die Zeit heilt alle Wunden« stimmt so natürlich nicht, denn die Zeit allein heilt die Wunden nicht. Erst durch die Bereitschaft, sich für die schmerzhaften Empfindungen zu öffnen und diese achtsam wahrzunehmen, kommt es zu einem heilsamen innerpsychischen Verarbeitungsprozess.

Im Umgang mit primären Emotionen, sowohl bei uns selbst als auch in der Arbeit mit Klienten, gibt es vor allem zwei Herausforderungen: Die erste ist, das Gefühl überhaupt wahrzunehmen. Wir bekommen gar nicht wirklich mit, dass wir in einer Situation traurig geworden sind oder spüren unsere Angst nicht. Einen schlechten Zugang zu den eigenen Gefühlen zu haben kann einen individuellen Hintergrund haben, wie wir bei der Überregulation schon gesehen haben, kann aber auch Ausdruck einer generellen Emotionssuppression sein. Wenn primäre adaptive Emotionen nicht wahrgenommen werden, geht es darum, diese wieder zu spüren. Vor allem die vielen »kleinen« Alltagsgefühle werden von vielen Menschen gar nicht wahrgenommen. Da die primären adaptiven Emotionen ja für uns sehr hilfreich sind und wichtige Informationen und Handlungsimpulse für uns bereithalten, zeigt sich hier besonders deutlich, wie wichtig es ist, Gefühle überhaupt wahrzunehmen oder wieder fühlen zu lernen.

Die zweite Herausforderung besteht darin, zu erkennen, ob es sich bei dem jeweiligen Gefühl tatsächlich um eine primäre hilfreiche Emotion handelt. Um das herauszufinden, kann man sich der Qualität des Gefühls zuwenden. Eine primäre stimmige Emotion fühlt sich zumeist lebendig an. Sie wird von der fühlenden Person als frisch erlebt. Das Gegenüber schwingt emotional mit. Gerade diese emotionale Resonanz bei uns Fachpersonen ist es, die uns oft eine primäre adaptive Emotion gut erkennen lässt.

Woran erkenne ich eine primäre adaptive Emotion?

- Das Gefühl fühlt sich lebendig und frisch an.
- Als Gegenüber schwingt man mit den primären adaptiven Emotionen zumeist gut mit.
- Das Gefühl ist in der gegenwärtigen Situation stimmig. Es erscheint von seiner Qualität wie auch von der Intensität angemessen.
- Das Gefühl klingt wieder ab, sobald sich die Situation entsprechend verändert.

Primäre adaptive Emotionen sollten in der professionellen Arbeit gefördert werden. Ganz gleich, ob es sich um eine ambulante Psychotherapie handelt, um ein Mediationsgespräch in einem Unternehmen oder um eine Paarberatung: Die Hinwendung zu den primären adaptiven Emotionen hilft uns immer weiter! Daher ist es ein wichtiges Element emotionsbezogener psychosozialer Arbeit, diese herauszuarbeiten und spürbar oder für das Gegenüber wahrnehmbar werden zu lassen. In einer Trauerreaktion besteht die Unterstützung beispielsweise darin, dieser Trauer Raum zu geben und jenen inneren Prozessen nicht zu folgen, die vom primären adaptiven Gefühl wegführen, etwa indem das Gefühl nicht wirklich gefühlt, sondern darüber nachgedacht wird. Die gefühlte Wahrnehmung wird also unterstützt, als stimmig interpretiert, begleitet und mitgetragen.

Jedem angemessenen Gefühl hinreichend Raum zu geben ist aber für professionell Tätige nicht immer einfach, denn die begleitende Person wird durch die Emotion des Gegenübers natürlich mit eigenen Gefühlen konfrontiert, die ausgehalten und ebenfalls getragen werden müssen. Fachpersonen sollten sich davor hüten, solche primären Gefühle vorschnell verändern oder abschwächen zu wollen. Das Mittragen der Gefühle gelingt bedeutend leichter, wenn wir uns mit unseren eigenen Emotionen intensiv beschäftigt haben und unsere innere Achtsamkeit gut ausgeprägt ist, damit wir wirklich bei einem Gefühl bleiben können und nicht vorschnell in ein veränderndes Handeln gehen. Wer als helfende Person beispielsweise selbst das Gefühl Ärger kaum aushält, wird natürlich versuchen, es abzuschwächen oder zu unterdrücken, sobald es beim Klienten spürbar wird.

Sekundäre Gefühle: *Gefühle, die eine Reaktion auf andere Gefühle darstellen*

Sekundäre Gefühle sind Reaktionen auf die eigentlichen primären Emotionen. Wird ein bestimmtes Gefühl aus verschiedenen Gründen vom Organismus als bedrohlich oder sehr aversiv erlebt, so kann die sekundäre Emotion dieses Gefühl verdecken oder es beenden. Dieser Prozess findet nicht willentlich, sondern hochgradig automatisiert statt. Außerdem geht er so schnell vonstatten, dass vielfach das eigentliche Gefühl gar nicht wahrgenommen wird.

In der analytischen Therapie wird gemeinhin von der sogenannten Deck-Emotion gesprochen, also von der Emotion, die eine andere überdeckt. Heute wird vielfach der Begriff »sekundäre Emotionen« benutzt (Greenberg, 2011), den ich hier auch aufgreife. Wir könnten die sekundäre Emotion auch als Tarnemotion bezeichnen.

Beispiel

Loreen hat am Arbeitsplatz oft das Empfinden, nicht gut genug zu sein. Sie fühlt sich ihren Kollegen gegenüber unterlegen und beschäftigt sich sogar in ihrer Freizeit mit den Arbeitsaufgaben, weil sie glaubt, diesen nur so zu genügen. Als sie von ihrem Chef auf einen kleinen Fehler angesprochen wird, reagiert sie mit starkem Ärger und beschimpft sogar ihren Vorgesetzten. Wutschnaubend rennt sie aus dem Büro. Nach einer Stunde kommt sie jedoch an den Arbeitsplatz zurück und bittet ihren Chef um ein Gespräch. Sie entschuldigt sich und erzählt ihm, dass sie sich oft so ungenügend fühle. Als er sie auf den kleinen Fehler angesprochen habe, habe sie sich wie ein kleines Kind gefühlt, das alles falsch gemacht habe. Daraufhin habe sie ihre Gefühle nicht mehr kontrollieren können.

Primäre Gefühle, die wir gern durch andere tarnen, sind vor allem solche, die uns vermeintlich angreifbar und verwundbar machen, beispielsweise Einsamkeit, Scham, Angst, Schmerz oder Ohnmacht. Sie werden überdeckt durch Gefühle, die uns weniger riskant erscheinen. Die häufigste sekundäre Emotion ist sicherlich die Wut, sie tarnt viele andere Gefühle. Aber letztlich kann jede Emotion eine Deckemotion sein. Welche Gefühle getarnt werden müssen, hängt natürlich sehr von unserem biografischen Kontext ab. Während der eine keinen Ärger zeigen »darf« und dann beispielsweise mit Traurigkeit reagiert, hält die andere Angst nicht aus und wird stattdessen wütend.

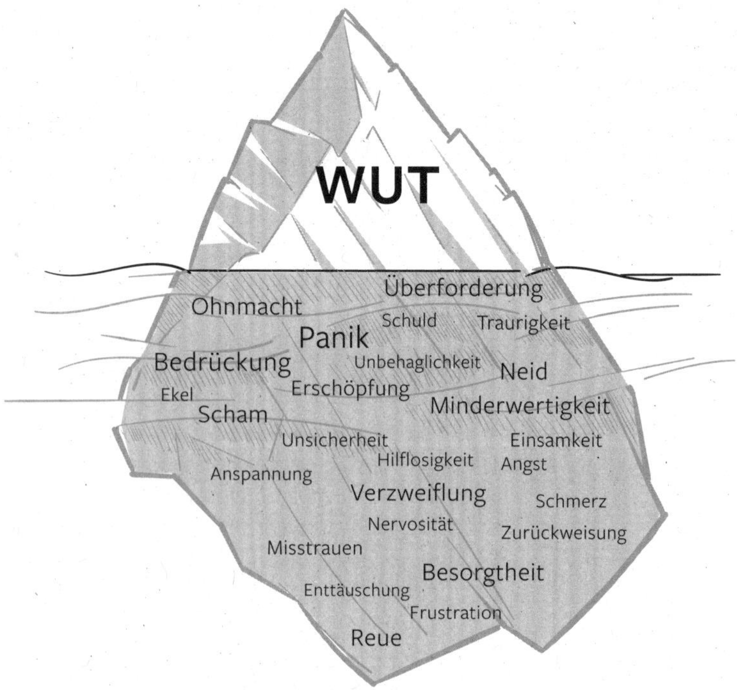

→ Die Wut als sekundäre Emotion (oberer Teil) und die typischen zugrunde liegenden Emotionen (unterer Teil)

Es sind nicht nur unangenehme Gefühle, die durch sekundäre Emotionen überdeckt werden. Es ist sogar sehr verbreitet, dass auch angenehme Gefühle durch unangenehme Gefühle ersetzt werden. Wer kennt es nicht, bei einem Kompliment verlegen zu Boden zu schauen oder zu betonen, dass es eigentlich nur Glück war oder das Kompliment eigentlich jemand anderem zukommt? Natürlicherweise wird bei einem positiven Feedback eigentlich Freude ausgelöst, doch vielfach sind wir kaum in der Lage, diese wirklich wahrzunehmen und sie auch zu genießen. Die primäre Emotion Freude wird dann etwa von Angst (»Man soll den Tag nicht vor dem Abend loben«) oder Scham (»Hochmut kommt vor dem Fall«) überdeckt. An diesem Beispiel wird deutlich, dass sekundäre Emotionen für Betroffene schädlich sein können. Wenn die Freude nicht gefühlt wird und stattdessen Scham aufkommt, sobald man gelobt wird, werden angenehme Ereignisse mit unangenehmen Gefühlen verbunden.

Wird das eigentliche Gefühl nicht wirklich gefühlt, sondern von einem anderen überdeckt und damit nicht mehr wahrgenommen, so kann es uns auch nicht mehr dienlich sein. Wir können die Informationen nicht nutzen, die uns das Gefühl vermittelt. Außerdem kann das eigentliche Gefühl nicht bearbeitet werden, da es ja gar nicht zugänglich ist. Wenn sich beispielsweise jemand vor dem Gefühl der Trauer nach einem Todesfall schützt, indem er wütend auf den Verstorbenen, auf Gott oder die Ungerechtigkeit der Welt wird, so kann der Trauerprozess nicht stattfinden. Wenn jemand seinen Ärger nicht wahrnimmt, wenn er von jemandem bedroht wird und stattdessen Scham über den Ärger empfindet, so kann er sich weder selbst behaupten noch die im Ärger liegende Kraft nutzen.

Es ist also sehr wichtig, an das eigentliche Gefühl heranzukommen und dem Gegenüber zu helfen, seine primären Emotionen zu fühlen und nicht jene, die nur der Tarnung dienen. Daher ist es für die therapeutische und beraterische Arbeit ganz zentral, um den Unterschied von primären und sekundären Emotionen zu wissen und jeweils nach der eigentlichen Emotion zu suchen. Beispielsweise kann es sein, dass ein Klient viel Ärger auf seine Eltern empfindet. Bei genauerer Betrachtung verbirgt sich dahinter aber der Wunsch nach Nähe und danach, gesehen zu werden. Würde in der therapeutischen Arbeit nun stattdessen der Ärger aufgegriffen, so könnte es sein, dass sich der Klient von seinem Wunsch nach Nähe noch weiter entfernt.

MERKE:

Das sekundäre Gefühl ist therapeutisch eine »Sackgasse«, denn die Arbeit an ihm bewirkt keine Veränderung.

Es geht nicht darum, irgendein Gefühl zu fühlen, sondern das »wahre«, eigentliche Gefühl.

Erst wenn das eigentliche Gefühl wahrgenommen und gefühlt wird, beginnt ein heilsamer Prozess. Daher ist es sehr wichtig, achtsam für mögliche sekundäre Emotionen zu sein. Veränderung geschieht dann, wenn das eigentliche Gefühl erkannt, gefühlt und ihm mit Selbstmitgefühl begegnet wird.

Zu wissen, dass es Deckemotionen gibt, ist sehr wichtig, denn wenn eine für wahr gehalten und mit dieser Emotion weitergearbeitet wird, so ist klar, dass sich keine Veränderung einstellen kann.

Manchmal gibt es bei Klienten und teilweise auch bei Fachpersonen die Vorstellung, dass Gefühle an sich »wahr« seien, weil es sich eben um ein Gefühl handelt, oder Emotionen den Gedanken vorzuziehen seien, weil sie wahrhaftiger wären. Hochgelobt wird vielfach auch das angeblich immer stimmende »Bauchgefühl«. Sprüche wie »Gefühle lügen nicht« umschreiben genau diese Vorstellung, dabei »lügen« viele unsere Gefühle sogar sehr erfolgreich.

In Wirklichkeit können wir weder unseren Gedanken noch unseren Gefühlen zwangsläufig trauen, sondern müssen sie zunächst auf ihre Richtigkeit hin überprüfen, im Fall der sekundären Gefühle also herausfinden, ob es sich bei dem gerade vorherrschenden Gefühl womöglich um eine solche Tarnemotion handelt. Auch die früher sehr verbreitete therapeutische Überzeugung »Wut tut gut!« stellt sich als zu kurzsichtig heraus. Wut tut dann gut, wenn es sich um eine primäre adaptive Emotion handelt, sie kann aber sogar schädlich sein, wenn es sich um eine sekundäre Emotion handelt.

In der therapeutischen Arbeit können erfahrene Therapeuten, die den Klienten bereits gut kennen und in emotionsorientierter Arbeit bewandert sind, vielfach innerhalb kurzer Zeit erstaunlich sicher sagen, ob es sich bei dem geschilderten Gefühl um die eigentliche Emotion oder um ein sekundäres Gefühl handelt. Oft ist auch die darunterliegende Emotion rasch klar. Das liegt vor allem daran, dass es sehr oft vorkommende Muster gibt, die unpersönlich sind. Außerdem bestehen auch individuell immer wieder auftretende Dynamiken, die von unserer jeweiligen Persönlichkeitsstruktur und unseren Erfahrungen abhängen.

Selbsterforschung

Bitte stellen Sie sich nun die folgenden zwei Fragen:

- Welche sekundären Emotionen kenne ich bei mir selbst?
- Welche sekundären Emotionen beobachte ich bei meinen Klienten?

So ist Ärger sehr oft die sekundäre Emotion, hinter der sich Empfindungen wie Scham, Minderwertigkeit oder Angst verbergen. Klienten, die eine gute Empfindungs- und Reflektionsfähigkeit haben, können vielfach ebenfalls gut erkennen, ob das gerade wahrgenommene Gefühl das eigentliche ist.

MERKE:

Um den Unterschied zwischen einem primären und sekundären Gefühl herauszufinden, sind diese zwei Fragen hilfreich:

- Ist dieses Gefühl wirklich wahr, oder worum geht es eigentlich?
- Was ist hinter oder unter dem gerade wahrgenommenen Gefühl?

Oft gibt es ein sehr eindeutiges subjektives Empfinden, wenn das primäre Gefühl gefunden und gefühlt wird. So kann sich der Körper entspannen oder der Klient atmet gelöst aus. Vielfach wird es dann auch stiller, es wird auf Klientenseite weniger gesprochen, subjektiv wird das Gefühl als »wahr« empfunden. Wenn die innere Reflektion weniger gut ausgeprägt ist oder das primäre Gefühl als sehr bedrohlich erlebt wird, kann es aber schwierig sein, sich dem eigentlichen Gefühl zuzuwenden, da dies vom Klienten abgestritten wird.

Hier muss sehr vorsichtig vorgegangen werden, andernfalls verlagert sich der innere Konflikt zwischen den Gefühlen nach außen auf die Ebene zwischen Klient und Fachperson. Erst wenn die Beziehung stabil ist und sich das Gegenüber von der Fachperson wirklich angenommen fühlt, kann die jeweilige zugedeckte Emotion zugelassen und auch ausgesprochen werden.

Primäre maladaptive Gefühle: *Zeitreisegefühle*

Primäre maladaptive Gefühle sind zwar unsere erste und unmittelbare Reaktion auf eine Situation, weshalb sie als »primär« bezeichnet werden. Sie sind jedoch eher Folge früherer Erfahrungen, als dass sie in der gegenwärtigen Situation stimmig wären. Oft passen sie ganz und gar nicht in diese oder sind so übersteigert, dass ihre Heftigkeit der Auslösesituation nicht angemessen erscheint. Sie werden deshalb als »maladaptiv« bezeichnet, weil das Gefühl in seinem Auftreten oder seiner Intensität nicht wirklich stimmig und daher für die Bewältigung der gegenwärtigen Situation nicht hilfreich ist.

Der Begriff maladaptiv suggeriert aber, dass das Gefühl an sich nicht hilfreich ist, was natürlich nicht stimmt. Es ist ein Gefühl, das in einer früheren biografischen Situation durchaus angemessen war und entsprechend gewürdigt werden sollte. Es hat sich allerdings in die falsche Situation »eingeschlichen« und wird dort dann maladaptiv. Daher sollte auf die Bezeichnung »maladaptiv« verzichtet werden, ebenso wie auf die Begriffe positive und negative Emotionen, mit denen wir uns ja schon beschäftigt haben. Eine Klientin von mir hat sie einmal als »Zeitreisegefühle« bezeichnet, ein Begriff, den ich oft verwende. Wir können auch von »konservierten Gefühlen« sprechen, denn sie stammen ja aus früheren Lebensphasen.

Drei Beispiele

Bernd verlor schon im Grundschulalter seinen Vater, der bei einem Arbeitsunfall ums Leben kam. Die Mutter wurde nach dem Tod ihres Mannes schwer depressiv und versteckte ihre eigene Trauer vor den drei Kindern. So erhielt Bernd keine Unterstützung, um über den Verlust seines Vaters trauern zu können. Heute gerät er bei kleinsten Verlusten in schwerwiegende Trauergefühle, etwa wenn er sich von einem Gegenstand trennen oder von Menschen vorübergehend Abschied nehmen muss. Daher lässt er sich auch nicht auf eine Partnerschaft ein, seine Partnerin könnte sich ja trennen oder versterben, selbst ein Haustier möchte er aus diesem Grund nicht haben.

Sandra wuchs mit suchtkranken Eltern auf, die sie schon ab dem dritten Lebensjahr abends oft allein ließen. Sie schildert, sie habe als Kind nächtelang nicht geschlafen und nur aus dem Fenster geschaut, wann die Eltern wiederkämen. Als Erwachsene ist sie in der Partnerschaft extrem eifersüchtig und geradezu panisch, dass sie von ihrem Partner betrogen werden könnte. Sie erzählt, es seien schon zwei Beziehungen in die Brüche gegangen, weil ihre Partner sich von ihr zu sehr kontrolliert gefühlt hätten.

Martin hat sich in seiner Kindheit oft als Außenseiter erlebt. Weder in der Schule noch in seiner Familie hat er sich wirklich zugehörig gefühlt. Heute ist er 48 Jahre alt und hat in verschiedenen Bereichen sehr schnell das Empfinden, nicht dazuzugehören. Er fühlt sich so am Arbeitsplatz, obwohl er dort eigentlich gut integriert ist, und ebenso in seiner Herkunftsfamilie, aber auch in seiner eigenen Familie fühlt er sich oft eher am Rand.

Selbsterforschung: Zeitreisegefühle

Nehmen Sie sich nun einige Minuten Zeit, um wahrzunehmen, welche Gefühle aus der Vergangenheit sich manchmal in Ihre Gegenwart drängen. Vielleicht mögen Sie auch kurz die Augen schließen, den Atem frei fließen lassen und diesen Gefühlen nachspüren. Was sind Ihre Zeitreisegefühle?

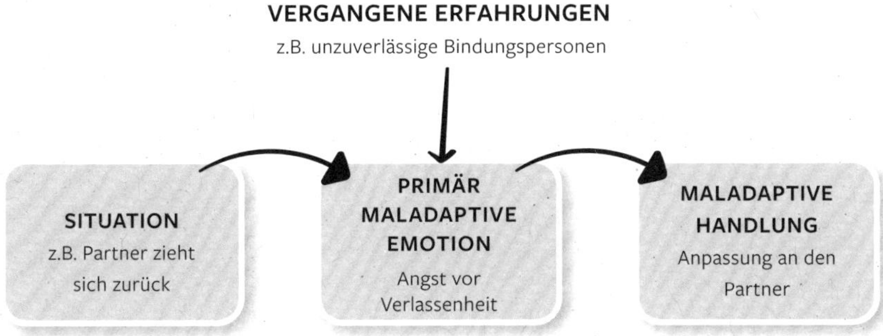

→ Zusammenhang von aktueller Situation, biografischen Erfahrungen und ungünstigen Handlungskonsequenzen bei primären maladaptiven Emotionen

Wie entstehen biografisch verursachte Gefühle?

Infolge unerfüllter Bedürfnisse, beispielsweise wenn jemand als Kind viel allein gelassen wurde.

Durch frühe starke Gefühle, die das sehr junge Kind noch nicht allein tragen konnte und bei deren Bewältigung es wenig Unterstützung bekam. Etwa wenn das Kind traurig war, sich niemandem anvertraut und versucht hat, die Traurigkeit allein zu bewältigen.

Als Folge problematischer Bindungserfahrungen, beispielsweise wenn das Kind von einem Elternteil abgewertet oder abgelehnt oder das Gefühlserleben des Kindes invalidiert wird.

Durch Gefühle eines Elternteils, die an das Kind »weitergegeben« werden. Etwa wenn die Mutter sehr ängstlich ist und das Kind mit dieser Angst »ansteckt«.

Durch Traumaerfahrungen, beispielsweise wenn ein Kind mit dem Todesfall einer zentralen Bindungsperson konfrontiert ist, Gewalterfahrungen macht o.Ä.

Zeitreisegefühle lassen sich sowohl am subjektiven Erleben als auch an den Umständen ihres Auftretens erkennen. Im Erleben fühlen sich diese Gefühle immer gleich und unverändert an. Man fühlt eine Emotion, die man womöglich schon viele Hundert Male gefühlt und die sich in all dieser Zeit nicht wirklich verändert hat.

Woran lassen sich »Zeitreisegefühle« erkennen?

- Es ist ein »altbekanntes« Gefühl.
- Man hat den Eindruck darin gefangen zu sein, es ist überwältigend.
- Es fühlt sich jedes Mal (fast) genauso schlimm an wie beim ersten Mal.
- Es verändert sich nicht, wenn sich die Umstände ändern.
- Es bezieht sich oft auf das Selbst, ist Teil der Identität eines Menschen.
- Es geht mit Empfindungen von Ohnmacht und Verzweiflung einher.
- Es zerstört oder erschwert Bindung, fördert Isolation.

Neben der Innenperspektive erkennen wir Zeitreisegefühle natürlich vor allem daran, dass sie sich nicht wirklich in das gegenwärtige Erlebnis einfügen, und zwar passt entweder das Gefühl an sich gar nicht in die Situation hinein oder es ist in seiner Intensität unangemessen.

Es sind vor allem diese Zeitreisegefühle, unter denen wir im Alltag leiden und die Menschen in psychotherapeutische Behandlung bringen. In der emotionsfokussierten Therapie wird vom »zentralen Schmerz« oder »Kernschmerz« gesprochen (Auszra & Hermann, 2017). So komplex und verschieden unsere Biografie und unsere lebensgeschichtlichen Erfahrungen auch sein mögen, letztlich sind die emotionalen Reaktionen darauf recht ähnlich. Vor allem drei emotionale Schemata sind verbreitet und decken viele unserer biografisch verankerten Gefühle ab (nach Greenberg, 2011):

1. »**Ich bin minderwertig**«: die tiefe Überzeugung und Empfindung, mangelhaft und unzureichend zu sein. »So, wie ich bin, bin ich nicht liebenswert. Wenn die anderen wüssten, wie ich wirklich bin, würden sie mit mir nichts mehr zu tun haben wollen.« Die mit dieser Überzeugung einhergehenden Gefühle sind vor allem Scham, Schuld und Minderwertigkeitserleben.
2. »**Ich bin schwach**«: die tiefe Überzeugung und Empfindung, dem Leben nicht gewachsen, zu schwach, wehrlos und nicht überlebensfähig zu sein. Hierzu gehört auch ein tiefes Empfinden, Dingen ausgeliefert zu sein, selbst nichts bewegen zu können.
3. »**Ich bin mutterseelenallein**«: die tiefe Überzeugung und Empfindung, allein, isoliert, ausgeschlossen und nicht zugehörig zu sein. Man fühlt sich unverbunden, im Innersten einsam oder unverstanden. Die damit einhergehenden Gefühle sind Traurigkeit und Einsamkeitserleben.

Nach meiner Erfahrung kennen eigentlich alle Menschen eines oder mehrere dieser emotionalen Schemata. So haben in der westlichen Kultur ausgesprochen viele Personen die Empfindung, so wie sie sind, nicht liebenswert zu sein. In der Folge strengen wir uns ungemein an, um anders zu werden, indem wir sehr viel zu leisten versuchen und dabei bereit sind, über unsere Belastungsgrenzen hinauszugehen.

Emotionale Schemata sind teils Folge unserer individuellen biografischen Erfahrungen, in ihrer Ähnlichkeit zeigen sie uns aber auch, dass es nicht nur solche von Person zu Person unterschiedlichen Hintergründe sein können, sonst wäre das Erleben ja nicht vielfach so ähnlich. Unsere biografischen Erfahrungen haben bei aller Unterschiedlichkeit natürlich sehr viele Gemeinsamkeiten, die vor allem Folge des kulturellen und gesellschaftlichen Kontextes sind. Wer in den 1960er-Jahren aufgewachsen ist, hat natürlich viele gemeinsame Lernerfahrungen gemacht, die sich von denen deutlich unterscheiden, die beispielsweise in den 1990er-Jahren geboren wurden.

Wir alle haben schmerzhafte Gefühle, die in unserer Biografie entstanden sind, uns auch als Erwachsene weiterhin beschäftigen und immer wieder auftauchen. Sie deuten auch nicht zwangsläufig auf eine problematische Kindheit oder schwerwiegende Belastungen hin. Vielmehr gehört es zum menschlichen Leben dazu, dass unsere Bedürfnisse wie Zugehörigkeit, Sicherheit oder Nähe oft erfüllt sind, manchmal aber auch nicht. Da das Kind seine Gefühle noch nicht allein tragen kann, kommt es zwangsläufig dazu, dass manche belastenden Gefühle unbewältigt bleiben und sich daher im späteren Leben wieder zeigen.

Selbsterforschung

Lassen Sie sich etwas Zeit und fragen Sie sich:

- Welche dieser drei Grundempfindungen sind mir vertraut?
- Welche beobachte ich öfter bei meinen Klienten?

Solche emotionalen Schemata bestehen nicht nur aus einer emotionalen Qualität, sondern auch aus Gedanken, Handlungsimpulsen und Körperempfindungen. Sie werden durch innere oder äußere Auslöser aktiviert. Im Gehirn springen komplexe Netzwerke an, die aufgrund von Erfahrungen geprimt, also vorbereitet oder gebahnt sind (innerpsychische »Autobahnen«).

Da die primären maladaptiven Gefühle in der Regel in engen sozialen Beziehungen entstanden sind, manifestieren sie sich später auch vor allem in ähnlichen Bezügen, also vor allem in der Partnerschaft und Familie oder auch engen Freundschaften. Da auch am Arbeitsplatz sehr intensive soziale Beziehungen herrschen können, entfalten sie sich vielfach auch in Teams oder zwischen Vorgesetzten und Mitarbeitenden.

Primäre maladaptive Gefühle sind extrem aversiv, vor allem weil sie sich immer gleich anfühlen und mit einem gewissen Empfinden des Überwältigtseins einhergehen können. Daher setzen wir viele Strategien ein, um diesen Gefühlen aus dem Weg zu gehen oder sie schnell wieder zum Abklingen zu bringen. Oft richten wir unseren inneren Lebensentwurf danach aus, diesen Gefühlen möglichst selten zu begegnen. Jemand, der sich in seiner Kindheit oft unterlegen gefühlt hat, wird sich womöglich sehr anstrengen, um beruflichen Erfolg zu haben. Jemand, der sich ausgeschlossen gefühlt hat, wird alles tun, um dazuzugehören. Doch diese Lebensentwürfe kreieren Einseitigkeiten und bringen uns letztlich in leidvolle Situationen. Unser Handeln dient der Flucht vor diesen belastenden Kernemotionen und weniger unseren aktuellen Bedürfnissen.

Während die am Anfang dieses Kapitels vorgestellten primären adaptiven Gefühle abklingen, wenn sie wahrgenommen werden, verändern sich diese biografisch verursachten Gefühle nicht durch ein reines, achtsames Fühlen. Meistens ist es sogar kontraindiziert, dem Gefühl zu viel Raum zu geben, da es uns immer wieder überwältigt und in uns ein Empfinden von Ohnmacht und Ausgeliefertsein zurücklässt. Wie wir später sehen werden, lassen sich diese Gefühle nicht durch klassische Achtsamkeit verändern, sondern vor allem durch unser eigenes Selbstmitgefühl.

Traumaassoziierte Gefühle: *Problematische Gefühle, die durch Traumata entstanden sind*

Wir beschäftigen uns nun mit einer Unterform der Zeitreisegefühle, nämlich den traumaassoziierten Gefühlen, die infolge von Traumaerfahrungen auftreten. Diese Gefühle haben einige Besonderheiten, und es ist gut, diese zu kennen, denn traumaassoziierte Gefühle neigen dazu, eine hohe Intensität zu entfalten, plötzlich aufzutauchen und oftmals haben sie auch eine hohe Destruktivität. Das Wissen über traumaassoziierte Gefühle ist natürlich wichtig, wenn wir mit traumatisierten Menschen arbeiten. Traumatisierungen sind sehr verbreitet. So schätzen wir, dass etwa 50 Prozent aller Menschen mit schwereren psychischen Erkrankungen Traumaerfahrungen gemacht haben.

In den letzten Jahren ist es teils zu einer inflationären Verwendung des Begriffs Trauma gekommen. Klienten von mir haben schon vom »Weihnachtstrauma« oder vom »Coronatrauma« gesprochen. Dabei ist Trauma eigentlich wohl definiert und beschreibt ein Geschehen von außergewöhnlicher Bedrohung, das nahezu bei jedem eine tiefgreifende Verzweiflung und existenzielle Angst hervorrufen würde. Traumata werden vielfach unterschieden, es gibt das sogenannte Schocktrauma, also eine einmalige traumatische Erfahrung wie beispielsweise ein schwerer Verkehrsunfall, und das sogenannte Entwicklungstrauma, also frühe, länger anhaltende traumatischen Erfahrungen, etwa emotionale Traumatisierungen. Während der Traumasituation fühlt sich der Organismus existenziell bedroht. Dabei ist es zweitrangig, ob es sich tatsächlich um eine lebensbedrohliche Situation handelt oder es um eine subjektive Bedrohung geht.

Während einer Traumasituation »werden in überwältigender Heftigkeit gleichsam entfesselte Affekte erlebt, weil alle emotionalen Regulationsmechanismen überwältigt sind … Die Schocksituation ist gerade deshalb traumatisch, weil die Regulationsprozesse versagen und der Mensch den ungeheuren Energien seiner eigenen basalen Emotionen ungeschützt ausgesetzt ist«. (Plassmann, 2019, S. 235) In der Bedrohungssituation selbst kommt es vor allem zu Gefühlen von Angst/Panik und von Ohnmacht/Hilfslosigkeit. Oft wird auch Todesangst erlebt, die wohl stärkste Emotion, die Lebewesen überhaupt empfinden können. Der Organismus ist diesen überflutenden Emotionen oft nicht gewachsen, weshalb ein inneres Programm zum Schutz vor unerträglich erscheinenden Emotionen aktiviert wird, die sogenannte Dissoziation.

Was sind Dissoziationen?

Dissoziation meint das Gegenteil von Assoziation. Während wir bei der Assoziation verbunden sind, etwa mit unseren Erinnerungen oder unseren Körperempfindungen, sind bei der Dissoziation einer oder mehrere dieser Wahrnehmungskanäle eingeschränkt. Sehr typisch ist eine Empfindungslosigkeit, die sich sowohl auf der körperlichen wie auch der emotionalen Ebene zeigen kann. Innere Empfindungen, Gefühle oder Handlungsimpulse werden dann gar nicht mehr oder kaum noch wahrgenommen. Auch das Erinnerungsvermögen kann deutlich eingegrenzt oder ganz ausgeschaltet sein, sodass sich jemand beispielsweise an ein gerade geführtes Gespräch nicht mehr erinnern kann.

Dissoziation ist eine in uns angelegte *Fähigkeit* zur Bewältigung von Extrembelastungen. Hat jemand in seiner Biografie bereits Situationen erlebt, in denen diese Fähigkeit »abgerufen« werden musste, weil die Belastung zu stark war, so neigt der Organismus zukünftig dazu, schneller in dissoziative Zustände zu geraten. Während die Dissoziation in der akuten Überforderungssituation hilfreich ist, weil sie eine weitere emotionale Überflutung verhindert, hat sie längerfristig vielfach negative Folgen. Beispielsweise können Erfahrungen schlechter integriert werden, weil in der Dissoziation die kognitive Verarbeitung behindert ist. Dissoziationen sollten daher außerhalb von Extremstresssituationen möglichst vermieden werden. Dazu sollten Betroffene lernen, die Auslöser (sogenannte »Trigger«) von dissoziativen Zuständen zu erkennen und zu vermeiden. Ferner sollten Betroffene beginnende dissoziative Zustände erkennen lernen und Strategien zur Verfügung haben, um diese nach Möglichkeit abzubrechen.

Starke Emotionen treten nicht nur während der akuten Traumasituation auf, sondern brennen sich gleichsam in den Organismus ein und werden in späteren Situationen wieder aktiviert. Beispielsweise gibt es Flashbacks, das sind emotional aufgeladene Bilder oder die Emotionen selbst, die der Traumasituation entstammen und in einer späteren Situation wieder auftreten können. Sie können sich ähnlich belastend anfühlen wie in der ursprünglichen Situation.

Für einen heilsamen Umgang mit traumaassoziierten Gefühlen ist es wichtig, dass solche emotionalen Flashback-Situationen möglichst selten auftreten, da es zu Retraumatisierungen kommen kann und die Angst vor dem emotionalen Flashback und damit vor den eigenen Gefühlen immer mehr zunimmt. Gefühle werden also immer aversiver erlebt und müssen entsprechend bekämpft werden, wodurch sich eine sekundäre Symptomatik wie beispielsweise Selbstverletzungen ergeben. Wenn ein Organismus eine traumatische Erfahrung gemacht hat, wird in der Folge alles getan, um zukünftig eine Wiederholung der Traumasituation zu vermeiden. Daher wird das Angstsystem (die innere Alarmanlage) extrem sensibel, sodass bereits kleinste Auslöser Panik verursachen können. Außerdem werden viele Fehlalarme in Kauf genommen, um zu vermeiden, dass gefährliche Situationen übersehen werden.

Angst/Panik sowie Ohnmacht/Hilflosigkeit sind als emotionale Reaktionen auf eine Traumatisierung schlüssig, da es sich um stimmige primäre Emotionen als Folge der Traumasituation handelt. Schwieriger nachvollziehbar sind für viele die starken Scham- und Schuldgefühle sowie der bei manchen Betroffenen vorhandene Selbsthass. Eigentlich müsste sich der Täter schämen und sich schuldig fühlen, während das Opfer erkennt, dass es eben Opfer ist und es sich nicht schuldig gemacht und auch nichts Beschämendes getan hat. Vielfach ist es aber genau umgekehrt: Der Täter erlebt keine Schuld und Scham, stattdessen fühlt sich das Opfer schuldig und ist tief beschämt.

Die Hintergründe dieser Schuld- und Schamgefühle sind vielfältig. Eine innerpsychische Dynamik besteht darin, dass das Opfer *versucht,* seine Ohnmachts- und Angstgefühle zu bewältigen, indem es sich einen Einfluss auf die Traumatisierung suggeriert. Wenn ich selbst einen vermeintlichen Einfluss darauf habe, ob es zu der traumatischen Handlung kommt oder nicht, dann werde ich weniger stark von den Gefühlen von Ohnmacht und Angst überrollt, ich habe ja angeblich die Situation selbst mit herbeigeführt, kontrolliere sie also. Die kurzfristige Entlastung von Ohnmachts- und Angstempfindungen wird aber mit längerfristigen Gefühlen von Schuld und Scham erkauft, denn wenn ich die Situation herbeigeführt habe, dann muss ich mich auch schämen oder habe mich schuldig gemacht.

Das Schulderleben hat die Funktion, eine Kontrollsuggestion herzustellen. Die Traumaerfahrung verändert zudem den Selbst- und Weltbezug grundlegend, und ein negatives Selbstbild entwickelt sich als subjektive Erklärung des Erlebten.

Selbsterforschung

Nehmen Sie sich bitte einen Augenblick Zeit und fragen Sie sich:

- Sind mir traumaassoziierte Gefühle bereits begegnet, bei mir selbst oder anderen Menschen?
- Wie haben sich diese genau gezeigt oder angefühlt?

Neben überflutenden aversiven Gefühlen gibt es auch andere Emotionen, die nach Traumatisierungen schlechter oder gar nicht mehr zugänglich sind. Dazu gehört Freude, die durch die Daueraktivierung des Alarmprogramms blockiert wird. Außerdem haben viele Traumaopfer kaum Zugang zu Wut, obwohl ihnen schlimmstes Unrecht widerfahren ist. Oft kommt es in Traumasituationen zu einer Wutblockade, das Opfer kann gegenüber dem Täter keine Wut empfinden. Da das Opfer hilflos ist, Wut also nicht erfolgreich wäre, schützt die Wutblockade davor, den Täter noch mehr zu reizen und die Traumatisierung dadurch möglicherweise noch zu verstärken. Diese Wutblockade setzt sich vielfach fort, auch wenn die Traumasituation längst beendet ist und nicht erneut droht. Da die Wutenergie aber natürlich trotzdem vorhanden ist, wendet sich diese in Form von Selbsthass und selbstschädigenden Verhaltensweisen vielfach gegen die eigene Person.

Traumaassoziierte Gefühle reduzieren sich ebenso wenig wie die übrigen Zeitreisegefühle durch reines achtsames Wahrnehmen. Da die Gefühle zu überwältigend sind, besteht die Gefahr, dass das Individuum den Empfindungen nicht gewachsen ist und dann auf ungünstige

Bewältigungsstrategien zurückgreift. Auch allgemeine Gespräche über das Geschehene verändern die emotionale Intensität in der Regel nicht und können ebenfalls zu einer Überflutung mit den noch nicht hinreichend verarbeiteten starken Gefühlen führen. Dies kann im Extremfall sogar zu einer Retraumatisierung führen, wodurch sich die Traumasymptomatik sogar noch weiter verstärken kann. Dissoziationen oder selbstschädigende Bewältigungsstrategien wie Selbstverletzungen können dann zunehmen.

Daher muss die Bearbeitung von Traumatisierungen erfahrenen Traumatherapeutinnen und -therapeuten überlassen werden. Wer in der Arbeit mit traumatisierten Menschen nicht bewandert ist, sollte sich ausgesprochen zurückhaltend in Bezug auf das Traumaerleben verhalten. Es ist in der Regel nicht angezeigt, sich Traumaerfahrungen schildern zu lassen. Da Betroffene oft kein gutes Gespür dafür haben, wie belastend solche Schilderungen sein können, sollten diese von außen unterbunden werden. Dies gilt natürlich besonders für Gruppensituationen. Viele Methoden, die etwa im Rahmen von Achtsamkeitsschulungen, Coaching und Meditation praktiziert werden, beispielsweise Wahrnehmungsübungen mit geschlossenen Augen oder spezifische Achtsamkeitsübungen wie der Body-Scan, können bei traumatisierten Menschen emotionale Flashbacks, Dissoziationen etc. aktivieren und sollten daher nur von erfahrenen Fachpersonen mit traumatisierten Menschen durchgeführt werden (zur Übersicht siehe Treleaven, 2019).

Obwohl das Bedrohungsempfinden sehr stark ist, kommen erstaunlich viele Menschen auch mit diesem Extremstress relativ gut zurecht. Wenn der Betroffene dem Stress aber nicht gewachsen ist, kann es zu traumatypischen Erkrankungen kommen, allen voran die posttraumatische Belastungsstörung (PTBS), ferner weitere Erkrankungen wie die Borderline-Persönlichkeitsstörung oder die dissoziative Identitätsstörung (DIS). Auch nicht traumaspezifische psychische Erkrankungen wie Depressionen, Angststörungen oder Suchterkrankungen treten häufig auf.

Instrumentelle Gefühle: ***Wenn wir mit unserem Gefühlsausdruck etwas bezwecken wollen***

Instrumentelle Emotionen sind Gefühle, die eine bestimmte Funktion innerhalb sozialer Beziehungen erfüllen. Sie wollen also etwas beim anderen bewirken, der andere soll in seinem Verhalten und seinen Empfindungen beeinflusst oder kontrolliert werden. Allerdings handelt es sich oftmals gar nicht um wirkliche Gefühle, sondern eher um einen Gefühlsausdruck, also das Zeigen eines (vermeintlichen) Gefühls. Daher könnte man auch von einem »funktionalen Gefühlsausdruck« sprechen.

Zwei Beispiele

Marlene gerät schnell in Tränen und fühlt sich dann sehr klein und bedürftig. Dies geschieht auch in Situationen, in denen Tränen nicht wirklich stimmig sind, beispielsweise wenn sie sich in einer sozialen Situation behaupten und für ihre Bedürfnisse eintreten müsste. Ihre Eltern haben sich oftmals nicht sehr für Marlenes Bedürfnisse interessiert. Das änderte sich aber, sobald sie viel und lange weinte. Marlene bemerkt heute selbst, dass sie vielfach weint, wenn sie eigentlich sagen müsste, was sie braucht oder welches Verhalten des Gegenübers für sie schwierig ist.

Simon ist mit einer depressiven Mutter aufgewachsen, die bereits erkrankte, als er noch Säugling war. Früh versuchte er, seine Mutter aufzuheitern, was ihm auch kurzfristig meistens gelang. So wurde aus ihm ein vermeintlich immer gut gelauntes Sonnenscheinkind. Als sein Vater nun vor einigen Jahren verstarb, konnte Simon darüber nicht trauern, wurde stattdessen ein Jahr später depressiv und kam deshalb in die Psychotherapie. Gemeinsam erarbeiteten wir, dass Trauer bei ihm mit Angst verbunden ist, die sich schon bei leichten Trauergefühlen als sekundäre Emotion einstellt. Erst als wir diese Angst erkunden, kann sie weniger werden, wodurch er langsam Zugang zur Trauer über den Tod seines Vaters gewinnt.

Eine instrumentelle Emotion kann auch ein bewusst vorgetäuschtes Gefühl sein. Beispielsweise können wir Freude vortäuschen, obwohl wir gar nicht erfreut sind. Wenn man Angst vor Hunden hat und ein großer, gefährlich aussehender auf einen zukommt, sollte man besser nicht ängstlich davonlaufen, sondern tollkühn stehen bleiben und vermeintliche Stärke und Furchtlosigkeit demonstrieren. Hier wird auf der Handlungsebene absichtlich ein letztlich falsches Gefühl suggeriert. Ein solcher Gefühlsausdruck ist uns meistens bewusst und kann entsprechend reflektiert werden.

Viele instrumentelle Emotionen sind allerdings nicht bewusst und finden hochgradig automatisiert statt. Oft wurden sie schon in der Kindheit angelegt. Wenn ein kleines Kind beispielsweise die Erfahrung macht, dass die innerlich abwesenden Eltern endlich zuhören, wenn es hochdramatisch von schwierigen Dingen berichtet, dann wird es zukünftig womöglich zu einer gewissen Dramatisierung neigen. Instrumentelle Emotionen basieren also zumeist auf Lernerfahrungen. Wir haben die Erfahrung gemacht, dass der Ausdruck eines bestimmten Gefühls eine gewünschte Reaktion beim anderen hervorruft. Kommt es öfter zu dieser Reaktion, so erhöht sich allein dadurch die Wahrscheinlichkeit dafür, dass die instrumentelle Emotion zukünftig wieder gezeigt wird.

Im Erwachsenenalter wird der Funktionscharakter des Gefühlsausdrucks oft gar nicht erkannt, sondern das dargestellte Gefühl wird auch von der Person selbst für wahr gehalten. Wenn eine solche instrumentelle

Emotion früh in der Biografie angelegt wird, läuft der Ausdruck des Gefühls, aber auch das vermeintliche Gefühlserleben hochgradig automatisiert ab. Daher sind Bewertungen, wie beispielsweise jene, dass jemand sein Umfeld »manipulieren« oder »austricksen« würde, fast immer unangemessen.

Instrumentelle Emotionen beim Gegenüber erkennen wir vor allem an unserer eigenen emotionalen Reaktion. Die gezeigten Gefühle wirken vielfach künstlich, gemacht, überzogen und aufgesetzt. Während wir normalerweise auf das emotionale Erleben des anderen selbst emotional reagieren, bleibt das bei instrumentellen Emotionen vielfach aus. Stattdessen ist man bei der Schilderung der Emotionen des anderen möglicherweise irgendwie gelangweilt und bleibt uninteressiert. Man könnte auch mit einem Empfinden von Genervtheit reagieren oder ärgerlich werden, selbst wenn das Gegenüber sehr leidvolle Emotionen zeigt.

Instrumentelle Emotionen haben neben den erwünschten Effekten auf der Beziehungsebene viele Nachteile. Wer diese Emotionen oft erlebt, ist mit seinen eigentlichen Gefühlen gar nicht verbunden. Wenn die instrumentellen Gefühle früh erworben wurden, gibt es oft gar keine Wahrnehmung für authentische Gefühle, oder die Gefühle sind gar nicht zugänglich, wie das Beispiel von Simon gezeigt hat. Der Klient entdeckt also wirklich Neuland, er weiß aber zunächst vielfach gar nicht, dass das bisherige Erleben gar nicht sein eigentliches Gefühl war.

Wenn instrumentelle Emotionen dazu genutzt werden, eigene Bedürfnisse erfüllt zu bekommen, wird es erschwert, einen erwachsenen und angemessenen Weg für die Erfüllung der Bedürfnisse zu finden. Wurden beispielsweise Tränen und die Schilderung von Verzweiflung eingesetzt, um soziale Nähe zu erfahren, so lernte der Betroffene womöglich gar nicht, seine Bedürfnisse offen anzusprechen. Instrumentelle Emotionen »nerven« das Umfeld außerdem irgendwann. Da die emotionale Resonanz fehlt, kann wirkliche Nähe so gar nicht stattfinden.

Vor allem in Arbeitsfeldern der Psychiatrie, der Erziehungshilfe oder auch in stationären Wohnformen sind Mitarbeitende oft mit instrumentellen Emotionen konfrontiert. Sie entstehen häufig sogar gerade durch den Kontakt mit dem Hilfssystem, etwa wenn ein Klient viel Aufmerksamkeit wünscht und überlastete Mitarbeitende erst dann Zeit haben, wenn der Klient überzogen von leidvollen Empfindungen berichtet. Sobald Fachpersonen auf instrumentelle Emotionen verstärkend reagieren, also beispielsweise Zeit, Aufmerksamkeit oder Gesprächsangebote machen, erhöht sich die Wahrscheinlichkeit, dass solche ungünstigen Emotionen häufiger auftreten. Da dies den Klienten letztlich schadet, sollten Fachpersonen auf instrumentelle Emotionen eher nüchtern reagieren und Aufmerksamkeit unabhängig von solchen emotionalen Schilderungen anbieten.

Besonders Teams sind hier sehr herausgefordert, da alle Teammitglieder sich ähnlich verhalten sollten. Doch in einem Team kann es sehr schwierig sein, einen solchen Konsens überhaupt zu entwickeln. Manchmal haben Teammitglieder sehr verschiedene Ansichten, sodass eine Entscheidung von der Teamleitung vorgegeben werden muss.

Womit dem Klienten ganz sicher geschadet wird, ist ein sehr konträrer Umgangsstil verschiedener Mitarbeiter. Wenn beispielsweise der eine Kollege auf den Ausdruck von Wut mit viel Aufmerksamkeit und einem Gesprächsangebot reagiert und der andere solche Gefühlsäußerungen eher zu ignorieren versucht, bleibt ein zutiefst verunsicherter Klient zurück. Unter Umständen erhöht dieser Verhaltensstil sogar noch die Wahrscheinlichkeit für das unerwünschte Verhalten, denn der Klient erfährt eine sogenannte intermittierende Verstärkung: Für ein Verhalten einmal belohnt zu werden und ein späteres Mal nicht festigt diesen Verhaltensstil ganz besonders und macht ihn resistent für Veränderung.

Beispiel

Maria, eine Klientin in einer betreuten Wohneinrichtung, schildert immer wieder recht unproblematische Situationen emotional hochdramatisch. Anfangs erfährt sie dafür von einzelnen Teammitgliedern viel Aufmerksamkeit und Unterstützung, mit der Folge, dass die Klientin immer häufiger vollkommen aufgewühlt von relativ unspektakulären Alltagssituationen berichtet. Als das Team entscheidet, dieses Verhalten nicht länger mit Aufmerksamkeit zu belohnen, werden die Schilderungen zunächst noch dramatischer, reduzieren sich aber schließlich deutlich.

KAPITEL 5

Handlungsstrategien für den Umgang mit Gefühlen in Beratung und Therapie

Gefühlswahrnehmung ermöglichen: *Dem anderen helfen, seine Gefühle wahrzunehmen, zu fühlen und auszudrücken*

Der erste Schritt hin zu einem achtsamen und annehmenden Umgang mit unseren Gefühlen besteht darin, sie zunächst einmal überhaupt wahrzunehmen, als das jeweilige Gefühl zu erkennen und es gegebenenfalls auch auszudrücken, also anderen zu zeigen oder mitzuteilen. Das mag erst einmal recht banal und eigentlich selbstverständlich klingen, ist aber generell der wohl wichtigste Schritt. Denn zum einen haben aufgrund der sehr verbreiteten Emotionssuppression viele Menschen kaum einen Zugang zu ihren Gefühlen. Zum anderen ist die Wahrnehmung der Gefühle natürlich die Voraussetzung für alle weiteren Schritte.

Ich habe am Anfang dieses Buches schon berichtet, dass ich oft Gedanken oder Körperempfindungen geschildert bekomme, wenn ich meine Klienten erstmals nach Gefühlen frage. Wer seine Gefühle schlecht wahrnimmt, der wird natürlich auf meine Frage nach seinen Gefühlen nicht antworten können. Daran erkennen wir, dass die Wahrnehmungs- und Kommunikationsfähigkeit für Gefühle oft nicht gut ausgeprägt ist. Viele Menschen brauchen also *Unterstützung*, um Gefühle überhaupt erstmal mitzubekommen und wahrzunehmen, um welches Gefühl es sich genau handelt. Auch das klingt banal, wird aber vielfach übergangen.

So werden beispielsweise in Achtsamkeitsübungen oft verschiedene Sinnesmodalitäten wie Geräusche, Körperempfindungen, Gedanken oder Gefühle angesprochen. Während die Wahrnehmung äußerer Sinnesreize für fast alle Menschen leicht möglich ist, ist das Erkennen von Gedanken schon schwerer, gelingt aber vielen. Anders ist es mit der Wahrnehmung von Gefühlen, denn gerade diejenigen leichter und mittlerer Ausprägung werden vielfach kaum wahrgenommen.

Daher reicht es nicht aus, den Wahrnehmungsbereich der Gefühle anzusprechen (beispielsweise mit einer Formulierung wie »Nehmen Sie jedes Gefühl wahr und lassen Sie es da sein«), denn wenn der Teilnehmende keinen guten Zugang zu seinen Gefühlen hat, ist er oder sie dazu ja gerade nicht in der Lage. Ähnlich verhält es sich in Therapie- oder Coachinggesprächen. Die Frage »Welches Gefühl nehmen Sie gerade wahr?« oder »Was ist denn da für ein Gefühl?« führt natürlich nur weiter, wenn jemand zur Gefühlswahrnehmung in der Lage ist. Andernfalls kann man den Klienten sogar in Stress versetzen oder man bekommt schlicht eine Antwort, die sich letztlich gar nicht auf Gefühle bezieht.

Eine passende Analogie wäre: Wenn jemand die Augen geschlossen hat, ergibt es keinen Sinn, die Person zu fragen, was sie sieht, sondern man muss sie auffordern, zunächst einmal die Augen zu öffnen. Während wir einen Menschen mit geschlossenen Augen einfach bitten können, die Augen zu öffnen und anschließend das Gesehene zu beschreiben, funktioniert gerade das bei Gefühlen nicht. Vielfach ist die Wahrnehmungsfähigkeit nicht hinreichend ausgeprägt und oft sind automatisiert ablaufende Emotionssuppressionsstrategien am Werk. Dies ist hiermit vergleichbar: Die Person mit den geschlossenen Augen weiß gar nicht, wie sie die Augen öffnen kann und dass sich die Augen von allein immer wieder schließen. Sie braucht daher eine Hilfestellung beim Öffnen der Augen, und genau darum geht es in diesem Abschnitt.

Es gibt zahlreiche Fähigkeiten, die wir unterstützen können, um die eigenen Gefühle besser wahrzunehmen. Dazu gehören etwa die Vertiefung der Körperwahrnehmung, da unsere Gefühle körperlich verankert sind. Ferner sollten uns jene Strategien bewusst sein, mit denen wir uns bei aufkommenden Emotionen unbewusst sofort wieder von ihnen zu entfernen versuchen, etwa indem wir uns ablenken oder den Körper gegen das Gefühl anspannen. Weiter brauchen wir die Fähigkeit, ein Gefühl zu differenzieren und zu benennen, also nicht nur unspezifisch wahrzunehmen, dass da gerade ein Gefühl ist, sondern dass es sich beispielsweise um Angst handelt. Da viele Menschen über lange Phasen ihres Lebens den eigenen Gefühlen wenig Raum gegeben haben oder sich noch nie genauer mit ihnen beschäftigt haben, braucht die Erforschung der eigenen Gefühle natürlich viel Zeit, und es handelt sich um einen Prozess.

Die Wahrnehmung unserer Gefühle wird oft blockiert durch unsere Gedanken, die wir über das jeweilige Gefühl haben. Wer beispielsweise der Überzeugung ist »Wenn ich Ärger zeige, passiert etwas ganz Schlimmes«, der wird natürlich zwangsläufig sein Ärgergefühl unterdrücken, da er ja Angst davor hat. Unsere Gedanken über Gefühle werden heute teilweise als Meta-Emotionen bezeichnet. Es handelt sich hierbei um den Bewertungsprozess, der mit dem Gefühl verbunden ist. Wir können Meta-Emotionen über einzelne Gefühle haben und ebenso über Gefühle oder Gefühlswahrnehmung generell. Ich habe schon von Gedanken berichtet wie »Wenn das Gefühl stärker wird, werde ich noch verrückt« oder »Ich halte das nicht mehr aus«.

Intensive Gefühle, etwa mit Tränen verbundene Traurigkeit oder starke Wut, werden von den allermeisten Menschen wahrgenommen und können auch angemessen benannt werden. Deutlich schwieriger wird es bei den Gefühlen leichter und mittlerer Ausprägung, denn diese bedürfen der Fähigkeit zum genauen Hinspüren und Selbsterkunden. Doch für therapeutische Arbeit und Veränderungsprozesse sind gerade diese Gefühle besonders bedeutsam. Sie bilden das Gros unserer emotionalen Empfindungen, sind deutlich leichter zu tragen als sehr starke unangenehme Gefühle und zudem mit Kontrollmöglichkeiten verbunden, während sehr starke Emotionen oft mit einem Herunterregulieren unserer Reflektions- und Einflussmöglichkeiten einhergehen. Im Abschnitt zu den traumaassoziierten Gefühlen haben wir uns mit diesem Zusammenhang ja schon beschäftigt.

Ich möchte nun im Folgenden Hilfestellungen zum Zugang zu Gefühlen vorstellen, und zwar solche, die vornehmlich auf der körperlichen Ebene ansetzen, und solche, die eher auf der Gesprächsebene genutzt werden können.

Methoden auf der körperlichen Ebene

Gefühle und Körper sind eng miteinander verwoben. Viele Emotionen manifestieren sich sehr körperlich, das gilt ganz besonders für die Angst, die Wut und die Freude. Daher führt eine gute Körperwahrnehmung in der Regel auch zu einer besseren Gefühlswahrnehmung. Vor allem erleichtert ein gelöster, entspannter Körper die Gefühlswahrnehmung, während ein sehr angespannter oft mit Emotionsunterdrückung einhergeht.

Körperliche Anspannung ist eine der wirkungsvollsten Strategien, um Gefühle zu blockieren und nicht fühlen zu müssen. Die im Volksmund bekannte Empfehlung, man müsse in einer schwierigen Lebenssituation die Zähne zusammenbeißen, hat tatsächlich ihre Berechtigung. Natürlich verändert sich die äußere Situation nicht, wenn wir dies tun. Durch die körperliche Anspannung schützen wir uns aber vor unseren Gefühlen, die durch die Anspannung an Intensität verlieren.

MERKE:

Ein verspannter Körper erschwert die Gefühlswahrnehmung, ein gelöster erleichtert sie.

Alles, was den Körper löst, kann also die Gefühlswahrnehmung unterstützen. Jeder Masseur weiß »Auf der Massageliege wird viel geweint«, weil die Auflösung körperlicher Anspannungen dazu führt, dass Gefühle sich leichter zeigen können.

Wünschenswert ist es daher zunächst einmal, die allgemeine Fähigkeit zur Gefühlswahrnehmung zu fördern. Dazu können beispielsweise Achtsamkeitsmethoden wie etwa der Body-Scan genutzt werden. Gleiches gilt für Entspannungsverfahren oder andere Körpermethoden wie Yoga, Tai-Chi oder Qigong. Voraussetzung ist allerdings, dass dabei auch der *Gefühlswahrnehmung* Raum gegeben und nicht einseitig nur auf die Wahrnehmung von *Körperempfindungen* fokussiert wird. Denn die reine Ausrichtung auf Körperempfindungen kann uns sogar von der Gefühlswahrnehmung wegbringen, statt den Zugang zu erleichtern.

Ist eine Emotion bereits vorhanden, so sollte auf einen möglichst gelösten Körper geachtet werden, um den natürlichen Fluss des Gefühls nicht zu unterbrechen. Automatisiert ablaufende körperliche Suppressionsstrategien sind beispielsweise das gerade schon erwähnte Zusammenbeißen der Zähne oder Aufeinanderpressen der Lippen, wenn sich ein Gefühl deutlicher zeigt, aber auch Anspannungen des ganzen Körpers, die sich etwa in einer unbequemen Sitzposition, übereinandergeschlagenen Beinen oder einem vornübergebeugten Oberkörper zeigen können.

Hilfreich ist es, wenn die begleitende Person sehr erfahren ist und Anspannungen schnell erkennt. So kann sie den Klienten konkret anleiten, bestimmte Körperregionen zu lösen. Dabei sollten dem Klienten klare Hinweise gegeben werden, die wiederholt werden sollten, sobald das Anspannungsmuster wieder eintritt. Wichtig ist, nicht nur auf die Verspannung hinzuweisen (»Sie pressen gerade die Lippen aufeinander«), sondern eine konkrete Hilfestellung zum Lösen der Anspannung zu geben (»Sie können den Mund und Unterkiefer ein bisschen bewegen, ruhig auch die Zunge, so kann sich der Körper leichter lösen«).

Für die Wahrnehmung und das Durchfühlen von Emotionen ist der freie Atemfluss sehr hilfreich. Jede Emotion geht mit einem spezifischen Atemmuster einher, so ist bei Ärger der Atem oft schnell und tief, bei der Angst vielfach eher oberflächlich. Wenn dieser natürliche Atemfluss sich entfalten darf, wird der Zugang zum Gefühl erleichtert. Umgekehrt führt ein *kontrollierter Atem* dazu, dass Gefühle herunterreguliert werden. Unser Atem entscheidet also darüber, ob wir uns einem Gefühl annähern und es vertiefter spüren oder wir uns von ihm entfernen.

Hier geht es zunächst aber darum, besser zu verstehen, wie uns der Atem dienlich sein kann, um uns überhaupt für die Gefühlsebene mehr zu öffnen. Konkret gibt es zwei Hilfestellungen, nämlich die Mundatmung und der freie Atemfluss. Beginnen wir mit einer kurzen Übung zur Mundatmung:

Mundatmung

Bitte nehmen Sie sich nun etwa fünf Minuten Zeit, um sich mit der Mundatmung und ihrer Wirkung vertraut zu machen. Lesen Sie hierfür zunächst diese Anleitung, schließen Sie anschließend Ihre Augen und richten Sie ihre Aufmerksamkeit nach innen.

- Atmen Sie als Erstes für ein bis zwei Minuten durch die Nase und nehmen Sie wahr, wie Sie die Nasenatmung erleben.
- Atmen Sie nun für etwa ein bis zwei Minuten durch den geöffneten Mund und nehmen Sie ebenfalls wahr, wie Sie die Mundatmung erleben.
- Achten Sie bei der Mundatmung darauf, dass der Mund nicht nur geöffnet ist, sondern Sie auch tatsächlich durch ihn atmen.

Nehmen Sie einen Unterschied zwischen Nasen- und Mundatmung wahr? Wenn ja, wie würden Sie diesen beschreiben?

Die meisten Menschen berichten, dass sich die Mundatmung lebendiger anfühlt. In der Regel wird der eigene Körper intensiver wahrgenommen und es kommt zu einem verstärken Empfinden von Lebendigkeit. Außerdem schildern viele Menschen, dass die Mundatmung den Körper löst, so kommt es oft beim Öffnen des Mundes dazu, dass der Körper einen fast schon befreienden vertieften Atemzug nimmt.

Auch emotionale Qualitäten werden bei der Mundatmung gewöhnlich besser wahrgenommen. Die Verbindung zwischen Gefühlswahrnehmung und Mundatmung können wir an verschiedenen Stellen beobachten. So erleben wir bei kleinen Kindern, dass der Mund in der Regel geöffnet ist, wenn sie starke Gefühle haben. Wir selbst haben vielleicht auch schon beobachtet, dass sich bei intensiveren Gefühlen der Mund wie von allein öffnet und wir außerdem vielfach auch Töne machen, etwa ein Schluchzen beim Weinen. Töne sind im Übrigen eine sehr hilfreiche Methode, um einen Menschen stärker mit seinen Gefühlen in Verbindung zu bringen. Sie sind aber oft auch schambesetzt und werden daher vielfach unterdrückt.

Der geschlossene Mund kann demgegenüber als eine der automatisiert ablaufenden Suppressionsstrategien verstanden werden. Teilweise haben Eltern versucht, ihre Kinder zum geschlossenen Mund zu erziehen (»Mund zu!«) und haben damit wahrscheinlich unbewusst dem Kind eine Emotionskontrollstrategie an die Hand gegeben. Auch verschiedene Körpermethoden propagieren die Nasenatmung und den geschlossenen Mund, etwa die verbreiteten Yogatraditionen. Dass dies in Zusammenhang mit der Wahrnehmungsfähigkeit von Gefühlen steht, wird meistens gar nicht reflektiert.

Dies soll kein Votum für eine generelle Mundatmung sein, es gibt viele (auch medizinische Gründe) für eine Nasenatmung. Die Mundatmung kann aber eine wichtige Hilfestellung sein, wenn jemand einen schlechten Zugang zu seinen Gefühlen hat oder sich für ein aufkommendes Gefühl weiter öffnen möchte.

Die zweite Atemtechnik, die den Zugang zu den Gefühlen erleichtert, ist ganz eng mit der Mundatmung verbunden, nämlich der freie Atemfluss. Damit ist gemeint, dass wir den Atem so fließen lassen, wie er möchte, ihn also nicht kontrollieren oder manipulieren und nicht auf eine bestimmte Art beeinflussen.

Freier Atemfluss

Diese Übung lässt sich am besten mit geschlossenen Augen ausprobieren (aber dann können Sie den Text ja nicht mehr lesen 😉). Deshalb schlage ich vor, dass Sie jeweils einen Teil der Anleitung lesen, anschließend ausprobieren und dann wieder kurz die Augen öffnen für den nächsten Schritt.

- Atmen Sie bei geschlossenen Augen einige Male mit einem Seufzer aus und lassen Sie den Atem hörbar durch den Mund ausfließen.

Wenn ein Gähnimpuls kommt, geben Sie ihm nach. (Nehmen Sie sich 2–3 Minuten Zeit dafür.)

- Spüren Sie nun in Ihren Körper hinein und nehmen Sie wahr, ob Sie irgendwo verspannt sind. Wenn Sie eine Verspannung bemerken, können Sie diese Körperstelle etwas bewegen, damit der Körper leichter in eine gelöste Haltung finden kann. Die Bewegungen sollten weich und sanft sein, das erleichtert dem Körper, nachgiebiger zu werden. (Nehmen Sie sich 2–3 Minuten Zeit dafür.)
- Lassen Sie Ihren Körper frei atmen. Es ist dabei vollkommen egal, wie Sie atmen, ob langsam oder schnell, oberflächlich oder tief, gleichmäßig und unruhig. Wichtig ist, dass der Körper atmen darf, wie er möchte. Sie lassen Ihren Atem geschehen, ohne einzugreifen. Der freie Atem wird erleichtert, wenn Sie durch den geöffneten Mund atmen. (Nehmen Sie sich 2–3 Minuten Zeit dafür.)
- Fragen Sie sich, ob Sie eine bestimmte Stimmung oder ein Gefühl wahrnehmen. Eine Stimmung haben wir fast immer, ein Gefühl nur manchmal. Welches Gefühl oder welche Stimmung ist da gerade?

Neben dem Atem gibt es viele andere körperorientierte Ansätze, die den Zugang zum aktuell aufkommenden Gefühl erleichtern oder vertiefen. Besonders wirkungsvoll sind vorsichtige und erlaubte Berührungen. Manchmal reicht eine leichte Berührung an der Schulter aus, damit sich die innere Bremse lösen und das Gefühl sich ausdrücken darf. Welche Berührungen stimmig sind, hängt natürlich zunächst von der begleiteten Person ab, aber natürlich auch vom jeweiligen Kontext und vor allem von der Qualität der professionellen Beziehung.

Viele Selbstberührungen erleichtern ebenfalls den Zugang zu Gefühlen. Sehr hilfreich kann es beispielsweise sein, mit einer oder beiden Händen die Herzgegend zu berühren. Manchmal kann auch eine Selbstumarmung dienlich sein, wobei hier beachtet werden sollte, dass der freie Atemfluss nicht gestört wird. Auch Selbstmassagen sind hilfreich, um den Körper zu lösen, etwa eine einfache Handmassage, bei der mit den Fingern der einen Hand die Handinnenfläche der anderen massiert wird.

Methoden auf der Gesprächsebene

Neben den Hilfestellungen, die auf der körperlichen Ebene ansetzen, gibt es natürlich auch viele Möglichkeiten auf der verbalen Ebene, also durch die mündliche Kommunikation zwischen Klient und begleitender Person.

Der Einstieg in ein Gespräch über Gefühle kann mit einem unterschiedlichen Grad der emotionalen Aktivierung einhergehen. Ein Gefühl kann nach meiner Erfahrung entweder »hot« sein, es ist also gerade aktiv, oder es kann »cold« sein, dann handelt es sich um eine Erinnerung an ein früheres Gefühl, das damals aktiv war, gegenwärtig aber gar nicht spürbar ist. Dazwischen kann ein Gefühl aber auch sozusagen »lauwarm« sein, es gibt also eine gewisse emotionale Beteiligung in der Gegenwart.

Wenn das Gefühl »hot« ist, gibt es einen direkten Gefühlsausdruck in der gegenwärtigen Situation, der Klient beginnt beispielsweise zu weinen oder wird wütend. In diesem Fall ist mit hoher Wahrscheinlichkeit ein tatsächliches Gefühl vorhanden, es sei denn, es wird lediglich eine instrumentelle Emotion gezeigt. Wenn es sich um ein stimmiges Gefühl handelt (wie etwa Trauer in einer Verlustsituation), sollte ihm Raum gegeben werden, es wird also gefühlt. Und wenn es langsam abklingt, kann das Gefühl auch genauer erforscht werden.

Wird hingegen ein Gefühl »aus der Konserve« geschildert, ist es also »cold«, so führt die Arbeit mit ihm nur weiter, wenn es gelingt, das Gefühl in der Gegenwart wieder etwas zu aktivieren. Denn nur real vorhandene Gefühle können achtsam wahrgenommen werden. Gelingt das nicht, bleibt das Gefühl also kalt und wird noch nicht einmal lauwarm, so ist eine vertiefte Arbeit an ihm in der Regel nicht hilfreich. Gleiches gilt, wenn es zu stark ist, denn auch dann kann eine heilsames Emotionsverarbeitung erschwert sein. Dieses sogenannte Toleranzfenster habe ich schon im ersten Kapitel beschrieben.

Wird dieser Grundsatz nicht berücksichtigt, so wird lediglich ein Gespräch *über* Gefühle geführt, was mit einer vertieften Emotionsverarbeitung oder einer achtsamen Wahrnehmung des Gefühls nichts zu tun hat. Natürlich kann ein solches Gespräch am Anfang einer beraterischen Arbeit durchaus seinen Wert und seine Notwendigkeit haben, sollte dann aber relativ schnell durch Bemühungen ergänzt werden, sich dem Gefühl auch tatsächlich anzunähern.

Nach meiner Erfahrung wird in vielen Coachings aber auch ganzen Psychotherapien vornehmlich über ein Gefühl gesprochen, statt sich auch dem Empfinden zu öffnen. Hier bildet Achtsamkeit ein sehr gutes Werkzeug. Da diese immer in der Gegenwart verankert ist und es eine große Sensibilität für Gedankenprozesse gibt, wird natürlich sehr schnell die Anregung gegeben: »Spüren Sie mal hin, ob Sie das Gefühl auch wahrnehmen können«.

Da sich viele Menschen in mentalen Prozessen sicherer fühlen als in emotionalen, kommt es oft zu einer Art »Sog« in den Kopf, also in die mentalen Prozesse. Eine leichte Gefühlswahrnehmung führt dann sofort dazu, dass über das Gefühl nachgedacht wird. Dieser mentale Prozess beschäftigt sich dann beispielsweise mit der Frage, warum ich jetzt gerade dieses Gefühl habe, was es mir sagen will, wann ich ähnliche Gefühle hatte etc. Er bewirkt meistens, dass man sich vom Gefühl entfernt, dabei aber weiterhin der Überzeugung ist, sich mit ihm zu beschäftigen. In meinem Buch *Ruhe, ihr Quälgeister,* einem Ratgeberband zum Umgang mit Gefühlen, habe ich dazu einen kleinen Beispieldialog zwischen einer Klientin und mir veröffentlicht. Ich möchte ihn hier gern noch einmal wiedergeben:

»Klientin: Da ist unglaublich viel Angst.
Ich: Sie können die Angst einfach fühlen.
Klientin: Ich glaube es liegt daran, dass ich zu wenig Halt erfahren habe, als ich klein war.
Ich: Woher das Gefühl kommt, können wir später klären. Wenn es da ist, reicht es aus, wenn Sie es einfach fühlen. Wie fühlt sich die Angst gerade an?
Klientin: Ich kenne die Angst von früher, da war sie auch immer da.
Ich: Halt – wie fühlt sich die Angst gerade an, ist sie stärker oder schwächer geworden?
Klientin: Sie ist so stark, wie ich es schon einmal erlebt habe, ich glaube es war vor fünf oder sechs Jahren.
Ich Einfach die Angst fühlen.
Klientin: Ich muss doch wissen, woher sie kommt!
Ich: Wie fühlt sich die Angst an?
Klientin: Ich will aber keine Angst fühlen!« (Knuf, 2013)

MERKE:

Vielen Menschen ist die Unterscheidung zwischen dem Fühlen eines Gefühls und dem Nachdenken darüber nicht bewusst.

Oft ist die Wahrnehmung anfangs recht unspezifisch und das Gefühl noch nicht gut wahrnehmbar. Jemand bemerkt also eine emotionale Qualität, weiß aber nicht genau, um welche Empfindung es sich eigentlich handelt. Beginnt man nun die Gefühlsqualität genauer zu erkunden, so versucht man nicht nur, das Gefühl klarer zu benennen, sondern man ist, während man das tut, natürlicherweise mit dem Gefühl verbunden und fühlt es auch. In dieser Phase der Annäherung an das Gefühl bedarf es von fachlicher Seite meistens einer Unterstützung, um sich ihm weiter anzunähern, und zugleich einer Hilfestellung, damit die automatisierten Regulationsstrategien zum Unterdrücken des Gefühls nicht zum Tragen kommen.

Eine sehr hilfreiche Strukturierungshilfe für ein emotionsbezogenes Gespräch entstammt der Emotionsfokussierten Therapie und nennt sich »Folgen und Leiten« (Hermann & Auszra, 2017). Ist unser Gegenüber im gegenwärtigen Moment gut mit seinen Gefühlen verbunden, so folgen wir ihm, lassen ihm also den Raum zur Wahrnehmung des Gefühls und greifen wenig bis gar nicht ein. Eine gute Verbindung zum Gefühl erkennen wir daran, dass unser Gegenüber präsent im gegenwärtigen Augenblick ist und von seinem Gefühl berichtet oder die Empfindung genauer erforscht. Er kann auch über die mit dem Gefühl verbundene Situation reflektieren, kehrt aber immer wieder zur Wahrnehmung seiner Empfindungen zurück.

In diesem Fall folgen wir der Klientin. Wir ermutigen sie, weiter ihren Empfindungen nachzugehen, etwa indem wir aktiv zuhören, wiederholen oder paraphrasieren. In dieser Phase bleibt man als begleitende Person selbst auch sehr achtsam mit den eigenen Gefühlen und der Resonanz der Empfindungen des Gegenübers verbunden. Man versucht, innerlich möglichst leer zu sein und mit möglichst wenig Bewertungen den Schilderungen und Empfindungen des anderen zu folgen.

Wenn der andere aber den Raum dieser präsenten Wahrnehmung seiner gegenwärtigen Empfindungen verlässt, gehen wir zum Leiten über. Diese Phase erkennen wir daran, dass der andere in mentale Prozesse gerät oder sich in Denkschleifen verfängt und mit dem eigenen emotionalen Erleben gar nicht mehr verbunden ist. Wir intervenieren auch dann, wenn sich der andere längere Zeit nur mit der Vergangenheit oder Zukunft beschäftigt und gar nicht mehr in der gegenwärtigen Empfindung ist oder in Anklagen gegen sich selbst und nach außen gefangen ist. Leiten bedeutet nun, dass wir versuchen, die Klientin wieder in Richtung der ersten Phase zu bewegen.

Dies geschieht, indem wir gezielt das Gespräch wieder auf die emotionalen Empfindungen richten, etwa nachfragen, wie sich unser Gegenüber gefühlt hat. Dies ist oft am Anfang des Kontakts notwendig, wenn sich der Klient beispielsweise in die Schilderung von Alltagsbegebenheiten verstrickt und die eigenen damit verbundenen Empfindungen gar nicht wahrnimmt. Aber auch während des Gesprächs ist dies häufig erforderlich. Der Helfende würde zum Beispiel nachfragen, welches Gefühl mit einer bestimmten Schilderung einhergeht. Klienten können eingeladen werden, einen Moment in Ruhe zu verweilen, um das Gefühl wahrnehmen zu können und zu ergründen.

Das Leiten ist natürlich besonders wichtig, wenn der Klient eigentlich von einem starken Gefühl berührt ist, etwa wenn er traurig wird oder die Augen feucht werden und er dieses Gefühl beiseite drückt, indem er weiterredet. Hier besteht das Leiten dann in einem engagierten Auffordern zum Innehalten.

Folgen und Leiten gelingen nur, wenn die Fachperson sehr vertraut ist mit den hilfreichen und weniger hilfreichen Verhaltensweisen zur Verarbeitung von Gefühlen und sensibel wahrnimmt, wann der Klient mit seinen emotionalen Empfindungen verbunden ist und wann nicht.

Hier beispielhaft ein Gesprächsausschnitt zwischen Klient (K) und Therapeut (T), in dem ein guter Zugang zum Gefühl lediglich begleitet und leicht unterstützt wird, damit sich das sich zeigende Gefühl weiter entfalten kann:

K: Ich bin seit einer Woche so verdammt traurig, eigentlich werde ich immer trauriger, von Tag zu Tag.

T: Ist die Traurigkeit jetzt auch zu spüren?

K: Ja, ich spüre sie ganz genau. Ich war schon traurig, als ich vorhin hergefahren bin.

T: Dann darf die Traurigkeit jetzt weiter da sein … Sie können sie spüren … vielleicht schließen Sie die Augen, um sie leichter wahrnehmen zu können … *(Der Klient schließt die Augen, lässt die Schultern sinken und atmet hörbar aus.)* … Wo nehmen Sie die Traurigkeit gerade am stärksten wahr?

K: Ich spüre sie in der Brust. Und ich spüre einen Kloß im Hals.

T: Die Traurigkeit darf weiter da sein. Vielleicht können Sie den Mund etwas öffnen und durch den geöffneten Mund ein- und ausatmen, möglicherweise verändert sich dann der Kloß im Hals.

K *(jetzt durch den Mund atmend):* Ich werde immer trauriger. *(beginnt zu weinen)*

T: Sie dürfen einfach trauriger werden. Die Traurigkeit darf da sein, wie sie will.

K *(weint weiter)*

T *(nach einiger Zeit):* Wenn die Traurigkeit sprechen könnte, wenn sie einen Satz sagen könnte, was würde sie sagen? »Ich bin so traurig über … Ich bin so traurig, weil …«

K: Ich bin so traurig, weil ich mich so allein fühle, seit Anja ausgezogen ist. *(Anja ist die Ex-Partnerin, die sich vor Kurzem von ihm getrennt hat.)*

T *(Der Therapeut wiederholt den Satz des Klienten möglichst wörtlich.)*: Ich bin so traurig, weil ich mich so allein fühle, seit Anja ausgezogen ist.

Der Klient weint lauter. Nach einer mehrminütigen Phase des Weinens erzählt der Klient, wie viel ihm seine Ex-Partnerin noch bedeutet und wie schwer es ihm momentan fällt, seinen Alltag allein zu strukturieren. Er erzählt weiter, dass er in seinem Leben schon mehrmals von seinen Partnerinnen verlassen wurde und nicht nur traurig ist, sondern sich auch für die gescheiterte Beziehung schämt. Darüber entfaltet sich ein sehr ehrliches Gespräch über weitere Verlusterfahrungen in seiner Biografie.

Hier ein weiterer Gesprächsausschnitt aus einer anderen Therapie, bei der vom Folgen immer wieder zum Leiten übergegangen werden musste:

K: Mir sind die Woche über so schlimme Sachen passiert. Mein Enkelkind wird in der Schule gemobbt und mein Mann zieht sich immer mehr zurück, der redet fast schon gar nicht mehr mit mir. (*Klientin erzählt weiter, was ihrem Enkelkind in der Schule passiert. Bei der Schilderung der schwierigen Begebenheiten wird sie immer aufgedrehter.*)

T: Oh, das ist aber ganz schön viel. Wenn ich versuche, mich da hineinzufühlen, da wäre ich ganz schön am Ende, wenn ich all das erlebt hätte.

K: Sie können sich nicht vorstellen, was mir meine Tochter neulich gesagt hat, die meinte, sie sei früher auch gemobbt worden und ich hätte nichts gemacht.

T: Und was passiert bei Ihnen, wenn Sie das hören?

K: Mein Mann hat da nur unbeteiligt geguckt, als sie das gesagt hat.

T: Mich würde das sehr berühren, wenn meine Tochter so etwas zu mir sagen würde.

K: Mich berührt schon gar nichts mehr.

T: Das glaube ich nicht. Wie fühlt sich das denn gerade an?

K: Meine Mutter war auch nicht immer so verständnisvoll zu mir.

T: Vielleicht schließen Sie mal für einem Moment die Augen und spüren hin, welche Gefühle da in Ihnen gerade sind.

K (*schließt die Augen nicht*): Keine guten!

T: Setzen Sie sich ruhig mal etwas lockerer hin und schließen Sie die Augen, ich schließe die Augen auch. Lösen Sie bitte die überschlagenen Beine und lehnen Sie sich im Sessel zurück. *(Klientin schließt die Augen.)* Ja genau, Sie können auch tief durchatmen.

K: Muss das sein?

T: Ja, sonst kommen wir gar nicht an die Gefühle ran. Ich verstehe, dass das keinen Spaß macht, mir macht das auch keinen Spaß, unangenehme Gefühle zu fühlen. *(Klientin lacht.)* Lassen Sie den Atem mal möglichst frei fließen. Was nehmen Sie denn jetzt wahr?

K: Irgendwie tut alles weh. Es ist alles so angespannt.

T: Wo ist denn die Anspannung genau? Spüren Sie mal in Ihren Körper hinein. Wie fühlt sich der Brustraum gerade an? Wie fühlt sich der Bauch an? Was nehmen Sie denn da wahr?

K: Im Bauch ist alles durcheinander, da ist so viel los.

T: Ist da auch ein Gefühl?

K: Ich habe solche Angst, dass es meinem Enkel nicht gut geht und er in der Schule nicht zurechtkommt.

T: Sie haben solche Angst, dass es Ihrem Enkel nicht gut geht und er in der Schule nicht zurechtkommt.

K: Ja, das ist ganz schrecklich. Für mich war die Schule auch so schlimm.

T: Und Ihr Enkel soll es nicht so schwer haben wie Sie.

K: Ja, das ist eine ganz fürchterliche Vorstellung, da könnte ich heulen.

T: Das ist auch zum Heulen.

Emotionstoleranz fördern: *Dem anderen helfen, seine Gefühle zu tragen*

Emotionstoleranz beschreibt die Fähigkeit, ein Gefühl, egal ob angenehm oder unangenehm, zu tolerieren, es also da sein zu lassen. Sie ist eine Voraussetzung für die gerade beschriebene Bereitschaft zur Wahrnehmung des Gefühls und natürlich eng damit verzahnt und letztlich nicht davon zu trennen. Wenn jemand keinerlei Toleranz einem Gefühl gegenüber hat, wird die Wahrnehmung blockiert oder die äußere Realität wird so beeinflusst, dass das jeweilige Gefühl gar nicht erst auftaucht. Ein Gefühl zu fühlen meint aber deutlich mehr, als es nur zu erkennen. Ein Gefühl ist kein Verkehrsschild, bei dem es ausreicht, wenn es gesehen und als das erkannt wurde, was es ist.

Beispiel

Marc berichtet, dass er durchaus traurig werden könne und ihm sogar auch die Tränen kämen, wenn ihn etwas sehr belaste. Das Gefühl halte dann aber meistens nur ganz wenige Sekunden und sei sofort wieder verschwunden. Früher habe er das gut gefunden, heute habe er eher den Eindruck, dass das Gefühl doch weggedrückt werde. Er wünsche sich, es besser zulassen zu können. Er habe nämlich festgestellt, dass das kurze Aufflackern des Gefühls sein Empfinden nicht wirklich verändere und er im Hintergrund sehr lange eine Bedrücktheit empfinde.

Wenn eine Emotion wahrgenommen wurde, beginnt die nächste Phase, nämlich die Bereitschaft, bei einem Gefühl achtsam zu verweilen, sich also dem *Prozess* oder *Fluss* des Gefühls hinzugeben und es in seiner eigenen Dynamik da sein zu lassen.

MERKE:

Emotionstoleranz ist der Kern der auf die Gefühle gerichteten Achtsamkeit.

»Nix wie fühlen!« bedeutet genau das: Das Gefühl da sein zu lassen, ihm Raum zu geben und es zunächst nicht zu verändern. Statt von »Emotionstoleranz« könnten wir auch vom »Tragen« eines Gefühls sprechen. Im psychoanalytischen Kontext wird dies, wie schon erwähnt, manchmal auch »Containing« genannt. Ich spreche bei der inneren Haltung der Emotionstoleranz von der WAS-Fertigkeit (Knuf, 2013).

WAS steht für:

Wahrnehmen,

Annehmen und

Still damit sein, womit gemeint ist, nichts mit dem Gefühl zu tun.

Die WAS-Fertigkeit ist reine Emotionstoleranz ohne eine Reflektion biografischer oder gegenwärtiger Zusammenhänge und ohne eine innere Haltung dem Gefühl gegenüber, die darauf abzielt, das Gefühl zu verändern. Auch wenn diese WAS-Fertigkeit der eigentliche Kern der Achtsamkeit auf die Gefühle ist, so ist sie doch selbst für achtsamkeitserfahrene Klienten und beraterisch oder therapeutisch Tätige alles andere als einfach, schließlich müssen sämtliche Aktivitäten unterlassen werden, die die Funktion haben, das Gefühl zu begrenzen oder zu beenden.

Verschiedene Studien zeigen, dass Emotionstoleranz zu den wichtigsten und wirkungsvollsten Fähigkeiten im Umgang mit Gefühlen gehört (Hayes et al., 2004). Wer in der Lage ist, ein Gefühl zu »tragen«, der verliert die Angst vor ihm, denn er macht die Erfahrung, dass ihm das Gefühl letztlich »nichts kann«. Wenn es gelingt, einige Zeit dabei zu verweilen, kommt es oft dazu, dass das Gefühl relativ rasch wieder abklingt. Diese Erfahrung ist für Klienten ausgesprochen wichtig.

Teilweise wird dieser Effekt von Klienten sogar als eine Art Zauberei wahrgenommen, dann nämlich, wenn jemand bisher noch nie erlebt hat, dass sich eine unangenehme Empfindung durch Hinwendung innerhalb kurzer Zeit abschwächen kann. Während viele Menschen davon ausgehen, nur der Kampf gegen ein Gefühl führe dazu, dass es erträglich wird, zeigt sich dann, dass gerade die Hinwendung zum Gefühl einen viel wirkungsvolleren Effekt hat.

Generell gibt es in unserer Gesellschaft leider zwei Bewegungen, die die Emotionstoleranz erschweren. Erstens nimmt generell die Toleranz für unangenehme Empfindungen ab. Wir sehen das beispielsweise in einer abnehmenden Bereitschaft, körperlichen Schmerz vorübergehend auszuhalten, aber auch andere unangenehme Empfindungen wie etwa Kälte, anstrengende körperliche Arbeit, Langeweile oder Unwohlsein. Es werden heute deutlich häufiger Schmerzmittel eingenommen, als das früher der Fall war, auch die Verschreibung von Antidepressiva hat, wie bereits bemerkt, in den letzten Jahrzehnten massiv zugenommen.

Zweitens fällt es uns zunehmend schwerer, präsent im gegenwärtigen Moment zu verweilen. Die in den letzten 20 Jahren aufgekommene Achtsamkeitsbewegung ist ja gerade nicht Ausdruck einer zunehmenden Achtsamkeit in unserer Gesellschaft, sondern eigentlich eine Gegenbewegung zum zunehmenden Verlust von Gewahrsein und Präsenz im Hier und Jetzt. Wir lassen uns immer schneller ablenken, werden von Reizen überflutet und können unsere Aufmerksamkeit schlechter in der Gegenwart halten. Doch genau diese Fähigkeit ist für Emotionstoleranz dringend erforderlich, denn ohne ein Verweilen im gegenwärtigen Moment ist es natürlich auch nicht möglich, bei der jeweiligen Emotion zu bleiben.

Doch nicht nur auf gesellschaftlicher Seite verliert sich die Toleranz gegenüber unangenehmen Empfindungen. Selbst wir Fachpersonen sind in Gefahr, den unangenehmen Empfindungen aus dem Weg gehen zu wollen oder Klienten bei diesem Wunsch sogar zu unterstützen. Inwieweit sind wir bereit, uns selbst mit den bei uns aufkommenden unangenehmen Gefühlen zu konfrontieren oder uns der Unvorhersehbarkeit des emotionalen Flusses anzuvertrauen? Wie sehr sind wir gefährdet, in die Falle des Tu-Modus und des Veränderungszwangs zu geraten?

Ich kenne das auch von mir selbst. So war ich zu Beginn meiner therapeutischen Arbeit der Überzeugung, meine Klienten müssten immer mit einem besseren Gefühl aus der Therapiestunde herausgehen, als sie hereingekommen sind. Wenn man dieses Ziel verfolgt, werden sich bestimmte emotionale Prozesse gar nicht erst entfalten und man ist gezwungen, sie zu steuern, statt sich für ihren natürlichen Lauf zu öffnen. Heute weiß ich, dass sich manche Prozesse erst durch schmerzhafte Empfindungen entfalten und es manchmal sogar wünschenswert ist, wenn der Klient mit einem schlechteren Gefühl aus dem Beratungsgespräch geht, als er gekommen ist.

Bevor wir uns diese Fähigkeit und Haltung nun genauer anschauen, ist es noch wichtig einschränkend zu sagen, dass es weder erforderlich noch hilfreich ist, *jedem* Gefühl mit Emotionstoleranz zu begegnen. Für primäre maladaptive, traumaassoziierte und sekundäre Gefühle gilt, dass diese zwar wahrgenommen, aber nicht weiter durchfühlt werden müssen. Ausnahme bildet hier eine psychotherapeutische Arbeit mit Hinwendung zu den biografischen Ursprüngen der Gefühle, beispielsweise im Rahmen einer Traumatherapie oder der Arbeit mit dem inneren Kind. Damit werden wir uns im nächsten Abschnitt noch genauer beschäftigen.

Die Kultivierung von Emotionstoleranz sollte gut vorbereitet werden. Es ist wichtig, dass unsere Klientinnen oder Klienten unbedingt verstehen, warum sie sich einem unangenehmen Gefühl nicht nur zuwenden, sondern dabei sogar verweilen sollten. Dazu ist umfangreiche Psychoedukation notwendig. Denn wenn man den Verstand des Klienten nicht »mit im Boot hat«, wird er das Tragen eines Gefühls natürlich sabotieren (»Dadurch wird doch alles nur viel schlimmer«, »Das kann doch nicht gut sein«, »Du hast doch wirklich Wichtigeres zu tun, als ständig deine Gefühle zu fühlen«). Da die Empfindungen aversiv und mit Ängsten verbunden sind, ist die Gefahr groß, dass ein innerer Widerstand gegen die zunehmende Gefühlsbereitschaft entsteht. Dieser kann sich dann auch gegen den Therapeuten oder die Beraterin wenden, sodass sich auf der Beziehungsebene ein Konflikt entfalten kann.

Vor allem im Rahmen der Akzeptanz- und Commitmenttherapie (ACT) wird mit dem Klienten intensiv daran gearbeitet, welchen »Preis« er dafür zahlt, wenn er unangenehmen Gefühlen aus dem Weg geht, und welcher Gewinn für ihn darin liegen könnte, seine Gefühle zu tolerieren (Luoma et al. 2009). Erst wenn der Klient die Möglichkeit sieht, dass die

Hinwendung zum Gefühl positive Auswirkungen für ihn haben könnte, besteht die Chance auf hinreichend Motivation, um bei ihm zu verweilen. In der ACT-Therapie erfolgt das Aufdecken des Preises, den jemand für die Vermeidung eines Gefühls zahlt, vor allem über die Aufarbeitung der eigenen Werte, Bedürfnisse und Anliegen sowie der Klärung, inwieweit man sich davon entfernt, indem man versucht, bestimmten Gefühlen aus dem Weg zu gehen.

Ob und wie ausdauernd wir bereit sind, uns unangenehmen Gefühlen zuzuwenden, hängt vor allem davon ab, was uns etwas bedeutet, welche Anliegen wir haben und wie wichtig uns bestimmte Ziele sind. Wir haben wohl alle schon einmal einem anderen Menschen gestanden, dass wir uns über beide Ohren in ihn verliebt haben, und wir haben sehnsüchtig gehofft, dass der oder die andere unsere Liebe erwidert. Wir waren also bereit, uns in eine Situation zu begeben, die starke Angst auslöst und, wenn man einen Korb bekommt, womöglich auch noch Schamgefühle oder tiefe Betrübnis. Und trotzdem haben wir uns getraut, dem anderen »Ich habe mich in dich verknallt!« zu sagen. Ähnlich ist es uns mit Prüfungssituationen oder Vorstellungsgesprächen ergangen.

Unangenehme Gefühle werden also von uns in Kauf genommen, wenn wir eine klare Ausrichtung haben. Wir müssen also wissen, was es uns wert ist. Und genau diese Ausrichtung sollten wir mit unserem Klienten erarbeiten, wenn es darum geht, Emotionstoleranz zu fördern. Hier zwei konkrete Beispiele:

1. Warum möchte ich damit aufhören, allabendlich zu viel Alkohol zu trinken? Was könnte mir die Kraft geben, mich mit dem dann aufkommenden Gefühl zu konfrontieren?

   »Ich will nicht enden wie mein alkoholkranker Vater, und ich möchte nicht von meinen Kindern so verachtet werden, wie ich teilweise meinen eigenen Vater verachtet habe.«

2. Was ist es mir wert, mich nicht länger meiner Angst zu unterwerfen, sondern mich dem Konflikt in meiner Familie zu stellen?

   »Wenn ich mich nicht traue, meinen pubertierenden Kindern Grenzen zu setzen, wird ihr Verhalten immer respektloser werden, wodurch es mir immer schlechter gehen wird. Außerdem werden meine Kinder dann andernorts Probleme bekommen, weil sie keine Grenzen akzeptieren können. Das möchte ich nicht.«

Doch nicht nur die Ausrichtung auf die eigenen Werte und Bedürfnisse erleichtert die Bereitschaft zur Emotionstoleranz. Wenn man mit einer Klientin oder einem Klienten daran arbeitet, warum man sich unangenehmen Gefühlen zuwenden sollte, können auch die folgenden Punkte sehr hilfreich sein.

Was erleichtert Emotionstoleranz?

»Das geht wieder vorbei!«: Das Wissen um die zeitliche Begrenztheit eines Gefühls erleichtert die Gefühlswahrnehmung. Zahnschmerzen mit einem Zahnarzttermin in drei Tagen sind viel leichter erträglich als chronische Schmerzen.

»Ich weiß, was ich machen kann!«: Notfalls kann ich etwas tun, um das Gefühl herunterzuregulieren.

»Anderen geht es auch so!«: Sich nicht allein fühlen damit und verstehen, dass die Empfindung zum Leben dazugehört und kein persönliches Versagen ist.

Es stehen uns verschiedene Methoden zur Verfügung, um unser Gegenüber dabei zu unterstützen, eine hohe Emotionstoleranz zu entwickeln.

So kultivieren Achtsamkeitsübungen die Fähigkeit zum Verweilen in der Gegenwart und die Fähigkeit, das da sein zu lassen, was ist. Auch wenn eine Achtsamkeitsübung den Fokus nicht explizit auf Gefühle richtet, sondern etwa auf Geräusche oder Körperempfindungen, so heben diese Übungen doch die allgemeine Bereitschaft an, alles da sein zu lassen, was sowieso da ist.

Wer im Rahmen von Achtsamkeitstrainings seine generelle Toleranz gegenüber vorhandenen Empfindungen fördert, der wird natürlich auch eher in der Lage sein, gegenüber angenehmen und unangenehmen Gefühlen eine akzeptierende Haltung einzunehmen. Wer es beispielsweise lernt, achtsam mit körperlichen Missempfindungen oder leichtem Schmerz umzugehen, der wird auch eher fähig sein, unangenehme Gefühle zu tragen. Allgemeine Achtsamkeit ist also durchaus hilfreich, sollte aber durch verschiedene Hilfestellungen zum Unterlassen der Suppression und zum Verweilen beim Gefühl ergänzt werden.

Am Anfang dieses Buches haben wir uns schon kurz damit beschäftigt, wie ein kleines Kind Emotionstoleranz erlernt: Das Kind kann intensive und belastende Gefühle noch nicht allein tragen und bedarf dafür der Koregulation der vertrauten Bezugspersonen. Die Eltern tragen die Gefühle des Kindes also mit, zeigen sich zudem mit den eigenen und vermitteln, dass sie selbst auch herausfordernde Gefühle haben, die sie da sein lassen. So lernt das Kind, dass es nicht schlimm ist, ein unerwünschtes Gefühl zu haben. Durch das Modell der Eltern kann das Kind zudem erleben, dass Gefühle kommen und wieder gehen. So entwickelt es langsam eine zunehmende Emotionstoleranz und Fähigkeiten, um die Empfindung zunehmend selbstständiger zu tragen.

Genau dieses Prinzip können wir uns auch in der professionellen Arbeit zunutze machen, indem der Klient von unserer Fähigkeit zur Emotionstoleranz und unserer Fähigkeit zum Verweilen in einem Gefühl profitiert. Daher ist es wichtig, dass wir selbst eine hohe Emotionstoleranz für unsere eigenen Gefühle haben. Hat man als begleitende Person stattdessen selbst Angst vor einem bestimmten Gefühl, so wird diese Haltung vom Gegenüber wahrgenommen, der entsprechend mit eigener Angst darauf reagiert. Dies ist ein »unsichtbarer« Prozess, der gar nicht verbal kommuniziert wird, sondern Teil der emotionalen Resonanz ist.

Beispiel aus der Einzelsupervision

Eine Supervisandin erzählt, dass ihre Klienten durchaus von verschiedenen Gefühlen berichten, Traurigkeit und Verzweiflung aber kaum vorkommen. Sie wundere sich selbst darüber, da sie durchaus wisse, dass emotionaler Schmerz einer der Hauptgründe sei, in ihre eher therapeutisch ausgerichteten Coaching-Sitzungen zu kommen. Als wir diese Erfahrungen genauer erkunden, zeigt sich, dass sie selbst mit Gefühlen von Traurigkeit und Verzweiflung sehr große Mühe hat. Sie sieht einen Zusammenhang zwischen der Depression ihrer Mutter und ihrer eigenen Unfähigkeit, sich für ihren emotionalen Schmerz zu öffnen.

Emotionstoleranz von Teams und Institutionen

Nicht nur einzelne Personen haben einen bestimmten Grad an Emotionstoleranz, sondern auch Teams und ganze Institutionen können unterschiedlich bereit sein, Gefühle da sein zu lassen und mitzutragen. Findet die professionelle Arbeit in einem solchen institutionellen Rahmen statt, so sollte dies reflektiert werden. Wünschenswert wäre es natürlich, wenn ein ganzes Team eine hohe Emotionstoleranz entwickelt, was sich dann auch atmosphärisch in der jeweiligen Institution abbildet.

Wenn die Emotionstoleranz innerhalb des Teams sehr unterschiedlich ist, besteht die Gefahr, dass sich der Klient an den Personen mit der geringeren Emotionstoleranz orientiert. Daher sollte in einem Team gemeinsam an der Kultivierung von eigener Emotionstoleranz gearbeitet werden, beispielsweise in Teamsitzungen oder Supervisionen. Im Abschnitt zur emotionalen Resonanz werden wir hierauf nochmals zurückkommen.

In der achtsamen Wahrnehmung des Gefühls wird nicht nur die Emotion selbst wahrgenommen, sondern auch der automatische Prozess, der sich um ihre Regulation bemüht. Man bemerkt also beispielsweise »Ich lenke mich gerade ab, um das Gefühl nicht fühlen zu müssen« oder »Ich fühle das Gefühl gar nicht mehr, sondern versuche, es zu verstehen«. Wie bei jeder anderen Achtsamkeitspraxis auch kommt es nun zu einer Art Jo-Jo-Effekt: Das Gefühl wird wahrgenommen, dann kommt es zu einem Prozess, der von diesem wegführt, dieser Prozess wird wieder wahrgenommen und man kann zum Gefühl zurückfinden.

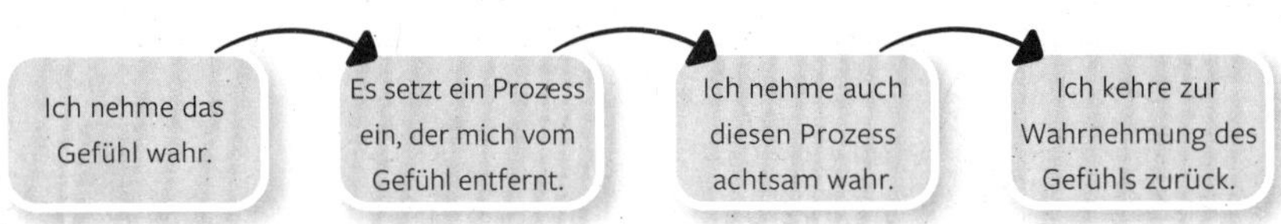

→ Der Jo-Jo-Effekt der Gefühlswahrnehmung

Achtsamkeit bedeutet nicht, dauerhaft in Gegenwärtigkeit zu verweilen, sondern eben nur zeitweise. Achtsamkeit meint daher eigentlich, immer wieder den Weg zurück zum gegenwärtigen Moment zu finden. Wir alle sind ja zur Achtsamkeit in der Lage, aber zumeist nur für einige Momente. Danach verliert sich die Achtsamkeit wieder, was nach einer gewissen (im Laufe der zunehmenden Achtsamkeitspraxis kürzer werdenden) Zeit wahrgenommen wird und es ermöglicht, wieder zur achtsamen Wahrnehmung zurückzukehren.

Um Emotionstoleranz zu kultivieren, sollte die Intensität des Gefühls zunächst nicht zu stark sein. Je stärker die Emotion ist, umso höher ist das Risiko, dass das psychische System auf Regulationsstrategien zurückgreift, um unerwünschte Emotionen zum Abklingen zu bringen. Je stärker die Emotion, umso stärker ist außerdem das Risiko, dass die Regulationsstrategie ungünstig ist, also schädliche Folgen für den Betroffenen oder sein Umfeld hat. Emotionstoleranz sollte daher zunächst nur innerhalb des schon angesprochenen Toleranzfensters kultiviert und kann später ausgeweitet werden. So wie man die erste Segelstunde nicht bei orkanartigem Sturm nimmt, so sollte auch die Emotion zunächst nicht zu heftig sein.

MERKE:

Die Kultivierung von Emotionstoleranz beginnt nicht bei besonders starken Emotionen, sondern bei Gefühlen geringer und mittlerer Ausprägung.

Ein Anflug von Traurigkeit oder leichter Angst kann beispielsweise als Einstieg in das achtsame Tragen des Gefühls genutzt werden. Emotionstoleranz kann daher in zahlreichen Alltagssituationen geübt werden, etwa indem der Klient gefragt wird, ob er momentan ein unangenehmes

Gefühl hat, und dann aufgefordert wird, dieses Gefühl weiter zu spüren, statt ihm aus dem Weg zu gehen. Gleichzeitig gilt aber auch, dass die Emotion natürlich aktiviert sein muss, andernfalls kann ja keine Emotionstoleranz stattfinden.

Wenn jemand im Alltag regelmäßig Strategien einsetzt, um seine Gefühle zu kontrollieren, dann ist es oft nicht hilfreich vorzuschlagen, auf diese Strategien komplett zu verzichten. Dies bewirkt häufig Ängste, ist aversiv und wird als Verlust von Kontrolle erlebt. Stattdessen kann man dem Gegenüber vorschlagen, sich zunächst nur kurz dem Gefühl zuzuwenden, um dann wieder auf die erprobte Kontrollstrategie zurückzugreifen. Ich nenne dies den Zunächst-Schritt. Während sich Klienten von der Aufforderung, sich achtsam unangenehmen Gefühlen zuzuwenden, vielfach überfordert fühlen, traut sich diese Zunächst-Übung fast jeder zu.

Beispiel aus der Psychotherapie

Elen fühlt sich abends oft erschöpft, innerlich leer, einsam und traurig. Sie versucht, sich zwanghaft von diesen Gefühlen abzulenken, indem sie zunächst lange im Internet surft und anschließend Wein trinkt und Filme schaut. In der Therapie entscheidet sie sich, die Zunächst-Übung auszuprobieren. Ihr gelingt es, sich mehrmals am Abend mehrere Minuten lang für ihre Gefühle zu öffnen. Sie stellt fest, dass ihr Bedürfnis nach zwanghafter Ablenkung danach weniger wird und sie neulich abends auch einfach eine ruhige Musik hören konnte.

Wenn ein Gefühl beim Klienten aktiviert und eine begleitende Person dabei ist, gibt es natürlich viele Möglichkeiten, um Emotionstoleranz zu fördern. Dies gelingt beispielsweise, indem die begleitende Person immer wieder nachfragt, ob das Gefühl noch da ist, welche Intensität es hat oder wo es im Körper momentan am besten spürbar ist. Dabei geht es nicht darum, das Gefühl zu verändern, sondern lediglich eine Hilfestellung bei der Emotionstoleranz zu bieten. Hilfreich können beispielsweise folgende Formulierungen sein:

- »Das Gefühl darf da sein, und es darf so lange dableiben, wie es sich zeigen will.«
- »Wo im Körper nehmen Sie das Gefühl besonders intensiv wahr? Auf diese Körperstelle können Sie Ihre Achtsamkeit richten.«
- »Was geschieht gerade mit dem Gefühl? Bleibt es gleich, wird es stärker oder schwächt es sich ab?«

Hilfreich ist es auch, den Klienten zu bitten, seine Empfindungen *auszusprechen,* sobald sie wahrgenommen werden. Dies hat den Vorteil, dass die begleitende Person mitbekommt, inwieweit der Klient noch mit seinen Gefühlen verbunden ist. Außerdem hilft es dem Klienten sehr, seine Achtsamkeit aufrechtzuerhalten. Meistens muss man diese Übung kurz bei sich selbst vormachen, damit sie genau verstanden wird.

Hier ein Beispiel eines solchen »Wahrnehmungsflusses« aus einem Therapiegespräch. Dieser hat etwa drei Minuten gedauert, zwischen den Worten muss man sich also längere Stillephasen vorstellen: »Ich nehme die Angst wahr … sie ist im Bauch und irgendwie auch im Kopf …, wenn ich sie spüre, wird sie sogar noch stärker … mein Körper ist sehr unruhig … und auch die Unruhe wird jetzt gerade stärker … meine Gedanken sagen: ›Was ist, wenn Bernd doch Krebs hat?‹ … jetzt ist da nicht nur die Angst, sondern auch noch ganz viel Traurigkeit … mein Körper fühlt sich irgendwie so wund an …«

Man kann sein Gegenüber auch anleiten, diese Übung des Aussprechens der Gefühle allein zu praktizieren, entweder um generell die

Wahrnehmungsfähigkeit für innere Empfindungen zu fördern oder in Situationen zu begünstigen, in denen intensive Gefühle auftreten. Dies ist außerdem eine gute Übung zur Kultivierung unserer eigenen Achtsamkeit. Ferner lässt sich die Übung auch als Partnerübung im Rahmen von Selbsterfahrungsseminaren oder Achtsamkeitstrainings nutzen.

Der Wahrnehmungsfluss

Diese Übung sollte etwa 5–20 Minuten dauern. Zunächst wird Partner B von Partner A begleitet. Anschließend können die Rollen der Teilnehmer getauscht werden.

- Beide schließen zu Beginn die Augen und können zur Vorbereitung den Körper lösen und den Atem frei fließen lassen. Dies kann der begleitende Partner mit wenigen Worten anleiten.
- Anschließend kommt Partner A die Aufgabe zu, möglichst präsent, annehmend und offen zu bleiben, während Partner B seinen Wahrnehmungsfluss der Empfindungen ausspricht. Dabei können sämtliche auftauchenden Empfindungen benannt werden, etwa Körperempfindungen, Gedanken, Gefühle, Handlungsimpulse oder Sinnesreize.
- Wenn sich Partner B von der Wahrnehmung der eigenen Empfindungen entfernt (etwa wenn er beginnt über die Empfindungen nachzudenken), kann Partner A ihm helfen, wieder in den gegenwärtigen Moment zurück zu finden, beispielsweise indem er in einer Stillephase sagt: »Was nimmst du im gegenwärtigen Moment wahr?«

Selbstmitgefühl: *Dem anderen helfen, freundlich mit sich und seinen Gefühlen umzugehen*

Freundlich mit sich und seinen Gefühlen umzugehen ist wohl eine der wichtigsten Fähigkeiten, die zu unserem Wohlbefinden und einem heilsamen Umgang mit Gefühlen beitragen.

Doch oft gelingt es uns nicht, in emotional schwierigen Situationen freundlich zu uns zu sein. Ganz im Gegenteil verurteilen wir uns für unsere Gefühle oder schämen uns für sie. Wir finden, dass sie anders sein sollten, als sie sind, oder wir glauben, etwas falsch gemacht zu haben, wenn wir unangenehme Gefühle haben. Wir sollten die Traurigkeit längst überwunden haben, mit uns stimmt angeblich etwas nicht, weil wir immer noch so viel Angst haben, und unser Ärger auf unsere Kinder oder unseren Partner ist ein Beweis für unsere charakterliche Schwäche.

Wenn wir schmerzhafte Empfindungen haben oder mit Scheitern und Verlust konfrontiert sind, brauchen wir einen liebevollen Umgang mit uns selbst und Selbsttrost. Anderen gegenüber sind wir oft dazu in der Lage, aber mit uns selbst reden wir vielfach hart und abwertend. Statt uns sagen zu können »Das ist aber ganz schön traurig«, heißt es dann eher »So schlimm ist das doch auch wieder nicht«, »Stell dich nicht so an, andere haben das doch auch« oder »Jetzt reiß dich mal zusammen«. Wenn man in leidvollen Gefühlen gefangen ist, erscheint es manchmal unvorstellbar, einen freundlichen inneren Dialog mit sich zu führen oder sich für das Gefühl nicht zu schämen.

Einen gütigen Umgang mit Gefühlen zu pflegen ist in der therapeutischen Arbeit und im Coaching seit Jahrzehnten ein bedeutsames Thema, das mit Begriffen wie »Selbstfreundlichkeit«, »Selbstakzeptanz« oder »Selbstannahme« umschrieben wird. Im Rahmen der Achtsamkeitsbewegung hat sich seit etwa zehn Jahren das Konzept des Selbstmitgefühls durchgesetzt. Es ist Teil der sogenannten zweiten Welle der Achtsamkeitsbewegung.

In der ersten Welle seit den 1970er-Jahren stand die »reine Wahrnehmung« von Empfindungen im Vordergrund. So kann etwa durch die Beobachtung unserer Gedanken ein innerer Abstand zu ihnen entstehen, der zur Folge hat, dass beispielsweise automatisierte Gedankenketten unterbrochen werden oder die kognitive Verschmelzung mit Gedanken aufgelockert und diesen weniger geglaubt wird. Diese reine Wahrnehmung ermöglicht es uns auch, den gegenwärtigen Moment überhaupt wahrzunehmen, beispielsweise über die Kultivierung der Fähigkeit, offen für Sinnesreize zu sein und dabei zu verweilen. Auch auf den Bereich der Gefühle wurden die Methoden der ersten Welle angewendet.

Doch das reine Erkennen eines Gefühls reicht nicht aus, um es hilfreich zu verarbeiten. In gewisser Weise geht damit sogar eine Form der Abspaltung unserer Gefühle einher, die distanziert beobachtet werden sollen. Ich habe dazu im zweiten Kapitel schon einiges geschrieben, wo ich den Begriff des »inneren Beobachters« kritisch hinterfrage.

Das reine Beobachten genügt nicht, um schmerzhafte Gefühle aufzulösen. Denn eine vertiefte Veränderung tritt erst durch die liebevolle Hinwendung zu den Gefühlen ein, also nicht allein durch eine nüchterne Herangehensweise, sondern durch eine, die von Freundlichkeit gekennzeichnet ist. Es ist wie die Wahrnehmung eines kleinen Kindes durch seine Eltern. Das Kind braucht es, von den Eltern gesehen zu werden, aber es braucht eben nicht nur den nüchternen Blick, sondern den liebevollen.

Es bedarf daher der klassischen Achtsamkeit, um das Gefühl überhaupt wahrzunehmen und nicht dagegen anzugehen. Zugleich ist aber die freundliche und liebevolle Grundhaltung unerlässlich, um etwa biografisch verankerte Gefühle besser verarbeiten zu können.

Beispiel: Gefühle in der Meditation

Kerstins Mann stirbt nach einer langjährigen Krebserkrankung. Sie selbst praktiziert schon seit vielen Jahren Zen-Meditation und besucht auch während der Trauerphase mehrere Sesshins bei ihrem Zen-Lehrer. Wenn sie mit ihm über den Tod ihres Mannes sprechen möchte, verweist er sie immer wieder auf die Meditationspraxis und geht auf die Trauer nicht ein. Schließlich entscheidet Kerstin, zu einer anderen Meditationslehrerin zu gehen. Als sie ihr vom Tod ihres Mannes erzählt, nimmt die Lehrerin sie in den Arm und scheint sichtlich berührt von Kerstins Tränen.

Das Konzept des Selbstmitgefühls geht auf die Achtsamkeitslehrenden Kristin Neff und Chris Germer (Neff & Germer, 2019) zurück. Die folgenden drei Elemente zeichnen es aus:

1. Die Fähigkeit, die eigenen Empfindungen überhaupt wahrzunehmen, also beispielsweise die eigenen Gefühle und einen emotionalen Schmerz zu spüren.
2. Ein selbstfreundlicher Umgang mit sich selbst, also etwa in Taten und im inneren Dialog liebevoll mit sich umzugehen.
3. Die Erkenntnis, dass schmerzhafte Empfindungen zu jedem menschlichen Leben dazugehören und wir mit ihnen nicht allein sind, sondern es anderen ähnlich ergeht wie uns.

Selbstmitgefühl hilft uns in dem Moment, in dem das belastende Gefühl auftritt, denn wenn wir freundlich mit uns und dem Gefühl umgehen, bewirken wir, dass es auch leichter wieder abklingt. Der gütige Umgang mit uns und unseren Gefühlen erleichtert es uns, das Gefühl überhaupt zuzulassen und es in seiner Eigenzeitlichkeit da sein zu lassen. Durch den freundlich-liebevollen Blick werden leidvolle Empfindungen tatsächlich gelindert. Außerdem verhindern wir, dass wir durch Selbstverurteilung und Bewertungen sekundäre Gefühle erzeugen, wie etwa Ärger oder Schamempfinden über das Gefühl.

Die Wirkung von Selbstmitgefühl erkunden

Bei dieser Übung geht es darum, sich mit der Wirkung eines freundlichen Umgangs mit den eigenen Gefühlen vertraut zu machen. Bitte nehmen Sie sich hierfür einige Minuten Zeit. Wenn Sie möchten, können Sie die Augen schließen, nachdem Sie diese Anleitung gelesen haben.

- Erinnern Sie sich an ein schmerzhaftes Gefühl, mit dem Sie in letzter Zeit konfrontiert waren, etwa Angst, Traurigkeit, Ärger, Eifersucht, Neid etc.
- Nun sagen Sie sich: »Es ist schlecht, dass ich dieses Gefühl habe. Ich sollte es nicht haben. Andere sind auch nicht so.« Oder welche negativen Sätze Ihnen in den Sinn kommen. Nehmen Sie wahr, welche Empfindungen in Ihnen auftauchen.

- Nehmen Sie alle Empfindungen nach dieser Übung wahr. Erinnern Sie sich nun noch einmal an dieses Gefühl und sagen Sie sich freundliche Sätze wie: »Anderen geht es auch so. Das tut ganz schön weh. Das Gefühl darf da sein. Es ist ganz normal, solche Gefühle zu haben.« Oder welche freundlichen Sätze Ihnen in den Sinn kommen. Nehmen Sie wieder wahr, welche Empfindungen in Ihnen auftauchen.

Wenn wir einen Menschen begleiten, ist es meistens erforderlich, ihm verschiedene Hilfestellungen zu geben, um freundlich mit seinen Gefühlen verbunden zu bleiben. Je weniger jemand zur Selbstfreundlichkeit in der Lage ist, umso mehr bedarf er oder sie der liebevollen Haltung von außen.

Ähnlich wie Eltern bei einem Kind übernimmt der Therapeut oder die Beraterin zunächst diese Aufgabe und erhöht damit die Wahrscheinlichkeit, dass die unterstützte Person zukünftig auch selbst so mit sich umgehen kann. Das könnten beispielsweise positive Sätze sein wie jene, die Sie sich gerade während der Übung gesagt haben. Hier noch einige Beispiele:

- »Jedes Gefühl darf da sein.«
- »Wir alle kennen solche Gefühle.«
- »Dieses Gefühl gehört zum Leben dazu.«

Wird das Gefühl vom Klienten abgelehnt, dann sollte auch dies aufgegriffen werden: »Ich kann gut verstehen, dass Sie die Traurigkeit nicht mögen. Mir geht es auch manchmal so, dass ich sie so schnell wie möglich wieder loswerden will. Aber vielleicht können Sie dem Gefühl trotzdem etwas Raum geben. Wie fühlt sich denn die Traurigkeit gerade an?«

Selbstmitgefühl kann sich aber auch in der Körperhaltung oder bestimmten fürsorglichen Verhaltensweisen ausdrücken. So kann man den Klienten unterstützen, sich zu entspannen, wenn er sehr angespannt ist. Manchen Menschen hilft es sehr, wenn sie die Hand auf die Herzregion legen. Man kann einem Klienten auch beispielsweise eine Decke anbieten oder ein Kissen, das er umarmen kann.

Selbsterforschung

Gehen Sie nun für einen Augenblick in sich und fragen Sie sich:

- Inwieweit gelingt es mir, liebevoll mit mir und meinen Gefühlen zu sein?
- Kann ich freundlich mit mir selbst sprechen, so wie ich es meinen Klienten vermittle?

Durch die professionelle Reaktion erhält der Betroffene manchmal erstmals eine Vorstellung davon, wie ein freundlicher Selbstdialog überhaupt aussehen könnte. Daher ist es wichtig, Klienten, die zur Selbstfreundlichkeit kaum in der Lage sind, solche Anregungen zu geben. Neben der Vermittlung der freundlichen Haltung braucht es oft auch eine Hilfestellung beim Umgang mit Selbstverurteilungen. Die Fachperson sollte sich klar gegen solche Selbstverurteilungen positionieren und diese nicht einfach geschehen lassen. Sie könnte beispielsweise sagen »Es ist nicht fair, dass Ihr innerer Kritiker Sie so verurteilt« oder »Es stimmt nicht, dass Sie etwas verkehrt gemacht haben«.

Beispiel aus der Psychotherapie

Meine Klientin kommt in einem leicht depressiven Zustand in die Psychotherapie und erzählt, dass ihr Hund vor einigen Wochen verstorben sei. Er habe sie elf Jahre begleitet und sei zwischenzeitig das wichtigste Wesen in ihrem Leben gewesen. Nun aber verstehe sie sich selbst nicht und denke schon, mit ihr stimme etwas nicht. Sie trauere schon seit Wochen um ihren Hund, dabei sei es doch nur ein Tier gewesen. Sie habe selbst beim Tod ihrer Mutter vor einigen Jahren nicht so getrauert, und dies zeige doch, dass das nicht ganz normal sei.

Ich sage ihr, wie leidvoll ich es finde, den so geliebten Hund zu verlieren, und dass ihre wochenlange Trauer absolut nachvollziehbar ist. Als ich ihr sage: »Das ist schrecklich, was Sie da gerade erleben. Es ist so traurig, dass Ihr Hund nicht mehr lebt«, kommen meiner Klientin spontan die Tränen. Wir sitzen still beisammen. Irgendwann sage ich: »Der Schmerz darf so lange da sein, wie er will.« Meine Klientin schaut mich ganz verwundert an und fragt: »Meinen Sie das ernst?« Ich nicke und sie beginnt nochmals zu weinen. Irgendwann erkläre ich ihr, dass ich es ganz verständlich finde, dass sie über den Hund mehr trauert als über ihre verstorbene Mutter. Da diese weit entfernt lebte, war sie zu ihrem Todeszeitpunkt gar keine enge Bezugsperson für meine Klientin. Ich sage: »Sie haben auch Ihre Mutter geliebt, aber Ihr Hund fehlt Ihnen jetzt mehr!«

Selbstmitgefühlspause zum achtsamen Umgang mit Gefühlen

(abgewandelt nach Germer & Neff, 2021)

Die Selbstmitgefühlspause besteht aus einer freundlichen und mitfühlenden Kommunikation mit sich selbst in schwierigen Situationen und bei leidvollen Emotionen. Sie umfasst drei Sätze, die man sich selbst innerlich (oder auch laut) sagen kann und die vor allem dazu dienen, den eigenen Schmerz anzuerkennen und da sein zu lassen.

Wenn Sie sich also in einer der genannten Situationen befinden, dann sagen Sie sich selbst:

- »Dies ist ein schmerzlicher Augenblick.«
- »Schmerzhafte Erfahrungen gehören zum Leben dazu und dürfen da sein.«
- »Möge ich bereit sein, diese Empfindungen anzunehmen und mich ihnen mit Wohlwollen und Freundlichkeit zuzuwenden.«

Sie können die Sätze natürlich individuell anpassen, wobei die Wortwahl durchaus bedeutsam ist. Vor allem die Formulierung »Möge ich …« drückt eine innere Hingabe aus, die nichts erwartet, sondern lediglich erwünscht oder erhofft. Formulierungen wie »Ich werde …« oder »Ich bin …« sind hier nicht geeignet. Sie würden einen inneren Druck kreieren und eventuell eine Bereitschaft suggerieren, die nicht vorhanden ist. Dadurch entsteht dann ein innerer Konflikt.

Weitere Sätze des Selbsttrostes und der Selbstermutigung können etwa die folgenden sein:

- »Das ist gerade verdammt schmerzhaft.«
- »Ich würde mir so wünschen, wenn das bald zu Ende ist.«

- »Ich kann mich dem Gefühl stellen, es kann gar nichts Schlimmes passieren.«
- »Jedes Gefühl, das ich habe, kommt und geht auch wieder.«
- »Ich kann die Angst fühlen und muss ihr gar nicht gehorchen.«

Bei den meisten Gefühlen, die uns begegnen, handelt es sich um Gefühle, die in der auftretenden Situation stimmig sind. Ihnen sollte unsere Selbstfreundlichkeit gelten. Viele der uns besonders belastenden Gefühle sind aber eher biografisch verursachte Gefühle, nämlich die schon beschriebenen »Zeitreisegefühle« oder primäre maladaptive Emotionen. Bei diesen ist Selbstmitgefühl ebenso wichtig und heilsam, es gibt aber einige Besonderheiten und auch Fallen, die wir berücksichtigen sollten.

Im letzten Kapitel haben wir gesehen, dass sich biografisch verursachte Gefühle immer gleich anfühlen, solange sie nicht auf einer tieferen Ebene verändert werden. Sie gehen dabei oft mit Gefühlen von Ohnmacht, Verzweiflung oder Minderwertigkeitserleben einher, sind also sehr aversiv. Daher reicht es nicht aus, sich für das Gefühl zu öffnen und es zu fühlen. Wir sollten stattdessen dafür sorgen, dass wir nicht zu oft in diese Gefühle geraten, und brauchen eine Strategie, um in ihnen nicht zu versinken.

Eine tiefere Veränderung geschieht vor allem dann, wenn es uns gelingt, an den Ursprung des jeweiligen Gefühls zurückzukehren und dort eine Veränderung zu bewirken. Hat jemand beispielsweise Verletzungen und Kränkungen in der Kindergartenzeit erfahren, so bedarf es der inneren Rückkehr in diese Zeit. Das Gefühl kann sozusagen nur an seinem Ursprung wirklich geheilt werden. Dazu sind verschiedene imaginative Techniken hilfreich, mit denen wir uns gleich noch befassen werden.

Drei Grundprinzipien für die Arbeit mit biografischen Gefühlen

- Das reine Durchfühlen biografischer Gefühle verändert das Gefühl nicht.
- Das Gefühl kann nur an seinem Ursprung geheilt werden, also in der Zeit, in der es entstanden ist.
- Dazu bedarf es einer neuen emotionalen Erfahrung.

Während das schon dargestellte WAS-Modell bei primären adaptiven Emotionen besonders hilfreich ist, können wir bei biografischen Gefühlen ein anderes Modell nutzen, das unter anderem auf die amerikanische Meditationslehrerin Tara Brach zurückgeht und als RAIN-Modell (Brach, 2020) bezeichnet wird.

RAIN steht dabei für:

Recognize (Wahrnehmen, Erkennen)

Accept (Annehmen)

Investigate (Erkunden, Erforschen)

Nourish (liebevoller Umgang damit)

Beispiel zum RAIN-Modell

Stefanie hat sich gerade mit ihrem Partner gestritten, der das kommende Wochenende gern allein auf einem Ausflug verbringen wollte. Sie ist ganz aufgelöst, unruhig und versteht selbst gar nicht, warum sie so heftig reagiert hat. Als sie ihr Gefühl wahrnimmt, stellt sie fest, dass sie nicht nur ärgerlich ist, sondern vor allem traurig und sich richtig verlassen fühlt (Recognize).

Aber eigentlich will sie gar nicht traurig sein, und sie verurteilt sich auch dafür, dass sie vorhin laut geworden ist und einen Streit angezettelt hat. Erst langsam gelingt es ihr, die Traurigkeit da sein zu lassen. Das Erkennen der eigenen Selbstverurteilung hilft ihr, damit aufzuhören (Accept).

Als sie genauer erkundet (Investigate), was da eigentlich los ist, stellt sie fest, dass sie dieses Gefühl sehr gut kennt. Sie fühlt sich von allen und jedem verlassen, nur weil ihr Partner für ein Wochenende weg ist! Und sie empfindet sich gar nicht mehr als erwachsene Frau, sondern eigentlich schon fast wie ein kleines Kind. Fast wie das kleine 4-jährige Mädchen, das sie war, als ihr Vater sich von ihrer Mutter trennte und nach Kanada auswanderte, wo seine neue Partnerin lebte. Stefanie sah ihren Vater danach alle 2–3 Jahre, denn er hatte nicht viel Geld, um sie regelmäßig zu besuchen. Die Geschenkpakete, die jeweils zum Geburtstag und zu Weihnachten kamen, hat Stefanie gehasst, denn sie erinnerten sie immer wieder daran, dass ihr Vater nicht da war und sie ihn sehr lange nicht sehen würde.

Als diese Erinnerungen jetzt auftauchen, kommen Stefanie sogar ein paar Tränen. Sie ist traurig und kann dem Kind von damals sagen: »Das war richtig schlimm für dich, dass der Papa nie da war und du ihn fast nie gesehen hast.« Als sie sich das sagt, wird es irgendwie ruhiger in ihr (Nourish).

Es geht bei diesem Modell also nicht nur darum, den Empfindungen Raum zu geben, sondern ihren Ursprung besser zu verstehen, damit die Heilung gerade dort ansetzen kann. Die Punkte »Erforschen« und »liebevoller Umgang« sind zwingend notwendig, um auf eine gute Art mit diesen Zeitreisegefühlen umgehen zu können. Wenn es sich um ein solches Gefühl handelt, so gilt das Selbstmitgefühl vor allem dem früheren Ich, also dem Kind oder jüngeren Ich von damals, das belastende Erfahrungen gemacht hat. Die Zeitreisegefühle sind entstanden, weil zentrale Bedürfnisse unerfüllt geblieben sind, intensive Emotionen nicht gut verarbeitet werden konnten oder schwerwiegende Verletzungen den Selbstwert und die Integrität des Kindes verletzt haben. Daher bedarf es einer neuen heilsamen Erfahrung in der damaligen Situation.

Wie geschieht die Veränderung von Zeitreisegefühlen?

Veränderung wird dann möglich, wenn die unerfüllten Bedürfnisse, der Schmerz von damals, die Einsamkeit des Kindes etc. gesehen und gewürdigt werden …

… und wenn das Kind von damals etwas von dem bekommt, was es damals gebraucht hätte, wie Verständnis, Mitgefühl, Zuhören, Dabeisein etc.

… und wenn der Mensch von heute sich von diesen Empfindungen berühren lässt.

Doch wie kann das eigentlich gelingen? Die Zeit ist ja längst vorbei, womöglich handelt es sich um Ereignisse und Erfahrungen, die Jahrzehnte zurückliegen. Hier haben sich vor allem psychotherapeutische Methoden als hilfreich erwiesen, die mit Imaginationen arbeiten, also mit Vorstellungsbildern des früheren Ichs oder kleinen Kindes. Die hier beschriebene Methodik wird meistens als Arbeit mit dem inneren Kind (Stahl, 2015) oder auch als imaginatives Überschreiben (Seebauer & Jacob, 2021) bezeichnet und gehört nach meiner Erfahrung zu den wirkungsvollsten Therapiemethoden überhaupt. Sie besteht aus mehreren

Schritten und ist Teil einer psychotherapeutischen Arbeit oder einer engagierten Selbsterfahrungsarbeit in einer Gruppe.

Dabei wird zunächst erforscht, wann bestimmte Verletzungen ihren Ursprung genommen haben (das wäre der dritte Schritt von RAIN). Anschließend würde die Therapeutin den Klienten unterstützen, in die frühere Situation zurückzukehren und entweder in die Haut des damaligen Kindes zu schlüpfen oder als Erwachsener von heute dem früheren Ich zu begegnen. Die heilsamen Erfahrungen würden in der Imagination dann entweder vermittelt, indem der Erwachsene von heute dem früheren Ich mit Mitgefühl, Wohlwollen und Liebe begegnet. Oder die hilfreiche Unterstützung würde durch die Therapeutin, eine andere Person oder ein anderes Wesen erfolgen, falls der Klient die Rolle des Kindes übernommen hat.

Solche Methoden sollte man nur anwenden, wenn man mit dieser Methodik vertraut ist und auch über eigene Selbsterfahrung verfügt. Man sollte außerdem um die Risiken wissen und Handwerkszeug haben, um damit professionell umgehen zu können. Im Zweifelsfall sollte man sich eher zurückhalten und jemanden an erfahrene Therapeuten verweisen. Dies gilt besonders bei traumaassoziierten Gefühlen und auch, wenn die Gefühle sehr stark sind oder ungünstige Bewältigungsstrategien eingesetzt werden, beispielsweise ein Suchtverhalten oder sehr starker Rückzug.

Leider wird in bestimmten Bereichen der Esoterik, der lösungsorientierten Behandlungsansätze, des positiven Denkens und teilweise auch in meditativen Ansätzen suggeriert, dass biografisch verursachte emotionale Schemata leicht veränderbar seien. Sie müssten nur als falsch erkannt werden und man müsse sich von den Inhalten desidentifizieren oder ihnen andere positive Glaubenssätze entgegensetzen, und schon würden die emotionalen Schemata verschwinden. Das ist allerdings ganz und gar nicht meine Erfahrung aus 25 Jahren psychotherapeutischer Tätigkeit! Und es deckt sich auch nicht mit den Erkenntnissen der Neurowissenschaft und der emotionsfokussierten Behandlungsansätze.

Solche Behauptungen festigen leider nur die sowieso schon vorhandenen Selbstverurteilungen und entfernen uns noch weiter von einem freundlichen Umgang mit uns selbst, denn die Schuld für die Nichtveränderung gibt der Betroffene in der Regel nicht der Methode, sondern sich selbst. Hilfreich ist nach meiner Erfahrung einzig der Weg der liebevollen Annahme. Das aber ist ein länger währender Prozess, in dem langsam alte Wunden heilen und neue emotionale Erfahrungen gemacht werden können.

Emotionsregulation: *Dem anderen helfen, von Gefühlen nicht überflutet zu werden*

Wir haben uns in den bisherigen Abschnitten dieses Kapitels vor allem damit beschäftigt, wie es gelingen kann, ein Gefühl überhaupt zu fühlen, freundlich mit sich und der emotionalen Empfindung umzugehen, es zu tragen und es von außen zu begleiten. Viele dieser Strategien sind von Achtsamkeit geprägt und zielen darauf ab, die jeweilige Empfindung da sein zu lassen. Doch damit das möglich wird und um uns einen Umgang auch mit sehr starken und belastenden Gefühlen zu ermöglichen, bedarf es auch der Fähigkeit, Gefühle zu regulieren.

Wenn wir nicht die Möglichkeit haben, das Auftreten des Gefühls, seine Intensität und seinen Ausdruck zu beeinflussen, führt dies zwangsläufig dazu, dass wir uns unseren Emotionen ausgeliefert fühlen. Es kommt zu innerem Stress und zu einem Erleben von Ohnmacht und Hilflosigkeit. Die Gefühle werden dann als extrem stark wahrgenommen, weil wir ihnen nichts entgegensetzen können, und es entwickelt sich eine Angst vor den eigenen Gefühlsaufwallungen.

Auch unsere Emotionstoleranz und die Bereitschaft zur achtsamen Wahrnehmung der Gefühle reduziert sich möglicherweise, denn nicht kontrollierbare Gefühle wirken zwangsläufig übermächtig und die Gefahr ist groß, dass wir als Reaktion darauf zu Emotionssuppressionsstrategien greifen, anstatt uns für das Gefühl zu öffnen. Diese Dynamik ist vergleichbar mit körperlichen Schmerzen, die wir entweder kontrollieren können oder auf die wir gar keinen Einfluss haben. Die Zahnschmerzen wirken ja allein schon dadurch erträglicher, dass man für morgen einen Termin beim Zahnarzt vereinbaren konnte.

Die achtsame Wahrnehmung von Gefühlen bedarf also der Regulationsfähigkeit. Denn andernfalls nimmt nicht nur unsere Emotionstoleranz ab, sondern wir reagieren auch mit ungünstigen Strategien auf unsere starken Gefühle. Dabei kann es sich um Suchtverhalten, Aggression und Gewalt bis hin zu Selbstverletzungen oder gar Suizidgedanken handeln.

Es gibt zudem Situationen, in denen es sehr wünschenswert ist, dass wir ein Gefühl nicht fühlen, sondern sehr rasch etwas tun, um es nicht weiter aufkommen zu lassen und herunterzuregulieren. Das gilt vor allem für Extrememotionen, bei denen immer die Gefahr besteht, dass der Organismus dem Gefühl nicht gewachsen ist und deshalb versucht, innerlich auszusteigen, was über die Dissoziation geschieht. Sobald also zu befürchten steht, dass jemand einem Gefühl letztlich nicht gewachsen ist, sollten sehr engagiert Regulationsstrategien vorgeschlagen oder angeleitet werden. Diese Problematik zeigt eindrücklich, dass der eigentlich sehr wünschenswerte Umgang mit einem Gefühl, nämlich die achtsame Hinwendung, in manchen Fällen nicht erstrebenswert ist.

Wir können uns diese Fähigkeit zur Emotionsregulation wie einen Wasserhahn in unserer Wohnung vorstellen. Der Wasserhahn ermöglicht es uns zu entscheiden, ob das Wasser nur tröpfchenweise aus der Leitung kommen soll, etwa wenn wir die Zahnbürste anfeuchten wollen, oder in einer mittleren Intensität, damit wir den Wasserkocher füllen können. Wir können aber auch entscheiden, dass sich das Wasser in einem vollen Strahl ergießt, um damit etwa einen Eimer zu füllen. Hätten wir anstelle des Wasserhahns nur ein Rohr mit einem Verschluss, so könnten wir lediglich entscheiden, ob es gar kein Wasser gibt oder das Wasser ungebremst aus dem Rohr schießt und womöglich die ganze Wohnung unter Wasser setzt. Ebenso wie wir den Wasserhahn in der Wohnung brauchen, so kommen wir auch ohne die Fähigkeit zur Regulation von Gefühlen nicht zurecht.

MERKE:

Bevor wir jemanden an seine Gefühle heranführen, sollten wir wissen, ob er oder sie auch in der Lage ist, die Gefühle zu regulieren. Daher gilt der Grundsatz: Regulieren vor Aktivieren!

Sind Achtsamkeit und Emotionsregulation ein Gegensatz?

Achtsamkeit bedeutet, präsent im gegenwärtigen Moment zu sein und das wahrzunehmen und anzunehmen, was ist. Deshalb sind Achtsamkeit und Emotionsregulation letztlich Gegensätze, denn Achtsamkeit versucht ja gerade nicht einzugreifen und etwas zu verändern, sondern dem, was ist, Raum zu geben. Sobald Strategien eingesetzt werden, um eine Emotion zu regulieren, findet keine eigentliche Achtsamkeit mehr statt.

Achtsamkeit und Achtsamkeitsmethoden lassen sich allerdings durchaus gezielt zur Emotionsregulation einsetzen. So wird beispielsweise im Rahmen der Dialektisch-Behavioralen Therapie (DBT) vor allem die 5-Sinne-Achtsamkeit genutzt, um Gefühle auf eine weder selbst- noch fremdschädigende Art und Weise herunterzuregulieren. Sich beispielsweise auf Geräusche oder andere Sinneseindrücke auszurichten, kann hilfreich sein, um einen Aufschaukelungsprozess eines intensiven Gefühls zu unterbinden oder Zeit zu gewinnen, damit das innere Alarmsystem sich langsam wieder herunterregulieren kann. Hier werden also Achtsamkeitsübungen funktional eingesetzt, um damit einen bestimmten Effekt zu erreichen.

Mit wirklicher Achtsamkeit hat das aber natürlich nichts zu tun, da man sich ja gerade nicht achtsam dem Gefühl gegenüber verhält, sondern die Wahrnehmung ganz gezielt auf einen anderen Wahrnehmungskanal ausrichtet, mit dem Ziel, sich von der gegenwärtigen vorherrschenden Wahrnehmung zu distanzieren.

Die meisten von uns angewendeten Regulationsstrategien laufen hochgradig automatisiert ab. Wir schalten den Fernseher ein oder holen das Tablet hervor, wenn wir uns etwas langweilen oder ein unangenehmes Gefühl haben. Jedes aufkommende Gefühl bewirkt sofort eine innere Reaktion. Im Laufe der Zeit entstehen dann innere Netzwerke, sodass das aufkommende Gefühl und unsere Reaktion darauf sozusagen zeitgleich stattfinden und sich ein fest verankertes Muster abspult.

Doch das hat leider einige negative Folgen. Vielfach wird dann nämlich das Gefühl gar nicht mehr empfunden, weil die Regulation so unmittelbar einsetzt, dass das Gefühl schon nicht mehr wahrnehmbar ist. Wir haben uns durch die Regulationsstrategie also vom Gefühl abgeschnitten. Außerdem sind viele der Regulationsstrategien leider ungünstig, entweder weil sie längerfristig für den Betroffenen negative Folgen haben oder weil sie schlicht unwirksam sind und wir damit nur unsere Energie vergeuden. Aus diesen Gründen ist es zum einen wünschenswert, bewusster wahrzunehmen, welche Emotionsregulationsstrategien wir einsetzen. Zum anderen brauchen wir Wissen darüber, welche Strategien welche Folgen haben, denn vielfach werden die negativen Folgen ungünstiger Strategien gar nicht wahrgenommen, sodass sie fleißig weiter eingesetzt werden.

Grob lassen sich zwei Gruppen von Emotionsregulationsstrategien unterscheiden: jene, um das Gefühl gar nicht erst entstehen zu lassen, und jene, um ein vorhandenes oder anflutendes Gefühl zu regulieren.

Wenn wir ein Gefühl komplett vermeiden, nehmen wir es zunächst bewusst oder unbewusst vorweg. Wir realisieren, dass in einer bestimmten Situation ein unerwünschtes Gefühl auftreten würde und vermeiden diese Situation. Wer sich für seine psychische Erkrankung schämt, wird möglicherweise soziale Begegnungen vermeiden, da Schamgefühle durch den Kontakt mit anderen Menschen ausgelöst werden könnten. Wem Einsamkeit und Verlassenheit unerträglich erscheinen, wird womöglich ständig soziale Kontakte suchen, um sich nicht einsam fühlen zu müssen.

Die zweite Gruppe von Strategien nimmt auf das schon vorhandene Gefühl Einfluss, beispielsweise wird eine Situation anders bewertet (»So schlimm ist das auch wieder nicht«), wodurch sich die emotionale Reaktion möglicherweise verändert.

Hilfreiche Emotionsregulationsstrategien

- Problemlösen: Alle Strategien, um eine Schwierigkeit zu verändern, die das Gefühl ausgelöst hat, sodass sich das Problem löst oder weniger wird.

  Beispiel: Angst vor einem Kollegen, von dem man viel kritisiert wird. Eine Problemlösestrategie wäre, mit dem Kollegen darüber zu sprechen, damit er sich anders verhält.

- Neubewertung: Die Situation gedanklich so zu verändern, dass sie weniger belastend ist und weniger unangenehme Gefühle auslöst.

  Beispiel: Eine Betroffene mit einer Krebserkrankung gibt sich die Schuld an der Erkrankung und glaubt zunächst, dass die Erkrankung

Folge von negativen Gedanken ist. Später gelingt es ihr, zu erkennen, dass ihre Krebserkrankung Schicksal ist und es jeden treffen kann.

- Situationsauswahl und -veränderung: Die Situation wird so beeinflusst, dass sie weniger belastende Gefühle auslöst.

  Beispiel: Eine Klientin mit einer depressiven Störung entscheidet sich, ihre Eltern nur noch ohne Übernachtung zu besuchen, um Konflikte und Enttäuschungen zu reduzieren.

- Aufmerksamkeitssteuerung: Die Aufmerksamkeit wird von dem Reiz, der die unangenehmen Gefühle verursacht, abgezogen und auf etwas anderes gerichtet.

  Beispiel: Ein Klient mit Impulskontrollstörung richtet seine Aufmerksamkeit auf den Atem oder eine bestimmte angenehme Körperempfindung. Hierzu würde auch die klassische 5-Sinne-Achtsamkeit gehören, die funktional genutzt wird, um die innere Aufmerksamkeit vom Fokus der Gefühle auf einen anderen Reiz zu lenken und das Gefühl so abzuschwächen.

Natürlich gibt es auch viele ungünstige Strategien im Umgang mit Gefühlen. Ob eine Strategie ungünstig ist, muss im Einzelfall geklärt und kann nicht an der konkreten Strategie festgemacht werden, sondern nur an ihren Folgen. So ist körperliche Bewegung sicherlich eine der besten Strategien, um Gefühle besser verarbeiten zu können, unter anderem weil emotionale Energie durch sie abgeführt werden kann. Exzessiver Sport kann aber natürlich auch eine ungünstige Emotionsregulationsstrategie sein, etwa wenn er fast zwanghaft praktiziert wird, um Gefühle darüber in den Griff zu bekommen, oder wenn körperliche Grenzen nicht geachtet werden.

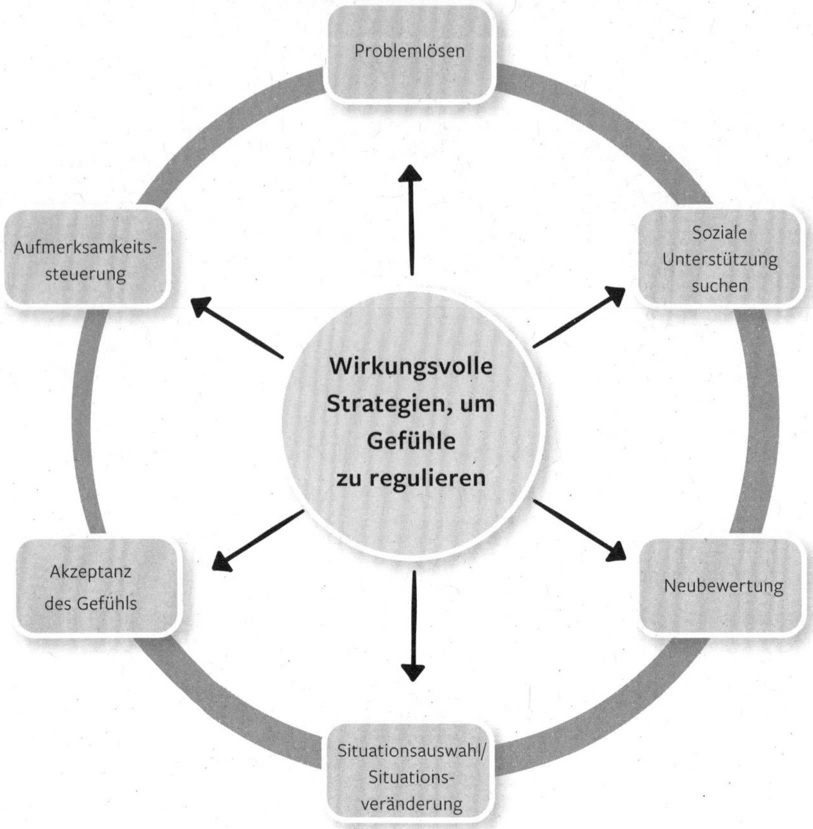

→ Günstige Regulationsstrategien

Auch ungünstige Strategien im Umgang mit Gefühlen bewirken zunächst, dass die Gefühlsintensität abnimmt, das gewünschte Ziel also erreicht wird. Beispielsweise versucht jemand durch viel Arbeit seine Trauer nach einer Verlusterfahrung nicht spüren zu müssen. Die Regulation führt aber dazu, dass das Gefühl nicht »durchfühlt« und verarbeitet werden kann. Außerdem kann es längerfristig negative Folgen geben, etwa wenn jemand durch ein Suchtverhalten versucht, ein Gefühl von Einsamkeit zu regulieren.

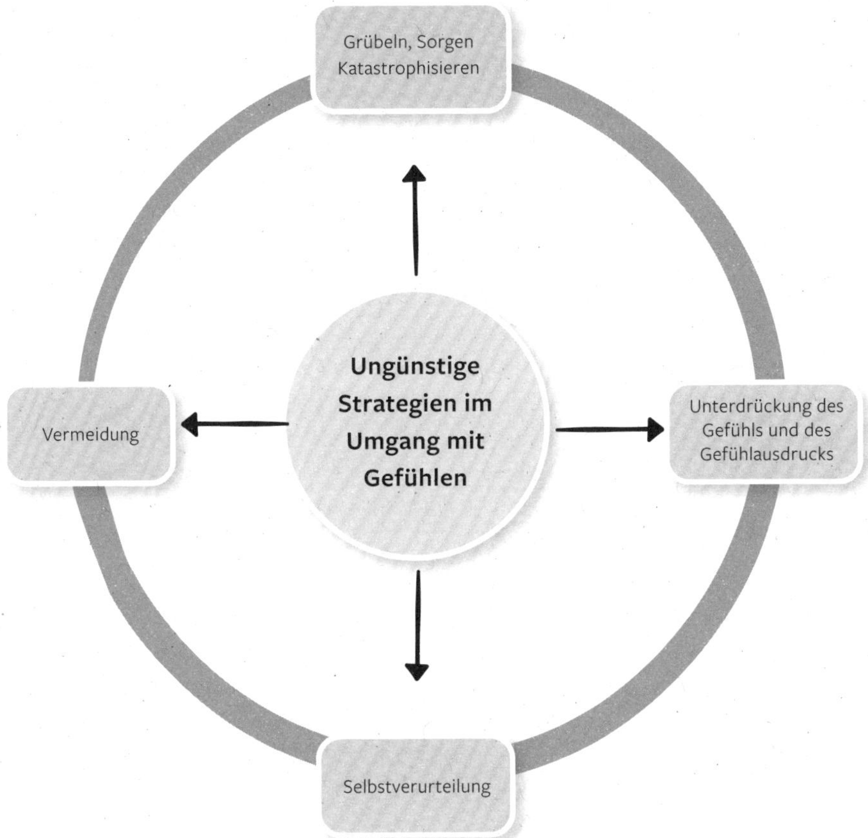

→ Ungünstige Regulationsstrategien

Typische ungünstige Regulationsstrategien sind beispielsweise Grübeln und sich Sorgen machen, also ein sich ständig wiederholendes Nachdenken über die mit der Emotion verbundene Situation (siehe Schaubild oben). Dies ist vielleicht die verbreitetste problematische Regulationsstrategie. Sehr oft vermeiden wir aber auch Situationen, die die ungewünschte Empfindung auslösen. Wer Angst vor sozialen Begegnungen hat, zieht sich zurück, wer Ärger nicht aushält, vermeidet jede Form von Konflikt und unterschiedlicher Meinung. Ungünstig ist zudem die Selbstverurteilung für bestimmte Gefühle (»Mit mir stimmt doch etwas nicht, wenn ich Angst habe«).

Grübeln macht krank

Grübeln, Sorgen und die sogenannten katastrophisierenden Gedanken sind sehr verbreitete ungünstige Strategien im Umgang mit Gefühlen. Gemeint ist, immer wieder über das immer Gleiche nachzudenken. Der Fachbegriff Rumination wird im englischen Sprachraum für das repetitive Nachdenken benutzt und ebenso für das Widerkäuen der Kühe.

Im Unterschied zu einem sinnvollen Reflexionsprozess verharrt das Grübeln in den immer gleichen Denkschleifen, ohne dass es zu einer Lösung oder teilweisen Problemlösung kommen würde. Während sich Grübeln vor allem mit vergangenen oder gegenwärtigen Ereignissen beschäftigt, sind Sorgen auf die Zukunft gerichtet. Es handelt sich aber ebenfalls um ein wiederholtes Nachdenken, in diesem Fall über zukünftige Ereignisse. Katastrophisieren meint, sich ungünstige Zukunftsentwicklungen vorzustellen und sich gedanklich mit ihnen zu beschäftigen.

Schon länger ist bekannt, dass Grübeln Depressionen begünstigt und sich ungünstig auf ihren Verlauf auswirkt. Es spricht aber einiges dafür, dass die Grübelneigungen auch andere psychische Erkrankungen wie Angststörungen oder Posttraumatische Belastungsstörungen begünstigen (Teismann & Ehring, 2019).

Grübeln wird im Rahmen von Achtsamkeitskonzepten meistens als Folge eines überaktivierten und unkontrollierten Geistes betrachtet, der durch Achtsamkeitsübungen oder Meditationen beruhigt werden soll. Doch Grübeln kann vielfach nicht allein durch die Beobachtung der Verstandesaktivitäten abgebaut werden, da es oft dazu dient, unsere Emotionen zu regulieren. Wir »flüchten« uns in gewisser Weise in den Verstand, um unsere

Gefühle nicht so intensiv fühlen zu müssen, oder wir suggerieren uns durch unser Grübeln ein Kontrollempfinden, um dem Erleben von Ohnmacht nicht so stark ausgesetzt zu sein. Das Grübeln wird dann also funktional eingesetzt und klingt natürlich erst dann ab, wenn wir auf eine hilfreichere Art mit unseren Gefühlen umgehen können und es lernen, sie besser zu tragen.

Beim Thema der Emotionsregulation geht es nicht nur darum, Gefühle regulieren zu lernen, sondern überhaupt zu verstehen, wodurch wir das tun. Denn nur dann können wir die *ungünstigen* Strategien bleiben lassen, wie auch die *unnötigen,* die wir uns angewöhnt haben, obwohl wir eigentlich zum Tragen des Gefühls in der Lage wären. Es geht hier also eigentlich um den Erwerb und das Nutzen hilfreicher Strategien in Situationen, in denen das nötig und sinnvoll ist, und das Beenden ungünstiger Strategien, wenn wir andere zur Verfügung hätten oder auch ohne zurechtkommen würden.

Nach meiner Erfahrung wird in der therapeutischen Arbeit der Auseinandersetzung gerade mit den ungünstigen Strategien oft zu wenig Raum gegeben. Geleitet vom eigentlich sinnvollen Gedanken, positiv an die Sache herangehen zu wollen und dem Klienten bessere Strategien zu vermitteln, wird sehr auf die hilfreichen Strategien im Umgang mit Gefühlen fokussiert. Da die alten Strategien aber hochgradig automatisiert und unbewusst sind, wird gerade in emotional herausfordernden Situationen dann doch wieder auf diese alt vertrauten Muster zurückgegriffen.

Daher ist es lohnenswert, die ungünstigen Strategien im Umgang mit Gefühlen genau zu erkunden. Die Fachperson muss dazu sehr differenziert erfragen, wie der Betroffene auf emotionale Situationen reagiert, sich die zeitliche Abfolge genau schildern lassen und mit dem Klienten erarbeiten, durch welche Reaktion die vorübergehende emotionale Entlastung eintritt. Auch bei Klienten mit hoher Selbstreflexionsfähigkeit darf nicht davon ausgegangen werden, dass ihnen diese ungünstigen Strategien bewusst sind.

Wenn wir jemanden unterstützen, sinnvolle Regulationsstrategien zu nutzen und auf ungünstige Strategien zu verzichten, gibt es zahlreiche Fragen, die uns auf diesem Weg hilfreich sein können:

- Welche hilfreichen Strategien nutzt mein Gegenüber?
- Welche hilfreichen Strategien könnte er zusätzlich nutzen?
- Welche hilfreichen Strategien wurden früher genutzt?
- Welche ungünstigen Strategien nutzt mein Gegenüber?
- Welche Folgen haben diese ungünstigen Strategien?
- Sind meinem Gegenüber diese Folgen bewusst?
- Gibt es ungünstige Strategien, die ihm oder ihr nicht bewusst sind, die mir aber auffallen?

Die Erarbeitung wirkungsvoller Strategien zum Umgang mit Gefühlen ist eine wichtige Handlungsstrategie von professioneller Seite. Sie benötigt viel Zeit, da neue Strategien nicht einfach übernommen werden, sondern viel Anregung, Begleitung, Ermutigung und Erinnerung bedürfen. Die beratende Person sollte dazu wissen, welche Umgangsstrategien mit Gefühlen ungünstig und welche eher hilfreich sind, außerdem bedarf es Handlungswissens darüber, wie Klienten dabei unterstützt werden können, wirkungsvolle Strategien zu entwickeln.

Je nachdem, in welchem Setting die Begleitung geschieht, werden natürlich verschiedene Schwerpunkte gesetzt. So wird es in einer erweiterten Achtsamkeitsgruppe wahrscheinlich sowohl um Psychoedukation wie auch um vertiefte achtsame Beobachtung und Wahrnehmung gehen.

In einer psychotherapeutischen oder beraterischen Arbeit würden möglicherweise veränderte Regulationsstrategien für individuelle Situationen besprochen und erprobt.

Intensive Gefühle: *Dem anderen helfen, mit intensiven und überflutenden Gefühlen umzugehen*

Die gerade beschriebenen Fähigkeiten zur Emotionsregulation sind natürlich besonders gefragt, wenn das Gefühl sehr intensiv ist. Dann geht es vielfach darum, es so zu regulieren, dass es sich nicht immer weiter aufschaukelt und irgendwann womöglich eine Intensität bekommt, die tatsächlich nicht mehr erträglich erscheint oder mit der Gefahr verbunden ist, dass der Betroffene zu ungünstigen Strategien greift.

Alle Gefühle können eine extreme Intensität entfalten, besonders häufig sind wir aber sicherlich mit Ärger/Wut/Hass, aber auch Angst/Panik und Verzweiflung konfrontiert. Starker Ärger und Wutgefühle können zu Störungen in der Impulskontrolle führen. Die Wut kann sich dann unkontrolliert entladen, es kann dabei zu schwerwiegenden Konflikten mit anderen Menschen kommen oder auch zu Gesetzeswidrigkeiten. Starke Verzweiflung kann Suizidgedanken und -versuche bewirken. Intensive Ängste können zu Panikreaktionen oder zu extremem Rückzugsverhalten führen.

Sehr starke Gefühle können einer aktuellen Situation geschuldet sein, etwa einer akuten Trauersituation oder starken Angstsituation, beispielsweise wenn bei einem geliebten Menschen oder einem selbst eine gefährliche Erkrankung diagnostiziert wurde. Das starke Gefühl ist hier also ein Zustand in einer aktuellen Situation, ein sogenannter »State«. Das Gefühl mag zwar sehr intensiv sein, es ist aber aufgrund der äußeren Situation angemessen, und viele Menschen würden mit ähnlich starken Gefühlen reagieren.

Daneben gibt es starke Emotionen als Persönlichkeitseigenschaft, einen sogenannten »Trait«. Der jeweilige Mensch wird schnell und/oder oft von starken Gefühlen überflutet, die Intensität oder Häufigkeit ist deutlich anders als bei den meisten Menschen. Starke Emotionen als Teil der Persönlichkeitsstruktur können verschiedene Ursachen wie eine genetische Komponente, frühe Lernerfahrungen und biografische Einflüsse haben. So wirkt sich das elterliche Modell sicher auf den Umgang des Kindes mit den eigenen Gefühlen aus. Vor allem Extremstress wie etwa Traumaerfahrungen beeinflussen den Emotionshaushalt tiefgreifend.

Besonders häufig ist dies bei bestimmten Krankheitsbildern zu beobachten, die oftmals mit biografischem Hochstress einhergehen, etwa bei Persönlichkeitsstörungen oder Posttraumatischen Belastungsstörungen (siehe das Kapitel zu traumaassoziierten Gefühlen). Ich habe in Kapitel 3 »Gefühle besser verstehen« schon die Borderline-Erkrankung als ein Beispiel für den Zusammenhang von Emotionsregulation und psychischer Erkrankung erwähnt.

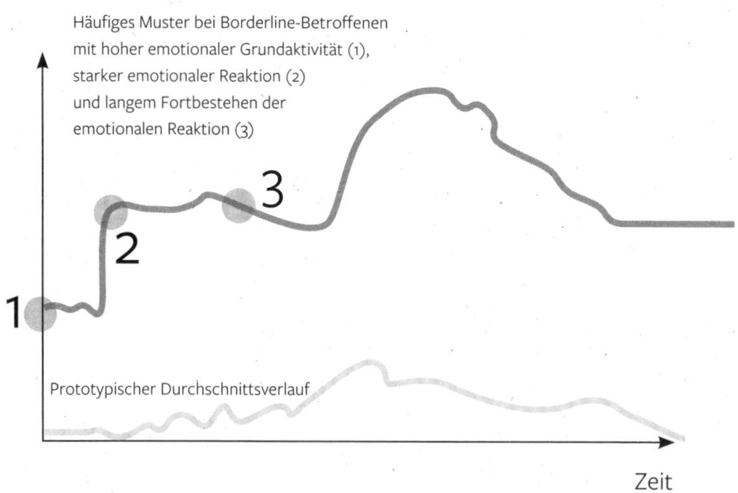

→ Beispielhafter Tagesverlauf der Emotionalität bei Borderline-Betroffenen

Bei Borderline-Betroffenen ist die emotionale Grundaktivierung schon sehr hoch, die Klienten leiden vielfach unter einem Hyperarousal (1). Ferner sind die Betroffenen schnell und stark auslenkbar (2). Selbst kleine Auslöser bewirken eine starke emotionale Reaktion. Diese ebbt dann nicht rasch wieder ab, sondern bleibt relativ lange bestehen, es kommt zu einer Art emotionalem Plateau (3). Dieses ist gefährlich, denn bei einem weiteren emotionalen Auslöser kommt die sich aufbauende zusätzliche Emotionalität zu der schon vorhandenen hohen emotionalen Aktivierung hinzu, sodass es zu einer sehr hohen emotionalen Aktivierung kommen kann, die hochgradig aversiv ist.

Zu überaus intensiven Gefühlen kann es auch durch verschiedene körperliche Grunderkrankungen kommen, etwa verursacht durch einen Hirntumor oder bei Chorea Huntington. In diesem Fall sollte natürlich die Primärerkrankung erkannt und behandelt und nicht nur auf der hier beschriebenen psychologischen Ebene angesetzt werden.

Selbsterforschung

Wenden Sie sich nun nach innen und erforschen Sie Situationen aus Ihrer eigenen Biografie, in denen Sie mit sehr intensiven Gefühlen reagiert haben.

- Welche Situation fällt Ihnen ein?
- Mit welchem Gefühl waren Sie konfrontiert?

Erkunden Sie nun, wie es Ihnen geht, wenn Menschen in ihrem Umfeld starke Gefühle zeigen.

- Welche konkrete Situation fällt Ihnen ein?
- Können Sie mit intensiven Gefühlen in Ihrem Umfeld gut umgehen?
- Wie reagieren Sie auf starke Gefühle in Ihrer Umgebung?

Wenn Gefühle sehr intensiv sind, können wir sie sogar als existenziell bedrohlich erleben oder als so aversiv, dass wir nichts anderes im Kopf haben, als sie unmittelbar beenden zu wollen. Wir möchten, dass das Gefühl verschwindet, koste es, was es wolle. In so einer Situation sind wir nur noch auf die Beendigung des Gefühls ausgerichtet und nicht mehr in der Lage abzuwägen, welche längerfristigen Folgen unser Handeln womöglich hätte.

Intensive Gefühle können aber meistens nicht durch einfache und unproblematische Methoden in kurzer Zeit herunterreguliert werden. Daher sind wir sogar bereit, Strategien anzuwenden, die uns oder unserem Umfeld Schaden zufügen können. Deshalb kommt es manchmal zu selbstschädigenden oder fremdschädigenden Verhaltensweisen, wie etwa massivem Alkohol- oder Drogenkonsum, Fressanfällen, Selbstverletzungen, unüberlegten Beziehungsabbrüchen oder sogar Gewalt. Außerdem kann es sein, dass der Organismus den intensiven Gefühlen nicht gewachsen ist und sich durch einen dissoziativen Zustand vor der Überflutung zu schützen versucht.

Starke Gefühle gehen zudem mit einer Hemmung des präfrontalen Cortex einher, worüber ich im Kapitel 3 schon berichtet habe. Dadurch wird es deutlich erschwert, auf günstige Strategien zurückzugreifen. Die Handlung zur Beendigung der Emotion erfolgt dann komplett im Autopilotenmodus. Daher sollten wir es uns auch abgewöhnen, in emotionalen Hochstresssituationen Appelle an den Klienten zu richten (»Jetzt beruhigen Sie sich erst mal«). Solche Hinweise können schlicht nicht kognitiv verarbeitet und deshalb auch nicht genutzt werden. Möglich ist es aber natürlich, dem Klienten eine konkrete Anweisung zu geben (»Stehen Sie mal auf und schütteln Sie Ihre Arme und Beine aus«). Die angeleitete Übung sollte dann zur gewünschten Beruhigung beitragen können.

Um zu entscheiden, wie man einen Menschen mit intensiven Gefühlen am besten unterstützen kann, sind verschiedene Fragen zu klären. Diese sind vor allem:

- Ist derjenige in der Lage, das intensive Gefühl allein zu tragen, oder benötigt er dafür Unterstützung?
- Gibt es ein Risiko für problematische Verhaltensweisen wie Aggression, übermäßigen Suchtmittelkonsum, selbstschädigende Verhaltensweisen?
- Handelt es sich um eine primäre adaptive Emotion, die gefühlt werden sollte? Oder sollte der Gefühlsprozess frühzeitig unterbunden werden, weil das Durchfühlen des Gefühls gar nicht wünschenswert ist?
- In welchem Setting arbeite ich mit der betroffenen Person? Was ist in diesem Setting möglich? Benötigt die betroffene Person ein anderes Setting oder eine andere Unterstützung?

Nun können wir verschiedene Varianten durchspielen. Handelt es sich um ein Gefühl, von dem es wünschenswert wäre, dass es gefühlt wird, und ist anzunehmen, dass der Betroffene es tragen kann? Dann besteht die Aufgabe von professioneller Seite darin, den Betroffenen zu ermutigen und zu unterstützen, sich für das Gefühl zu öffnen, selbst wenn es sehr intensiv ist. Die Hilfestellung bestünde dann beispielsweise darin, dass die Fachperson dabei ist und den Resonanzraum hält, damit der Gefühlsprozess sich entfalten kann.

Handelt es sich um ein sehr intensives Gefühl, das zu fühlen für den Betroffenen keinen hilfreichen Prozess darstellen würde, so geht es vor allem darum, wie die Gefühlsintensität möglichst schnell herunterreguliert werden kann. Dies kann erfolgen durch körperliche Prozesse, teils durch Ablenkung und Notfallskills, die ich gleich vorstellen werde. Immer wenn zu befürchten steht, dass jemand dem intensiven Gefühl nicht gewachsen ist und auf ungünstige Strategien zurückgreift, sollte es möglichst rasch zum Abklingen gebracht werden. Und derjenige sollte Strategien erlernen, die statt der problematischen Strategien genutzt werden können.

Abschließend möchte ich noch zwei Themen beleuchten, die nicht den Hauptfokus dieses Buches bilden, aber in therapeutischen Kontexten und bei destruktiven Emotionen eine wichtige Bedeutung haben, nämlich die sogenannten Notfallskills und die medikamentösen Einflussmöglichkeiten.

Notfallskills

Dies sind Techniken, die in emotionalen Hochstresssituationen dazu dienen, selbstschädigende oder andere ungünstige Verhaltensweisen zu vermeiden und eine starke und belastende Emotion möglichst schnell wieder herunterzuregulieren. Sie wurden vor allem im Rahmen der Dialektisch-Behavioralen Therapie (Bohus & Wolf, 2009) für Menschen mit Selbstverletzungsverhalten entwickelt, können aber auch von allen genutzt werden, bei denen die Gefahr von selbst- oder fremdschädigenden Verhaltensweisen besteht. Hilfreich können sie auch für Personen sein, die extreme Angst vor ihren Gefühlen haben und für die es eine deutliche Erleichterung darstellt, wenn ihnen eine Einflussmöglichkeit zur Verfügung steht.

Zahlreiche Untersuchungen zeigen, dass vor allem starke Sinnesreize als Notfallskills geeignet sind, da auf der körperlichen Ebene der starken Emotion begegnet wird. Die Emotion wird durch den starken Sinnesreiz teilweise herunterreguliert. Sinnesreize können natürlich auf allen Sinneskanälen erfolgen, beispielsweise:

- Geruch: Pfefferminzöl, Ammoniak
- Gehör: sehr laute Geräusche
- Geschmack: Chilischoten, Wasabi
- Haptik: Igelball, Cold-Packs, Wärmepflaster

Der Betroffene wird unterstützt, in Situationen überbordender Emotionen sich selbst einen starken Sinnesreiz zuzufügen. Neben einer Reduktion der emotionalen Aktivierung bewirkt dieser teilweise auch, dass eine kognitive Einflussnahme wieder leichter möglich wird und die im Kapitel 5 beschriebenen Dissoziationen beendet werden.

Andere Strategien versuchen vor allem, die Phase des emotionalen Hochstresses zu *überbrücken,* also die Zeit, in der das Gefühl besonders stark ist und kognitive Prozesse teilweise gehemmt sind. Strategien, die der Zeitüberbrückung dienen, müssen in der Lage sein, den Betroffenen dermaßen zu fordern, dass er keine jener Handlungen planen und ausführen kann, die selbst- oder fremdschädigend sind. Beispiele für solche Zeitüberbrückungstechniken wären etwa Jonglieren, Zahlenspiele, Stadt-Land-Fluss oder auch Computerspiele.

Gefühle und Psychopharmaka

Psychopharmaka und teils auch andere Medikamente können starken Einfluss auf unsere Gefühle nehmen. Beispielsweise können Medikamente wie Benzodiazepine oder Antidepressiva angstreduzierend, antiaggressiv oder stimmungsstabilisierend wirken. Außerdem können sich Medikamente sekundär auf unsere Gefühle und unseren Umgang damit auswirken, beispielsweise können Schlafmittel dazu führen, dass jemand wieder durchschläft und allein schon dadurch weniger stark mit belastenden Gefühlen konfrontiert ist.

Viele Medikamente regulieren Gefühle herunter oder wirken sogar emotionssuppressiv. Dies kann hilfreich sein für Klienten, die von Gefühlen überflutet werden und keine hinreichenden eigenen Regulationsfähigkeiten besitzen. Für sie können Medikamente eine Erleichterung sein, da sie sich den Gefühlen nicht mehr so ausgeliefert fühlen und die Angst vor der Angst und anderen Empfindungen nachlässt. Dadurch steigt das Selbstwirksamkeitsgefühl und Kontrollempfinden, gleichzeitig wird das Vermeidungsverhalten weniger. Typisches Beispiel wäre ein Notfallmedikament für Menschen mit Panikattacken. Es in der Handtasche bei sich zu tragen ist oft ausgesprochen wirkungsvoll, sogar wenn es gar nicht genutzt wird.

Den hilfreichen Wirkungen von Psychopharmaka auf das Gefühlserleben und die Emotionsregulation steht eine ganze Reihe problematischer Wirkungen gegenüber. Da sind zunächst einmal die offensichtlichen Nebenwirkungen von Medikamenten. Dazu gehört beispielsweise das hohe Abhängigkeitspotenzial von Benzodiazepinen oder das sehr heikle Profil der unerwünschten Wirkungen von Neuroleptika. Die problematischen Wirkungen sehe ich aber vor allem im Bereich des Umgangs mit den eigenen Gefühlen. Es ist für viele Menschen sehr verlockend, ein Medikament einzusetzen, um damit ein Gefühl, beispielsweise Angst, zu reduzieren, anstatt die Fähigkeit zu erlernen, Angst auszuhalten, oder wirkungsvolle eigene Regulationsstrategien zu erwerben.

Ist ein Medikament erst einmal eingeführt, weiß der Klient also um seine Wirkung, so wird es für ihn meistens deutlich schwieriger, seine sonstigen eigenen Handlungsmöglichkeiten zu nutzen. Der Klient bleibt durch die Einführung eines solchen Medikaments an ein geringeres Funktionsniveau gebunden, das Medikament erschwert also den Erwerb heilsamer Umgangsstrategien mit Gefühlen. Es ist schon öfter vorgekommen, dass ich es mir als Psychotherapeut gewünscht habe, ein bestimmtes Medikament sei bei einem meiner Klienten niemals verordnet worden. Problematische Wirkungen ergeben sich auch durch eine unangemessene Verordnungspraxis. Wenn einem trauernden Menschen beispielsweise frühzeitig ein Antidepressivum verordnet wird, kann dadurch der Trauerprozess behindert werden.

Insgesamt sollte die positive Wirkung von Medikamenten auf die Gefühlswelt von Klienten nicht überschätzt werden. Vor allem für die große Gruppe der überregulierten Klienten sind keine Medikamente vorhanden, die einen leichteren Zugang zur emotionalen Empfindungswelt ermöglichen würden.

Emotionale Resonanz und Koregulation: *Dem anderen helfen, durch unsere emotionale Resonanz besser mit seinen eigenen Gefühlen umzugehen*

Unsere Emotionen erscheinen uns zunächst als individuelles Erleben (»Ich habe ein Gefühl«, »mein Gefühl«), doch in Wirklichkeit sind sie soziale Phänomene – »mein« Gefühl ist sozusagen ohne die anderen und ohne die Gefühle der anderen gar nicht denkbar. Gefühle sind hochgradig ansteckend und nicht nur Empfindungen von Einzelpersonen, sondern letztlich von sozialen Gruppen. Das ist bei allen höher entwickelten Lebewesen so: Wenn ein Vogel eine Gefahr wahrgenommen hat und davonfliegt, steigen die anderen Vögel auch sofort auf. Beziehung und Begegnung sind daher die Grundlage für unsere professionelle Arbeit mit Gefühlen in beraterischen und helfenden Kontexten.

Grundlage solcher Phänomene sind verschiedene neuronale Netzwerke, die heute vielfach als Spiegelneuronen bezeichnet werden. Dabei handelt es sich um bestimmte Neuronen oder mentale Strukturen, die aktiviert werden, wenn ein Mensch eine Handlung oder eine Empfindung bei einer anderen Person beobachtet. Dieses neuronale Netzwerk ist identisch mit jenen, die aktiviert werden, wenn diese Handlung nicht nur beobachtet, sondern selbst ausgeführt würde.

Spiegelnervenzellen lassen uns fühlen, was andere empfinden, und intuitiv verstehen, was andere tun. Sie bilden nicht nur einen Teil der neuronalen Grundlagen der Empathie, sondern auch die neurobiologische Basis für die sogenannte emotionale Ansteckung oder unbewusst ausgelöste Imitationshandlungen. So zeigen Studien: Wenn wir zuschauen, wie ein Mensch seinen Arm in Eiswasser hält, reduziert sich auch in unserem die Körpertemperatur. Außerdem entsteht bei uns ein Mitgefühl für das Empfinden des anderen und es werden ähnliche Schmerzregionen im Gehirn aktiviert, die anspringen würden, wenn wir selbst dem Schmerzreiz ausgesetzt wären (Bauer, 2006).

Im therapeutischen Bereich wird in Bezug auf emotionale Prozesse im Beziehungskontext meistens von der sogenannten Übertragung und Gegenübertragung gesprochen, ein ausgesprochen verbreitetes und ursprünglich auf Sigmund Freud zurückgehendes Konzept. Gemeint ist damit, dass biografisch frühere Gefühle, Wünsche, Befürchtungen etc. auf eine neue soziale Beziehung übertragen und dort reaktiviert werden. Dies wird als Übertragung bezeichnet, während die emotionale Reaktion, die dann bei der Fachperson aufkommt, Gegenübertragung genannt wird.

Der Begriff Übertragung suggeriert dabei, dass eine Empfindung von einer Person auf die andere übertragen wird (Darstellung in Anlehnung an Staemmler, 2021). Beispielsweise wird angenommen, dass der Klient eine emotionale Empfindung, die er eigentlich dem Vater gegenüber hat, nun auf den Therapeuten überträgt. In der Folge fühlt sich dann der vom Vater vielfach kritisierte Klient auch vom Therapeuten kritisiert. In diesem Übertragungskonzept ist der Therapeut sozusagen »neutral«, ihm widerfährt die vom Klienten kommende Übertragung, auf die er dann mit Gegenübertragungsgefühlen reagiert, die ebenfalls vom Klienten bewirkt sein sollen.

Mir erscheint dieses Verständnis trotz seiner großen und meistens kritiklosen Verbreitung nicht stimmig. Hier wird ein eindeutiger Ursache-Wirkungs-Zusammenhang kreiert, wobei die Fachperson sozusagen das »Opfer« einer emotionalen Schwingung ist. Dieses Verständnis lässt sich nicht in Einklang bringen mit den wechselseitigen sich beeinflussenden Prozessen, die zwischen Menschen ablaufen. Deshalb bevorzuge ich den Begriff Resonanz, der meiner Meinung nach eher geeignet ist, diese immer vorhandene gegenseitige Beeinflussung zu beschreiben.

Wenn ein Musikinstrument in Schwingung gerät, beispielsweise eine Trommel geschlagen wird, kann ein anderes Musikinstrument, etwa ein Gong, ebenfalls in Schwingung geraten. Aber der Gong wird dabei keine Trommel, sondern er gerät als Gong in Schwingung. Eine Resonanz ist eben kein Echo, sondern das Aufnehmen und Weiterverarbeiten einer in diesem Fall emotionalen Energie. Die Empfindungen, die eine begleitende Person in einem professionellen Kontext hat, werden natürlich durch eine bestimmte emotionale Stimmungslage des Klienten mit beeinflusst, aber ebenso durch eigene Anteile, schon vorhandenes emotionales Empfinden, äußere Einflüsse etc. Die gleichen Prozesse laufen aber auch in umgekehrter Richtung ab. Die beratende Person kann durch ihre eigene emotionale Präsenz und ihre Haltung zu den eigenen und fremden Gefühlen Einfluss auf die emotionale Welt des Klienten nehmen.

Sehr hilfreich finde ich den Begriff des Resonanzraums, der wohl ursprünglich von dem Jenaer Soziologen Hartmut Rosa geprägt (Rosa, 2016) und später auch von therapeutischer Seite aufgegriffen wurde (Nissen & Sturm, 2018). Gemeint ist damit eine Begegnung (kein eigentlicher Raum) von Menschen, die so gestaltet ist, dass die emotionale Resonanz der begleitenden Person dem Gegenüber hilft, seine oder ihre

Gefühle vollumfänglich wahrzunehmen, alle Emotionen da sein zu lassen, den inneren Widerstand gegen sie zu beenden und sich nicht für sie zu verurteilen. Die Gefühle dürfen also wirklich da sein, und genau dadurch kann eine Veränderung eintreten. Der emotionale Resonanzraum ist also von Achtsamkeit und Mitgefühl geprägt. Ein hilfreicher Resonanzraum entsteht, wenn die Empfindungen des anderen wahrgenommen werden, da sein dürfen und die Haltung der begleitenden Person von Achtsamkeit gekennzeichnet ist, wenn sich beide in einer wirklichen Präsenz begegnen und es keine Absicht gibt, irgendetwas zu verändern. Dann darf da sein, was ist. Begriffe, die wir für die Qualitäten dieses emotionalen Raums verwenden könnten, wären beispielsweise: liebevoll, wohlwollend, erlaubend, geduldig, warm oder einladend.

Körperliche Resonanzphänomene

Unbewusste Resonanzphänomene lassen sich leicht beobachten: Wenn Sie im Gespräch mit jemandem sind, können Sie beispielsweise Ihre Körperhaltung ändern, etwa die Beine überschlagen oder sich vorbeugen. Sie können auch bestimmte Fingerbewegungen machen, etwa Ihre Nase berühren oder sich mit den Fingern durch die Haare fahren. Sehr oft wird der andere ähnliche Körperbewegungen machen wie Sie.

Im professionellen Kontext nutze ich solche unbewussten Resonanzphänomene, um beispielsweise auf den Atemfluss meines Gegenübers oder seine Anspannungsmuster Einfluss zu nehmen. Wenn ich bemerke, dass mein Gegenüber sehr oberflächlich atmet, atme ich selbst etwas intensiver oder praktiziere einen gelösten Atem. So kann ich meinen Klienten dabei unterstützen, seinen Atem auch freier fließen zu lassen.

Solche unbewussten Resonanzphänomene können auch mit sichtbarem Modellverhalten kombiniert werden. Wenn mein Gegenüber in körperliche Anspannungen gerät, kann ich ihm helfen, die Anspannung aufzulösen, indem ich dafür sorge, dass mein Körper möglichst entspannt bleibt, und dazu auch sichtbare Körperbewegungen mache, die der andere dann teilweise aufgreift, ohne dass viel darüber gesprochen werden müsste.

Was geschieht genau, wenn die Fachperson zu Resonanz in der Lage ist?

Die emotionale Resonanz bezieht sich immer zuerst auf die Selbstresonanz, also das achtsame Wahrnehmen der eigenen emotionalen Schwingungen. Nur wenn die begleitende Person in der Lage ist, ihre eigenen Gefühle überhaupt wahrzunehmen, und zwar vor allem auch jene leichter Ausprägung, wird sie von der Wahrnehmung der emotionalen Energien des anderen berührt. Ähnlich wie tiefes Mitgefühl des Selbstmitgefühls bedarf, so bedarf emotionale Resonanz der Selbstresonanz.

Dabei ist Bescheidenheit angesagt, denn wir sind bei ehrlicher Betrachtung nur in der Lage, einen begrenzten Teil unserer Empfindungen wahrzunehmen. Ähnlich wie die meisten Sinneswahrnehmungen gar nicht in unser Bewusstseinsfeld gelangen, sondern von unserem Gehirn nur intern verarbeitet werden, sind wir uns auch vieler emotionaler Schwingungen gar nicht bewusst.

Ich hoffe, Sie halten diesen Vergleich nicht für unangemessen, aber ich benutze hier gern die Analogie mit einem Computer: Auf dem Bildschirm wird natürlich nur ein winziger Teil der Operationen des Computers sichtbar. Das meiste, was der Computer »macht«, behält er für sich, weil all die Hintergrundinformationen für uns gar nicht hilfreich wären. Nur was er für wichtig hält, wird auf dem Bildschirm angezeigt.

Auch unsere emotionalen Prozesse dringen in unserem Alltag nur ganz selektiv in unser Bewusstseinsfeld. Doch für das, was uns zugänglich wäre, sollten wir auch tatsächlich offen sein. Oft ist es aber leider so, dass wir noch nicht einmal auf den »Bildschirm« schauen, sondern die Augen geschlossen halten oder unseren Blick abwenden. Denn das, was an Wahrnehmung der emotionalen Empfindungen möglich ist, ist deutlich mehr, als wir im Alltag praktizieren.

Und hier setzt nun der Unterschied zwischen Alltagsempfinden und professioneller Wahrnehmungsfähigkeit ein. Während wir in unserem Alltagsleben emotionale Schwingungen zumeist nur dann mitbekommen, wenn sie eine recht hohe Intensität haben, sollten wir in einem professionellen Kontext feinfühliger werden, und zwar sowohl bei uns selbst wie auch bei unserem Gegenüber.

Beispiel

Schon als ich meiner Klientin die Tür öffne und sie begrüße, habe ich den Eindruck, dass irgendetwas anders ist als sonst. Sieht sie ungewohnt aus oder ist ihre Körperhaltung verändert? Ich weiß es nicht genau. Vielleicht hat sie mich nicht ganz so freundlich begrüßt wie sonst oder ist meinem Blickkontakt schneller ausgewichen? Als wir dann das Gespräch beginnen, ist alles wie immer, und ich überlege, ob meine anfängliche Irritation mehr mit mir als mit ihr zu tun hatte. Sie schildert, dass sie ein konkretes Thema habe, das sie gern mit mir besprechen möchte, und beginnt von einer Situation mit ihrer Schwester zu berichten.

Doch schon nach wenigen Sätzen schweife ich ab und werde sogar ein bisschen müde. Bin ich nicht ausgeschlafen? In den vorhergehenden beiden Gesprächen hatte ich diese Müdigkeit nicht. Doch dann merke ich, dass ich nicht nur müde, sondern auch traurig werde. Seltsam, denn so habe ich mich in den letzten Tagen nun wirklich nicht gefühlt.

Schließlich entscheide ich mich, meine Empfindungen anzusprechen. Ich schildere meine Müdigkeit und Traurigkeit, und als ich das Wort Traurigkeit ausspreche, sehe ich schon einen feuchten Film auf den Augen meiner Klientin. Und so frage ich: »Was ist denn los?« Nach einem kurzen Schweigen erzählt sie mir, dass etwas für sie Schlimmes passiert sei. Ihr Mann werde für seine Firma für einige Jahre nach Skandinavien gehen und sie werde ihn wohl begleiten. Das sei noch nicht ganz spruchreif, deshalb habe sie es nicht angesprochen. Aber für sie sei die Vorstellung ganz fürchterlich, so weit weg von ihrer Familie und ihrem Wohnort leben zu müssen.

Wir alle kennen wohl ähnliche Situationen wie die hier beschriebene. Wir nehmen eine ganz feine Irritation wahr, eine Veränderung im üblichen Kontaktverhalten, einen etwas reduzierten Blickkontakt oder was auch immer. Doch für gewöhnlich beschäftigen wir uns damit nicht und schenken ihr keine Beachtung. Der Bildschirm wäre also da, wir schauen nur nicht hin!

Emotionale Resonanz hilft uns also, die Empfindungen des anderen besser wahrzunehmen. Doch nicht nur das. Wir erschaffen auch den schon beschriebenen emotionalen Resonanzraum, in dem sich dann die Gefühle des anderen leichter entfalten können. Ganz zentral für die emotionale Öffnung des Gegenübers ist die eigene Emotionstoleranz der begleitenden Person. Wenn man selbst keine Angst vor den eigenen Gefühlen und denen des Gegenübers hat und es gelingt, eine durchgehende Haltung der Offenheit, Nicht-Bewertung und Toleranz den Emotionen gegenüber einzunehmen, dann ist die Grundlage geschaffen dafür, dass der andere sich traut, sich mit seinen Gefühlen zu zeigen. Emotionstoleranz ist sozusagen ansteckend. Wir können durch die Kultivierung unserer eigenen Emotionstoleranz jene unserer Klienten fördern, zumindest gilt das für die Begegnungssituationen mit uns. Ein

Gefühl, das da sein darf und seinen Raum bekommt, kann sich dann in der Folge auch verändern.

Offenheit für alle Gefühle und Emotionstoleranz kreieren ein wünschenswertes emotionales Klima. Dies zeigt sich dann in einer Dyade zwischen begleiteter und begleitender Person, kann aber natürlich ebenso in Gruppen, Teams und Institutionen entstehen und sich entfalten, beispielsweise in einem Kurs oder einer Klinik. Je akuter psychische oder körperliche Krisen sind, je weniger explizit am Thema Emotionen gearbeitet werden kann, umso wichtiger wird die Atmosphäre in einer Gruppe oder einer Einrichtung. Ein akut psychotischer Patient, der in Todesangst gefangen ist, braucht eine Umgebung, die ihm Sicherheit vermittelt. Auch wenn er zu einem Gespräch über seine Ängste nicht mehr in der Lage ist, so ist es vielfach doch weiterhin möglich, ihn durch die Atmosphäre in der Einrichtung und durch die Beziehungsgestaltung zu erreichen.

Eine solche Atmosphäre zeigt sich natürlich nicht nur in der Begegnung mit dem Klienten, sondern auch im Kontakt zwischen Mitarbeitenden oder, falls vorhanden, zu den Vorgesetzten. In Institutionen sollte reflektiert werden, wie sich die emotionale Atmosphäre im Team und zwischen den Hierarchiestufen anfühlt. Diese dient dem Klienten, wirkt sich aber natürlich auch hilfreich auf alle anderen aus. Nicht selten kommt es aber leider vor, dass die emotionale Atmosphäre in einer Institution nicht heilsam ist. Herrscht beispielsweise eine angstorientierte Atmosphäre unter den Mitarbeitenden oder zwischen Leitungsebene und Mitarbeitenden, so werden zwangsläufig auch Klientinnen und Klienten davon berührt.

Selbsterforschung für Mitarbeitende in Institutionen

Diese Übung beschäftigt sich mit der emotionalen Atmosphäre von Institutionen. Bitte fragen Sie sich hierzu:

- Wenn ich selbst Klient/Klientin meiner eigenen Einrichtung wäre, wie würde ich die emotionale Atmosphäre in der Institution erleben?
- Würde ich mich emotional öffnen können oder wäre ich eher zurückhaltend?
- Ist die Atmosphäre von Akzeptanz und Emotionstoleranz geprägt?

Wo emotionale Resonanz stattfindet, ist auch Koregulation möglich, also das gemeinsame Beeinflussen von Gefühlen, im professionellen Kontext vor allem die Einflussnahme der begleitenden Person auf die Gefühle des Klienten oder der Klientin, aber auch auf ganze Gruppen. Koregulation findet immer statt, wenn sich Menschen begegnen und über ihre Empfindungen austauschen.

Daher gibt es natürlich auch die Koregulation vonseiten des Klienten auf die Gefühle der Fachperson. Der Volksmund sagt »Geteiltes Leid ist halbes Leid« und meint damit wohl, dass durch die emotionale Resonanz des anderen der eigene Schmerz abgemildert wird. Ich spreche manchmal davon, dass unsere Gefühle durch das Mitschwingen anderer »verdünnt« werden können.

Koregulation findet teilweise durch Worte statt, wenn wir etwa sagen: »Ich kann verstehen, wie schlimm das für dich ist.« Der größere Teil der Koregulation ist aber ein Prozess ohne Worte. Die begleitende Person nimmt all ihre Gefühlsregungen wahr und wehrt keine ab, auch nicht jene, die wohl vom Gegenüber kommen und sie berühren. Koregulation ist zudem ein sehr körperlicher Prozess, er zeigt sich durch unseren Gesichtsausdruck, unseren Blick, vielleicht auch eine Berührung.

Die hier beschriebenen Möglichkeiten, durch unsere eigene emotionale Resonanz Einfluss auf unser Gegenüber zu nehmen, eignen sich natürlich besonders bei Klienten, mit denen wir nicht explizit am Thema Gefühle arbeiten können, etwa weil die Reflexionsfähigkeit oder die Bereitschaft dafür nicht vorhanden sind. Dies gilt beispielsweise in der Arbeit mit kleinen Kindern oder bei Klienten mit demenziellen Prozessen oder Intelligenzeinschränkungen.

Unsere eigene emotionale Resonanz hängt natürlich sehr von unserem Befinden ab wie auch vom Grad der inneren und äußeren Achtsamkeit, zu der wir gerade in der Lage sind. Sind wir stark von einem eigenen Gefühl berührt, so wird uns das Einschwingen oder Mitschwingen weniger gut gelingen, ähnlich wie ein Gong, der bereits schwingt, bevor er von der Schwingung der Trommel berührt wird. Daher ist es so wichtig, dass Fachpersonen sich mit ihren eigenen Gefühlen beschäftigen und dafür Sorge tragen, dass sie dem Klienten möglichst »leer« und offen begegnen!

Es gibt aber auch Gefühle unserer Klienten, von denen wir uns nich*t* berühren lassen sollten. Dies betrifft vor allem die instrumentellen, die sekundären und die primären maladaptiven Gefühle. Bei instrumentellen Gefühlen bedarf es einer emotionalen Abgrenzung, da ansonsten diese noch verstärkt werden können. Eine emotionale Abgrenzung ist ebenso bei sekundären Emotionen wünschenswert. Da es sich nicht um das ursprüngliche Gefühl handelt, sollte die Fachperson diese Dynamik erkennen, um sich so vom Gefühl des Klienten besser distanzieren zu können. Auch bei traumaassoziierten und Zeitreisegefühlen sollte sich die helfende Person vor einer zu intensiven emotionalen Resonanz schützen, da dem Klienten damit nicht gedient ist.

Es gibt zahlreiche Gründe, warum die Fachperson generell oder momentan nicht zur Resonanz in der Lage ist. So kann sie selbst gerade in einer emotional belastenden Situation sein oder das Thema des Klienten löst bei der Fachperson Gefühle aus, die sie selbst nicht tragen kann, sodass sie sich deshalb innerlich vor der emotionalen Resonanz schützt.

Wenn die Beziehung zum Klienten aktuell schwierig ist oder es zwischen Klient und unterstützender Person generell keine »Passung« gibt, kann es sein, dass keine emotionale Resonanz möglich ist. Es ist sogar möglich, dass die Fachperson generell nicht zur emotionalen Resonanz in der Lage ist, etwa weil sie eine eher alexithyme Persönlichkeitsstruktur hat oder stark überreguliert ist. In diesem Fall wäre sehr ernsthaft zu prüfen, ob man wirklich in einer sozialen Tätigkeit arbeiten sollte, in der Gefühle eine bedeutsame Rolle spielen.

Selbsterforschung

Gehen Sie nun einen Augenblick in sich und fragen Sie sich:

- Fällt mir persönlich eher die emotionale Abgrenzung oder die emotionale Resonanz leicht?
- Bin ich im Berufsalltag ausreichend abgegrenzt?
- Bin ich bereit, mich genügend berühren zu lassen?

Externe Emotionsregulation

Einen Sonderfall der Koregulation möchte ich hier noch kurz erwähnen, nämlich die externe Emotionsregulation. Damit ist gemeint, dass *wir* die Gefühle des anderen regulieren, etwa indem wir ihn beruhigen, trösten oder aus einer Situation herausnehmen, die starke Emotionen aktiviert. Dies sollten wir nur dann tun, wenn unser Gegenüber seine Gefühle gar nicht oder kaum allein regulieren kann, davon ungünstig überflutet wird oder sein Verhalten womöglich negative Folgen für ihn oder seine Umgebung hat.

Angebracht ist die externe Emotionsregulation vielfach in der Arbeit mit sehr kleinen Kindern, Menschen mit Intelligenzminderung oder bei Klienten mit demenziellen Prozessen. Auch Menschen in akuten Krisensituationen sind manchmal auf die externe Emotionsregulation angewiesen. Dies kann eine schwere psychische Krise sein, etwa eine Panikattacke, eine psychotische Krise oder ein emotionaler Flashback als Traumafolgereaktion. Es kann aber auch Folge einer Situation sein, die heftigste überflutende Gefühle auslöst, beispielsweise wenn jemand die Nachricht von einem Todesfall erhält.

In solchen Situationen ist es wichtig zu erkennen, dass das Gegenüber Hilfestellung beim Regulieren der eigenen Gefühle braucht. Diese sollte dann sehr bestimmt und klar erfolgen, beispielsweise indem unser Gegenüber eine Anweisung erhält, wie er oder sie sich verhalten soll.

Beispiel

Während eines Gesprächs entwickelt sich bei der Klientin eine sehr intensive Angst, die mit starkem Schwitzen und deutlich beschleunigtem Herzschlag einhergeht. Ihr Atem geht immer schneller und die Klientin schildert, dass ihr übel wird. Sie wird zunehmend unruhig und zappelig, springt schließlich auf und sagt, sie müsse sofort nach Hause. Der Therapeut schildert sehr bestimmt, dass dies wahrscheinlich eine Panikattacke sei, die von allein wieder vorbeigehe und ungefährlich sei. Er steht ebenfalls auf und fordert die Klientin auf, im Raum zu bleiben und etwas umherzugehen. Als sie sich etwas beruhigt hat, setzt sie sich wieder hin, atmet aber immer noch sehr beschleunigt. Der Therapeut gibt ihr nun eine Anweisung für eine beruhigende Atmung und macht diesen Atemrhythmus selbst vor. Der Atem der Klientin wird langsamer. Schließlich wird sie insgesamt ruhiger und schildert, dass auch die Übelkeit nachgelassen habe.

Wie können Fachpersonen gut mit ihren eigenen Gefühlen umgehen?

Als professionell Tätige in einem beraterischen oder helfenden Kontext sind wir natürlich auf vielfältige Art und Weise mit unseren eigenen Gefühlen konfrontiert. Im vorherigen Abschnitt über emotionale Resonanz haben wir uns ja teilweise schon damit beschäftigt und werden dies nun vertiefen, allerdings mit dem Schwerpunkt auf unsere eigenen Gefühle in der Rolle der Beraterin, des Therapeuten oder der Trainerin.

Es geht in diesem Kapitel also nicht in erster Linie darum, wie wir für unsere Klienten hilfreich sein können, sondern wie wir mit unseren eigenen Gefühlen gut umgehen können. Gefühle, die der *Klient* »mitbringt« und von denen wir berührt werden, haben wir ja auf den vorherigen Seiten schon betrachtet. Hier geht es nun vor allem um zwei andere Gruppen von Gefühlen, nämlich:

- Gefühle, die aus der Begegnung und der gemeinsamen Arbeit mit der begleiteten Person hervorgehen. Das mag das Ohnmachtsgefühl sein in Anbetracht der Tatsache, dass es bei einer Klientin keine Veränderungen gibt, oder auch Ekel- oder Verliebtheitsgefühle einem Klienten gegenüber.

- Gefühle, die mit dem Klienten gar nichts zu tun haben, sondern die wir als begleitende Person mitbringen und in den Kontakt zur unterstützenden Person hineintragen. Das mag der Ärger nach einer familiären Konfliktsituation sein oder die eigene Melancholie, von der man selbst in der herbstlichen Jahreszeit berührt wird.

Wie können wir mit diesen Gefühlen so umgehen, dass sie unsere Arbeit nicht beeinträchtigen? Inwieweit dürfen oder sollten wir uns mit ihnen zeigen? Wie können diese Emotionen auch hilfreich für unsere Arbeit sein?

Beispiele aus der eigenen Praxis

Bei mir werden im Klientenkontakt verschiedenste Gefühle aktiviert. Ich kenne beispielsweise Ärger, etwa wenn ein Klient häufiger Termine absagt oder verspätet erscheint. Ich kenne ein Gefühl von Minderwertigkeit/Scham, wenn ich einer Klientin nicht wirklich helfen kann, ich kenne auch Angst, beispielsweise vor einer Unzufriedenheit des Klienten mit dem therapeutischen Prozess oder bei akuter oder latenter Suizidalität. Besonders heikel für mich ist Ekel, etwa in Bezug auf den Körpergeruch. Noch heikler ist Verachtung, beispielsweise wenn ich bestimmte Werte des Klienten nicht achten kann. Aber es tauchen auch angenehme Gefühle auf, etwa Mitfreude oder stellvertretende Freude, wenn dem Klienten etwas gelungen ist.

Selbsterforschung

Diese Übung dient der Erkundung schwieriger Emotionen im Kontext Ihrer beruflichen Tätigkeit. Bitte stellen Sie sich hierzu die folgenden Fragen:

- Welche Gefühle sind für Sie besonders schwierig in Ihrer professionellen Arbeit?
- Gibt es eigene Gefühle, für die Sie sich verurteilen, von denen Ihre Kollegen oder Klientinnen nichts erfahren sollten?
- Mit welcher für Sie belastenden Emotion sind Sie häufiger konfrontiert?
- Erkunden Sie auch Tabugefühle wie Angst, Ärger, Neid, Eifersucht, Hass, Missgunst oder Schadenfreude.

Durch die beraterische Arbeit und die Begegnung mit dem Klienten werden bei uns verschiedenste Gefühle aktiviert, mit manchen von ihnen können wir ganz gut umgehen, andere erleben wir als hochproblematisch, sie lösen Scham aus oder sind selbst im Gespräch unter Kollegen nur schwer ansprechbar. In einer Untersuchung wurden Psychotherapeuten (Gysling-Tappeiner, 2012) danach befragt, welche Gefühle sie als besonders unangenehm erleben. Ausgesprochen oft wurden von den Fachpersonen Ohnmachtsgefühle und Hoffnungslosigkeit angegeben, gefolgt von Angst, Schuld und Ärger.

Ohnmachtsempfinden ist ein generell unbeliebtes Gefühl, da Ohnmacht mit Unsicherheit und potenzieller Bedrohung assoziiert wird. Im professionellen Kontext kann Ohnmachtserleben besonders problematisch sein, da der Klient ja gerade kommt, weil er Hilfe sucht.

Ein besonders tabuisiertes Gefühl ist außerdem Angst. Bei ehrlicher Betrachtung müssen wir zugeben, dass wir durchaus Angst vor unseren Klienten haben können, etwa vor deren Reaktionen, vor emotionalen Angriffen, Abwertungen oder möglicherweise sogar vor körperlicher

Bedrohung. Die Furcht vor Suizidankündigungen, Suizidversuchen oder Selbstverletzungsverhalten ist im Bereich der psychiatrischen und psychotherapeutischen Arbeit ebenfalls eine verbreitete Angst. Es können aber auch »banalere« Ängste sein, etwa davor, dass der Klient mit der Unterstützung der begleitenden Person nicht zufrieden ist oder die Behandlung beendet und die Fachperson so mit einem Einkommensverlust konfrontiert.

Ebenfalls tabuisiert ist Ekel. Er bezieht sich vielfach auf körperliche Prozesse wie Körpergeruch oder Ausscheidungen, kann sich aber auch auf die ganze Person beziehen.

Schwierig für Fachpersonen kann auch Ärger sein. Dieser kann sich in einer milden Ausprägung als Genervtheit oder Gereiztheit dem Klienten gegenüber zeigen, kann aber auch sehr stark werden und dann die unterstützende Arbeit verhindern. Da viele Fachpersonen den Anspruch an sich selbst haben, immer verständnisvoll und empathisch zu sein, passen solche ablehnenden Empfindungen nicht zum Selbstkonzept. Gerade in Teilen der Achtsamkeitsszene und in spirituellen Kreisen werden bestimmte Gefühle oft negativ bewertet, beispielweise die Emotion Ärger. Man hat den Anspruch, dem Klienten in einer Haltung von Mitgefühl zu begegnen, da passt es nicht ins Bild, wenn man stinksauer auf ihn ist, keine Lust auf den nächsten Termin hat oder womöglich sogar Schadenfreude empfindet, wenn ihm etwas misslingt.

Über besonders tabuisierte Emotionen kann kaum gesprochen werden, dazu gehören etwa Neid, Eifersucht, Schadenfreude oder Missgunst. Auch eine erotische Anziehung oder ein sich Verlieben gilt vielfach als unprofessionell und kann daher nur schwer besprochen und bearbeitet werden.

Beispiel

Eine Klientin erzählt ihrer Therapeutin davon, dass sie eine Schwester habe, mit der sie sich sehr verbunden fühle. Diese Schwester unterstütze sie, ohne sich zu sehr in ihr Leben einzumischen. Sie hätten immer schon ein sehr freundschaftliches Verhältnis gehabt und sie fühle sich von ihr geliebt und angenommen. Die Therapeutin selbst hat ein sehr problematisches und distanziertes Verhältnis zu ihren Geschwistern. Sie nimmt wahr, wie traurig sie über ihre eigene Biografie wird, während sie der Klientin zuhört. Außerdem bemerkt sie, dass sie neidisch auf sie wird, sich innerlich abschottet und ihr gar nicht rückmelden kann, wie schön es ist, dass sie einen so guten Kontakt zu ihrer Schwester hat.

Professionelle Distanz und Emotionen

Die wohl häufigste Frage von Fachpersonen in Bezug auf den Umgang mit eigenen Gefühlen lautet: Wie viel von meinen Gefühlen darf und soll ich zeigen? Vor allem klassisch professionell Tätige, wie etwa Sozialpädagogen, Pflegekräfte oder Psychologinnen, die in ambulanten oder stationären Einrichtungen arbeiten, tun sich mit einem offenen Umgang mit ihren Gefühlen und einem Schildern von Persönlichem eher schwer. Zumeist haben wir in unseren Ausbildungen gelernt, wie wichtig die professionelle Distanz ist und dass man wenig oder nichts Persönliches von sich preisgeben soll. Doch dieses Konzept birgt gerade in Bezug auf den Umgang mit Gefühlen einige Risiken, und zwar für unsere Klienten wie auch für uns Helfende. Gefühle der Helfenden können schlechter verarbeitet werden, wenn sie weggedrückt werden, Klienten erhalten ein ungünstiges Modell, wenn sie von Fachpersonen lernen, dass Gefühle am besten nicht gezeigt werden sollten, und Fachpersonen wirken unnatürlich, wenn eigentlich angemessene Empfindungen vor dem Klienten verborgen werden.

Beispiel

Eine Mitarbeiterin erzählte, dass sie ihren alten, kranken Hund einschläfern lassen musste. Dies war für sie eine schreckliche Situation. Sie kam tieftraurig vom Tierarzt und ging anschließend direkt zum Arbeiten in die Tagesstätte. Dort wollte sie die Klienten nicht belasten und versuchte daher, sich nichts anmerken zu lassen. Ziemlich bald wurde sie jedoch von einer Borderline-Betroffenen darauf angesprochen, ob es ihr heute nicht gut gehe. Erst stritt sie das ab und behauptete, alles sei in Ordnung. Doch dann konnte sie ihre Tränen nicht länger verbergen und schilderte der Klientin, dass sie ihren Hund heute Morgen habe einschläfern lassen müssen. Die Klientin reagierte sehr angemessen und schilderte, dass sie sich das ganz schlimm vorstelle und sie den Schmerz der Mitarbeiterin sehr gut verstehen könne.

Dieses Beispiel zeigt gut, wie aus einem am Konzept der professionellen Distanz orientierten Umgangsstil Verhaltensweisen hervorgehen, die sowohl für uns Helfende als auch für die Klienten problematisch sind. Abhängig vom jeweiligen Klienten kann es sinnvoller sein, den eigenen Schmerz zu zeigen. Im Beispiel spürt die Klientin bereits, dass »etwas« ist, und erlebt die Mitarbeiterin als verändert. Hier ein Gefühl verstecken zu wollen, wirkt wie ein Geheimnis. Von der Offenheit eigenen Gefühlen gegenüber würde die Klientin letztlich auch profitieren. Sie erfährt, dass Schmerz zum Leben existenziell dazugehört und nicht nur sie als psychisch erkrankte Person mit leidvollen Gefühlen zurechtkommen muss, sondern Helfende genauso.

Im günstigen Fall könnte die Mitarbeiterin ein Modell für einen heilsamen Umgang mit Gefühlen sein, nämlich sich mit dem Gefühl nicht zu verstecken oder sich nicht dafür zu verurteilen, sondern offen und annehmend mit den eigenen Empfindungen verbunden zu bleiben.

Diese Chance jedoch wird vertan, wenn, wie im Beispiel, von den Mitarbeitenden abgestritten wird, überhaupt emotional berührt zu sein. Dadurch wird die Klientin möglicherweise in der Wahrnehmung ihrer ja richtigen Empfindung verunsichert und erlebt eine weitere Erfahrung von Invalidierung.

In den modernen integrativen Psychotherapiemethoden wurde das Konzept der professionellen Distanz weitestgehend aufgegeben und durch ein Konzept ersetzt, in dem es um eine angemessene Balance von Nähe und Distanz geht. Der Achtsamkeitsansatz betont das gemeinsame Menschsein, also eher die Ähnlichkeit menschlicher Empfindungen (beispielsweise die »verbindende Humanität« im Selbstmitgefühlskonzept oder das buddhistische Konzept von Dukkha). In den achtsamkeitsbasierten Therapiemethoden nehmen Klienten und Helfende gemeinsam an Achtsamkeitsübungen teil. In der Schematherapie wird von der »begrenzten Nachbeelterung« gesprochen, womit gemeint ist, zeitweise elternähnliche Fürsorgefunktionen für den Klienten zu übernehmen. Im sich zunehmend verbreitenden Cognitive Behavioral Analysis System of Psychotherapy (CBASP), einer Therapiemethode speziell für die Arbeit mit langjährig depressiven Klienten, wird das Mitteilen eigener Gefühle und die Bereitschaft, sich als Helfer persönlicher einzubringen, als »diszipliniertes persönliches Einlassen« (DPE) bezeichnet (Brakemeier et al., 2012). Auch in heutigen psychodynamischen Arbeitsweisen ist das alte Abstinenzgebot relativiert worden.

Natürlich geht es nicht darum, intimste Informationen von sich preiszugeben und ein freundschaftliches, Grenzen verwischendes Verhältnis zum Klienten zu pflegen. Fachperson und Klient begegnen sich in einem professionellen Kontext und die damit verbundene Distanz sollte gewahrt werden. Zugleich bedeutet der professionelle Rahmen aber auch, dass die Beziehung und innere Empfindungswelt beider sehr wichtig sind. Inwieweit wir Mitarbeitende uns dem Klienten gegenüber zeigen, entscheiden vor allem wir selbst. Es darf keinen Zwang zur Selbstöffnung geben. Fachpersonen sollten sich aber darüber im Klaren sein, dass ohne ein gewisses Maß an Selbstöffnung die geforderte professionelle Arbeit nicht geleistet werden kann.

Beispiel aus der Psychotherapie

Ein Klient bespricht in der Therapie seine ungewollte Kinderlosigkeit. Der Therapeut ist selbst kinderlos, ohne es zu wollen. Hier wäre es geradezu absurd, wenn der Therapeut seine eigene Kinderlosigkeit verheimlichen würde. Denn würde der Klient dies zu einem späteren Zeitpunkt erfahren, so hätte es wohl einen Vertrauensverlust und eine Verunsicherung zur Folge (»Warum hat er mir das denn nicht gesagt?«). Bringt der Therapeut hingegen seine eigene Erfahrung ein, so entsteht eine besondere Chance.

Neben den Gefühlen, die durch die Klientenbegegnung ausgelöst werden, gibt es natürlich auch solche, die mit unseren Klienten rein gar nichts zu tun haben. Sie sind Folge unserer aktuellen Lebenssituation, unserer Persönlichkeitsstruktur, unseres momentanen Befindens, unserer aktuellen Stimmung etc. So neigt vielleicht jemand dazu, schnell ärgerlich zu werden, eine andere Person befindet sich gerade in einer schwierigen Lebensphase und wird oft von Traurigkeit eingeholt. Diese emotionalen Empfindungen bedürfen besonders des eigenen achtsamen Umgangs, da sie oft nicht in den Klientenkontakt gehören.

Angesprochen werden sollten sie nur dann, wenn sie so stark sind, dass die Fachperson davon immer wieder berührt wird, beispielsweise nach einer akuten Trauersituation. Ebenfalls sollten sie offen gemacht werden, wenn davon ausgegangen werden kann, dass es für den Klienten in irgendeiner Hinsicht positive Folgen haben könnte. Dies ist beispielsweise dann der Fall, wenn die Beziehung zum Klienten durch die

Schilderung dieser Gefühle verbessert werden kann oder sich der Klient in seinem eigenen Erleben besser verstanden fühlt. Ansonsten gehören diese Gefühle eher in die eigene Therapie oder in ein Reflexionsgespräch im Rahmen einer Supervision oder eines kollegialen Austausches.

Selbsterforschung

Nehmen Sie sich nun einen Moment Zeit und fragen Sie sich:

- Fällt es mir eher schwer oder eher leicht, etwas Persönliches von mir preiszugeben?
- Bin ich tendenziell eher zu zurückhaltend mit eigenen Informationen oder neige ich eher zu einem etwas zu offenen Umgang damit?

Strategien vor, während und nach dem Beratungsgespräch

Unter dem Blickwinkel eines guten Umgangs mit unseren Gefühlen und einer wirkungsvollen Psychohygiene bzw. Burn-out-Prophylaxe sind verschiedene Verhaltensweisen rund um den Klientenkontakt wünschenswert. Sie können Fachpersonen helfen, selbst zu regulieren, inwieweit sie sich von den Empfindungen des Gegenübers berühren lassen. Ferner dienen sie dazu, mit aktivierten Gefühlen so umzugehen, dass sie gut verarbeitet werden können und die professionelle Handlungsfähigkeit nicht beeinträchtigen.

Dieser Prozess beginnt schon *vor* dem eigentlichen Termin mit dem Klienten. Zur Vorbereitung kann man sich fragen, wie es einem gerade geht. Man kann sich erden, den eigenen Körper spüren, den Atem frei fließen lassen oder körperliche Anspannungen auflösen. Ich habe es mir angewöhnt, zumindest für einige Atemzüge die Augen zu schließen und dabei mit einem Seufzer auszuatmen.

Wichtig ist natürlich unser Umgang mit Gefühlen *während* des Gesprächs. Wir sollten dabei möglichst achtsam bleiben, uns möglichst vieler unserer Empfindungen bewusst sein und Bedingungen schaffen, damit unsere Gefühle durch uns hindurchziehen und auch wieder abklingen können. Nur so ist es möglich, dass wir nicht mit emotionalem Ballast aus dem Gespräch herausgehen. Gefühle bereits während des Klientenkontakts zu erkennen hat zahlreiche Vorteile. Sie können leichter wieder abklingen, wenn sie wahrgenommen werden, und sie beeinflussen nicht so leicht unser Handeln, wenn sie uns bewusst sind. Das bewusste Wahrnehmen von Gefühlen wird nicht durch eine Entscheidung ermöglicht, sondern bedarf einer längeren Übung, in deren Folge die Wahrnehmung der Gefühle fast schon von allein geschieht.

Beispiel aus der eigenen Praxis

Ich habe es mir zur Gewohnheit gemacht, während eines Therapiegesprächs immer wieder meinen Atem bewusst wahrzunehmen und ihn frei fließen zu lassen. Außerdem achte ich sehr auf meinen Körper, um auftretende Anspannungen wieder lösen zu können und so den Körper innerlich durchlässig zu halten. Nach mehrjähriger Übung stellen sich die Impulse zur Wahrnehmung des Atems und zum Lösen des Körpers heute von allein ein. In einem 60-minütigen Gespräch findet das etwa 10–20 Mal statt, je nach emotionaler Intensität.

Besonders hilfreich war es, mir zu erlauben, auch während eines Therapiegesprächs zwischendurch kurz die Augen zu schließen, um die eigenen Empfindungen besser wahrnehmen zu können. Vielfach fordere ich auch meinen Klienten dazu auf, und es dauert nicht lange, dann haben sich Klienten an diese kleinen Achtsamkeitsinseln während des Gesprächs gewöhnt.

Erscheint es sinnvoll, das jeweilige Gefühl zu spüren, etwa weil es eine Folge einer hilfreichen Resonanz und eines Mitgefühls ist, so besteht die wichtige Fähigkeit darin, mit dem Gefühl verbunden zu bleiben. Die Fachperson sollte also lernen, sich nicht vom Gefühl zu entfernen, und durchschauen, wodurch sie sich normalerweise wieder von ihm abwendet. Erscheint es nicht sinnvoll, die Emotion zuzulassen, beispielsweise weil es für die therapeutische Beziehung nicht hilfreich ist (etwa übermäßiger Ärger), so sollte eine Strategie eingesetzt werden, um Abstand zum aktivierten Gefühl zu gewinnen.

Mitarbeitende sollten über mindestens eine für sie wirksame Technik verfügen, um sich vor zu starken Gefühlen zu schützen. Das aufkommende Gefühl sollte dazu nur kurz achtsam wahrgenommen werden, um es anschließend so zu regulieren, dass es wieder abklingt oder sich nicht weiter verstärkt. Viele unserer üblichen Gefühlsregulationsstrategien können wir im direkten Klientenkontakt nicht einsetzen, da sie es uns unmöglich machen würden, unsere professionelle Arbeit fortzusetzen. Beispielsweise können wir uns im Klientenkontakt nicht ablenken, da ja gerade unsere präsente Aufmerksamkeit gefragt ist. Besonders hilfreich sind Techniken, die auf der eher körperlichen Ebene ansetzen und auch sonst zur Emotionsregulation genutzt werden.

Gefühlsregulationsstrategien für den Therapeuten beim Auftreten starker Emotionen

- **Atemtechniken:** Bewusstes etwas vertieftes Atmen, Atemfluss spüren (Hand auf den Bauch), beruhigender Atem mit bestimmtem Atemrhythmus, vertiefte Bauchatmung, die in den freien Atem übergehen sollte.

- **Körpermethoden:** Fußsohlen spüren, Zehen bewegen, eine Stelle im Körper finden, die sich angenehm anfühlt und sich dort verankern, unsichtbare Progressive Muskelrelaxation (innere Muskeln kurz anspannen und anschließend lösen), Selbstmassage (Handflächen kneten, mit dem Daumen der einen Hand die Handinnenfläche der anderen Hand massieren).
- **Imaginative Methoden:** Sich ein hilfreiches Wesen imaginativ zur Seite stellen, sich Licht/Wärme oder einen schützenden Kokon um die eigene Person herum vorstellen.
- **Unsichtbare Ablenkung:** Bei sehr starken Emotionen bestimmte innere Körperbewegungen wiederholen (etwa mit der Zunge oder Zehen), äußere Reize innerlich benennen.
- **Hilfreiches Ankerbild:** Ein Bild hinter dem Sitzplatz des Klienten aufhängen, auf das man sich ausrichten kann.

Manchmal werden Mitarbeitende aber auch von sehr starken Gefühlen berührt, mit denen offen umgegangen werden kann. Die Mitarbeiterin schildert dann beispielsweise, dass ihr selbst gerade die Tränen kommen, wenn sie dem Klienten zuhört. Selbst Gefühle, die bei Fachpersonen meistens tabuisiert sind, etwa Wut auf den Klienten, können wichtige Prozesse in Gang setzen und sollten nicht generell unterdrückt werden.

Es gibt allerdings Situationen, in denen es nicht sinnvoll ist, dem Klienten die eigenen Gefühle zu zeigen, oder der Mitarbeiter das Gefühl nicht zeigen möchte. Das ist beispielsweise dann sinnvoll, wenn der Mitarbeitende Gefühle von Ekel ausdrückt, denn das würde auf der anderen Seite ein starkes Gefühl des Abgelehntwerdens hervorrufen.

Nach einem Klientenkontakt existieren ebenfalls zahlreiche hilfreiche Strategien. Wenn starke Gefühle aktiviert wurden, braucht es die Möglichkeit, dass sie innerpsychisch verarbeitet werden können. Dazu bedarf es Zeit, in der man nicht mit anderen Dingen beschäftigt ist. Die Verarbeitung der Gefühle geschieht vor allem unbewusst. Es ist nicht in erster Linie ein gezieltes Nachdenken über sie, sondern das Zur-Verfügung-Stellen der inneren Verarbeitungsmöglichkeit.

Wenn zum Beispiel ein sehr emotionsaktivierendes Gespräch mit einem Klienten zu Ende ist, sollte danach zunächst einmal »nichts« stattfinden. Stattdessen öffnet man vielleicht das Fenster, trinkt einen Schluck Wasser, nimmt den Körper wahr und löst die möglicherweise entstandene körperliche Anspannung, die sich während des Kontakts aufgebaut hat. Wem Achtsamkeitsübungen vertraut sind, kann diese natürlich anwenden. Kontraindiziert wäre es demgegenüber, sofort in eine erneute Aktivität zu gehen, etwa zu telefonieren oder E-Mails zu beantworten. Die Pflicht zur Dokumentation, so unangenehm sie oft sein mag, erleichtert die emotionale Verarbeitung, da sie auch eine Nachreflexion beinhaltet und die Fachperson davon abhält, sich nach dem Klientenkontakt sofort neuen Aufgaben zuzuwenden.

Das Gespräch mit Kollegen und Kolleginnen kann für die emotionale Verarbeitung ebenfalls sehr wichtig sein. Dabei sollte darauf geachtet werden, dass auch über das eigene Empfinden gesprochen wird. Mitarbeitende, die aufsuchend tätig sind, können die Fahrten zwischen den Terminen nutzen, um die innerpsychische Verarbeitung von aktivierten Empfindungen zu unterstützen. Dafür sollte das Autoradio ausgeschaltet bleiben, damit nicht weitere Inputs verarbeitet werden müssen.

Da sich Gefühle und auch weggedrückte Gefühle besonders stark auf der körperlichen Ebene bemerkbar machen, können verschiedenste Körperübungen genutzt werden, um die emotionale Verarbeitung zu unterstützen. Im Nachhinein, beispielsweise in Teambesprechungen und Supervisionen, kann es natürlich sehr wichtig sein, über das Gefühl zu reflektieren. Vor allem wenn bestimmte Gefühle länger anhalten, sollte der Hintergrund dieser emotionalen Aktivierung betrachtet werden: Warum beschäftigt mich das so? Was hat das Thema des Klienten mit meinem eigenen Leben zu tun? Welche Gefühle sind bei mir aktiviert?

Besonders belastende Emotionen aufgrund von Übergriffen und Ähnlichem

In der psychosozialen Arbeit können Fachpersonen auch mit Extrememotionen zu tun haben, die sie stark belasten und die professionelle Arbeit deutlich erschweren und manchmal sogar unmöglich machen können. Zu sehr starken Emotionen kann es durch eigene biografische Erfahrungen kommen, etwa wenn eine eigene Traumaerfahrung wieder aktiviert wird. Dazu können beispielsweise Angst- und Panikgefühle oder starke Ekelempfindungen bestimmten Klienten gegenüber gehören. Extrem starke Emotionen gehen aber oft auch auf sehr einschneidende Erfahrungen zurück, denen Fachpersonen durch ihre berufliche Tätigkeit ausgesetzt sind.

Natürlich hängen solche Erfahrungen stark vom jeweiligen beruflichen Kontext ab. Wer mit Menschen in akuten Krisensituationen arbeitet oder in Kontexten, in denen es auch ein Machtpotenzial gibt (beispielsweise Psychiatrie, Eingliederungshilfe oder Jugendhilfe), ist solchen Erfahrungen natürlich viel häufiger ausgesetzt, als jemand, der beispielsweise im Coaching-Bereich tätig ist.

Beispiele für Übergriffe und Ähnliches im Klientenkontakt

- Entwürdigung oder starke Entwertung: etwa wenn Mitarbeitende von Klienten beschimpft, beleidigt oder bespuckt werden.
- Bedrohungen und Gewalterfahrungen: wenn Mitarbeitende bedroht werden oder es tatsächliche körperliche Übergriffe gab.
- Sexualisierte Gewalt: wenn Mitarbeitende sexuell herabgewürdigt oder begrapscht werden oder wenn ungewollte sexuelle Handlungen stattgefunden haben oder versucht wurden.
- Konfrontation mit extrem starken destruktiven Emotionen auf Klientenseite: etwa wenn Klienten schildern, dass sie einen Mitarbeitenden hassen, ihm den Tod wünschen, ihn quälen möchten etc.

Beispiel aus der eigenen Praxis

Die extremste Erfahrung, mit der ich bisher konfrontiert war, war ein psychotischer Klient, der mich mit einer Pistole bedroht hat. Ich war allein in der Situation und konnte nicht ausschließen, dass die Pistole geladen war. Der Klient hat von sich aus die Situation verlassen und ich habe nie erfahren, ob die Waffe geladen war.

Hier bedarf es auch wieder der achtsamen Wahrnehmung der eigenen Gefühle, beispielsweise der Angst nach einer Bedrohungserfahrung oder des Scham- oder Wutgefühls nach einer Beschimpfung. Daneben braucht es aber natürlich konkrete Handlungsschritte, um solche Verhaltensweisen zukünftig zu vermeiden und Mitarbeitende zu schützen. Vorgesetzte sind hier gefordert, solche Erfahrungen dürfen auf keinen Fall bagatellisiert werden. Da manche dieser Erfahrungen auch traumatisch verarbeitet werden können, kann auch eine traumatherapeutische Unterstützung hilfreich sein.

Vor allem wenn es Fachpersonen nicht mehr gelingt, mit den aufkommenden Gefühlen »professionell« umzugehen (was meistens meint, sie stark zu regulieren), kommt es oft zu Schamgefühlen und Minderwertigkeitserleben. Teilweise verheimlichen Fachpersonen dann solche Erfahrungen und Empfindungen. Es kann sogar dazu kommen, dass der Job gewechselt oder die Tätigkeit im sozialen Bereich ganz aufgegeben wird. Auch Beispiele von Berufsunfähigkeit kenne ich vereinzelt. Sollte jemand mit solchen Erfahrungen konfrontiert sein oder sie in der bisherigen beruflichen Laufbahn gemacht haben, ist es dringend geboten, sich einer unterstützenden Person anzuvertrauen.

KAPITEL 6

Emotionen in verschiedenen Arbeitsfeldern

Gefühle im Achtsamkeitstraining und während der Meditation

Achtsamkeitsübungen sind eine der besten Methoden, um den Zugang zu den eigenen Gefühlen zu fördern und die Fähigkeit zur Emotionstoleranz zu kultivieren. Dies setzt jedoch voraus, dass die praktizierten Übungen auch tatsächlich die Wahrnehmung von Gefühlen erleichtern und den achtsamen Umgang mit ihnen möglich machen. Wie das in Achtsamkeitstrainings gelingen kann und welche Herausforderungen sich dabei ergeben, darum soll es in diesem Kapitel gehen.

Es richtet sich in erster Linie an Achtsamkeitslehrende, die beispielsweise Achtsamkeitsgruppen wie Mindfulness-Based Stress Reduction

(MBSR) oder Mindful Self-Compassion (MSC) anbieten. Außerdem spreche ich Lehrende in offeneren Settings an, die eigene Achtsamkeitskonzepte entwickelt haben und unterrichten oder Achtsamkeitsübungen in verschiedenste Gruppenformate integrieren. Im hinteren Teil des Kapitels beleuchte ich zudem noch den Zusammenhang von Meditationspraxis und Gefühlen.

Achtsamkeitsübungen werden manchmal als »Wolf im Schafspelz« bezeichnet, womit gemeint ist, dass diese häufig so »soft« erscheinenden Übungen sehr wirkungsvoll sein können. Das gilt besonders in Bezug auf Gefühle. Achtsamkeitsübungen ermöglichen uns, dass wir einen deutlich besseren Zugang zu ihnen gewinnen, wobei sie uns aber auch regelrecht überfluten können. Diese Wirkung können verschiedene Achtsamkeitsübungen entfalten, und zwar sowohl Übungen, die ausdrücklich der achtsamen Emotionswahrnehmung dienen, als auch allgemeine Achtsamkeitsübungen, die nicht spezifisch auf Gefühle fokussieren. Einen ganz besonderen Zugang zu Gefühlen ermöglichen Übungen, die Selbstmitgefühl und Mitgefühl kultivieren. Dabei können sämtliche Gefühle aktiviert werden. Oft sind es sogar besonders angenehme Empfindungen, wie eine grundlos erscheinende Freude, tiefe Dankbarkeit, ein Empfinden von Liebe und Verbindung, Mitfreude, innerer Friede oder Akzeptanz. Aber natürlich tauchen vielfach auch unangenehme Gefühle auf, etwa Angst, Traurigkeit oder Verzweiflung.

Obwohl Achtsamkeit ja bedeutet, sich für das, was ist, zu öffnen und es möglichst wertfrei da sein zu lassen, ist es in Achtsamkeitstrainings teilweise gar nicht selbstverständlich, auch den Gefühlen Raum zu geben. Selbst in der Achtsamkeitsbewegung ist die fehlende Hinwendung zu den Gefühlen zu beobachten. Der Fokus liegt zumeist auf der Wahrnehmung äußerer Sinnesreize, der Beobachtung des Atems, der Wahrnehmung von Körperempfinden und -regionen oder der Beobachtung und Distanzierung von Gedankenprozessen. Erst mit der zweiten Welle der

Achtsamkeitsbewegung, nämlich der Einbeziehung von Mitgefühl und Selbstmitgefühl in die Achtsamkeitsarbeit, wurde auch biografischen Gefühlen mehr Raum gegeben.

Machen wir uns noch einmal klar, was ein achtsamer Umgang mit Gefühlen eigentlich genau bedeuten würde. Hierzu sei an dieser Stelle meine Definition aus dem zweiten Kapitel wiederholt:

MERKE:

Alle Gefühle, angenehme wie unangenehme, dürfen da sein …

… und zwar in der ihnen innewohnenden Zeitdauer, sie werden nicht verkürzt oder verlängert.

… in der ihnen innewohnenden Intensität, sie werden nicht abgeschwächt oder verstärkt.

… ohne Handlungsimpulsen und anderen inneren Reaktionen zu folgen.

… mit einer möglichst annehmenden und wohlwollenden Grundhaltung und mit Bewusstheit für die Bewertungen, die dann leichter losgelassen werden können.

Um im Achtsamkeitstraining tatsächlich achtsam mit Emotionen umzugehen, bedarf es also der Wahrnehmung des jeweiligen Gefühls, des Daseinlassens des Gefühls und des Nichtfolgens von Handlungsimpulsen, die Gefühle unachtsam beenden. Wer Achtsamkeitstrainings anleitet, dem ist sofort bewusst, dass das natürlich sehr herausfordernd ist. Es handelt sich um einen längeren Prozess, dem die nötige Zeit gegeben werden muss, und man braucht verschiedene Anleitungen zur Aufrechterhaltung von Achtsamkeit. Schauen wir uns diesen Prozess des achtsamen Raumgebens von Gefühlen in Achtsamkeitsgruppen nun genauer an.

Wie können im Achtsamkeitstraining Gefühle überhaupt achtsam wahrgenommen werden?

Vor allem im Abschnitt »Gefühlswahrnehmung ermöglichen« habe ich ja bereits verschiedenste Anregungen gegeben, um eine Unterstützung beim Öffnen für Gefühle zu bieten. Auch habe ich dort bereits auf das Prinzip aufmerksam gemacht, dass Menschen oft eine Unterstützung benötigen, um die eigenen Gefühle überhaupt wahrnehmen zu können.

Wir können nicht selbstverständlich davon ausgehen, dass Teilnehmende von Achtsamkeitstrainings zum Wahrnehmen von Gefühlen in der Lage sind. Daher reicht die Anleitung »Nehmen Sie alle Gefühle wahr, die gerade da sind« schlicht nicht aus. Sie nützt eigentlich nur Teilnehmenden, die einen guten Zugang zu ihren Emotionen haben. Wem Gefühle jedoch nicht so leicht zugänglich sind, der wird diese Anregung nicht umsetzen können, bzw. sie kann sogar einen inneren Stress verursachen, dann nämlich, wenn ein Gefühl »gesucht« wird. Dies führt meistens dazu, dass ein eher kognitiver Prozess aktiviert wird (»Was habe ich denn nun für ein Gefühl, irgendetwas muss doch da sein«), der von der eigentlichen Gefühlswahrnehmung sogar noch weiter entfernen kann.

Eine Ausnahme vom gerade Gesagten bilden natürlich sehr intensive Gefühle, die sich uns ab einer gewissen Intensität fast zwangsläufig aufdrängen. Sind sie sehr stark, so werden sie zwar wahrgenommen, ein achtsamer Umgang mit ihnen ist dann aber auch nicht mehr möglich. Doch für Gefühle leichter und mittlerer Ausprägung brauchen Teilnehmende in Achtsamkeitstrainings in der Regel verschiedene Hilfestellungen, um sich für sie öffnen zu können (»Wer die Augen geschlossen hat, muss sie zuerst öffnen, bevor man ihn fragen kann, was er sieht«). Dies sollte dann in der Achtsamkeitspraxis auch entsprechend angeleitet werden. Hier einige Formulierungsvorschläge, die in Achtsamkeitsübungen genutzt werden können, um den Teilnehmenden den Zugang zu ihren Gefühlen zu erleichtern:

Skript für Achtsamkeitstrainings: Anleitungen zum Öffnen für Gefühle

Diese Achtsamkeitsanleitungen sollen die achtsame Wahrnehmung von Emotionen erleichtern. Es handelt sich hierbei nicht um eine fortlaufende Anleitung, sondern um verschiedene Elemente, die je nach Situation in die Anleitung zur Achtsamkeit integriert werden können.

- »Wenn es für dich nicht unangenehm ist, kannst du bei dieser Übung durch den geöffneten Mund atmen statt durch die Nase. Prüfe, dass der Mund nicht nur geöffnet ist, sondern du auch durch ihn atmest.«

  Hintergrund: Mundatmung erleichtert den Zugang zu den Gefühlen, Nasenatmung erschwert ihn eher.

- »Spüre in deinen Körper hinein, wo er eher angespannt und wo er eher gelöst ist. Körperstellen, die angespannt sind, kannst du etwas bewegen, damit es dem Körper leichter fällt, eine gelöste Haltung zu finden.«

  Hintergrund: Je gelöster der Körper ist, desto leichter ist es, Gefühle wahrzunehmen. Der Körper braucht eine Hilfestellung, um sich zu lösen.

- »Du kannst den Atem frei fließen lassen. Es ist egal, wie du atmest, ob du lang und tief oder kurz und oberflächlich atmest. Vielleicht ist der Atem fließend, vielleicht ist er unruhig und holprig. Womöglich ist er auch schnell oder er ist langsam. Wichtig ist, dass der Atem fließen darf, wie er will. Du kontrollierst deinen Atem nicht, sondern lässt deinen Körper atmen, wie er möchte.«

Hintergrund: Jedes Gefühl geht mit einem eigenen Atemrhythmus einher. Kontrollieren wir unseren Atem, so nehmen wir darüber schon Einfluss auf unsere Gefühle und reduzieren möglicherweise den Zugang zu ihnen.

Beim genaueren Erkunden des Gefühls bedarf es einer Art innerer Suchbewegung oder einer schrittweisen Annäherung an das jeweilige Gefühl. Wichtig ist, dass dabei kein innerer Stress aufkommt, da dies eher mentale Prozesse aktiviert, als es die Wahrnehmung von Gefühlen fördern würde. Auch hierzu einige Formulierungsvorschläge:

- »Nimm zunächst wahr, welche Stimmung du gerade hast. Eine Stimmung ist überdauernder als ein Gefühl. Du kannst zum Beispiel eine leicht gedrückte Grundstimmung haben oder eine zufriedene. Vielleicht begleitet dich diese Stimmung schon eine längere Zeit oder den heutigen Tag, vielleicht hat sie sich auch erst vor Kurzem eingestellt. Nimm wahr, welche Stimmung gerade in dir ist.«

  Hintergrund: Vielen Menschen fällt es deutlich leichter, eine Stimmung wahrzunehmen als ein Gefühl. Daher kann die achtsame Wahrnehmung der Stimmung der erste Schritt zur Achtsamkeit auf die Gefühle sein.

- »Du kannst genauer erforschen, welches Gefühl sich dir gerade zeigen will. Ist es Angst, Traurigkeit, Ärger, Freude, oder welches Gefühl nimmst du wahr? Wie intensiv ist das Gefühl? Wo im Körper spürst du es genau?«

- »Was geschieht, wenn du dich deinem Gefühl weiter öffnest? Wird es stärker oder klingt es ab? Verändert es sich in irgendeiner Weise? Ist es überhaupt noch da oder ist bereits ein anderes Gefühl an seine Stelle getreten?«

- »Wir haben längst nicht immer ein Gefühl. Daher geht es nur darum herauszufinden, ob da gerade eine emotionale Empfindung ist. Wenn du statt eines Gefühls eine allgemeinere Stimmung wahrnimmst, kannst du diese ebenfalls genauer erkunden.«

Umgekehrt gibt es aber natürlich auch Formulierungen, die die Teilnehmenden eher von Gefühlen entfernen, als ihnen den Zugang zu ihnen zu erleichtern. Typische Beispiele wären hier etwa, wenn ein bestimmter Atemrhythmus vorgegeben würde, wenn Gefühle zwar angesprochen würden, aber zu wenig Zeit gelassen wird, diese zu erkunden, oder wenn sehr stark auf Körperempfindungen fokussiert wird. Diese begleiten zwar Gefühle, doch bilden sie nur einen kleinen Teil der eigentlichen Gefühlswahrnehmung. Ein starkes Fokussieren kann dazu führen, dass der eigentlichen Gefühlswahrnehmung doch wenig Raum gegeben wird. Dies fühlt sich aber vielfach angenehmer an, da man sich sozusagen an der Körperwahrnehmung »festhalten« kann und dadurch vom Gefühl weniger berührt wird.

Abraten möchte ich auch davon, während der Anleitung von Achtsamkeitsübungen oder in Stillephasen Hintergrundmusik zu verwenden oder entsprechende CDs und Ähnliches zu empfehlen. Generell erschwert Musik die innere Achtsamkeit, ganz besonders aber die Wahrnehmung der eigenen Gefühle. Da Musik bestimmte emotionale Empfindungen aktiviert, ist es noch schwerer, das eigene emotionale Empfinden wahrzunehmen. Manchmal wird Musik sogar eingesetzt, um damit bestimmte Empfindungen zu erzeugen. Was in einer Fantasiereise o.Ä. hilfreich sein mag, hat in der Meditation und Achtsamkeitspraxis nichts zu suchen.

Der Bodyscan: Chance zur Gefühlswahrnehmung

Eine der kraftvollsten Achtsamkeitsübungen ist nach meiner Erfahrung der Bodyscan, also eine achtsame Reise durch die verschiedenen Regionen des inneren Körpers, denen man jeweils mit Achtsamkeit und Freundlichkeit begegnet. Da Gefühle über den Körper zugänglich werden, ist der Bodyscan besonders geeignet, dies zu ermöglichen.

Jedoch entscheidet die Art der Anleitung maßgeblich darüber, ob eine Öffnung für die verschiedenen Gefühle tatsächlich stattfinden kann. Fokussiert die Anleitung nur auf Körperempfindungen und die Wahrnehmung des inneren Körpers, so erhalten Gefühle wenig Raum. Wird in der Anleitung betont, dass auch alle mit den Körperwahrnehmungen verbundenen Empfindungen wahrgenommen werden können, etwa eine Stimmung oder verschiedene Gefühle, so ist der Bodyscan eine sehr geeignete Übung, um vor allem die Gefühlsempfindungen leichter und mittlerer Ausprägung wahrzunehmen.

Herausforderung: Umgang mit aktivierten Gefühlen

Wenn ein Gefühl da ist, geht es nicht nur darum, es wahrzunehmen, sondern eventuell auch darum, dem Gefühl den hinlänglichen Raum zu geben und es tatsächlich auch zu fühlen. Ich habe im Kapitel 2 ja schon beschrieben, dass ich den Begriff des »inneren Beobachters« für missverständlich und auch nicht sinnvoll halte, weil es bei Gefühlen eben oftmals nicht möglich ist, sie wie Gedanken lediglich zu beobachten und an uns vorbeiziehen zu lassen.

Es bedarf der Beobachtung des Gefühls und der damit verbundenen Prozesse (beispielsweise des Impulses, sich vom Gefühl abzulenken) und zugleich der Bereitschaft, sich für das Gefühl zu öffnen. Die bei Gedankenprozessen gebräuchliche Achtsamkeitsanleitung (»Wie Wolken am Himmel vorbeiziehen lassen«) ist bei Gefühlen vielfach nicht empfehlenswert.

Wir haben uns allerdings auch schon damit beschäftigt, dass das nicht für alle Gefühle gilt. Während die primären adaptiven Gefühle gefühlt werden müssen, sollten manche andere gerade nicht gefühlt, sondern lediglich als Gefühl erkannt werden, ohne ihnen weiter zu folgen. Von Gefühlsempfindung zu Gefühlsempfindung bedürfen aktivierte Gefühle also eines unterschiedlichen Umgangs, und allgemeine Empfehlungen können eigentlich fast nicht gegeben werden. Das macht es besonders anspruchsvoll, mit aktivierten Gefühlen im Achtsamkeitstraining achtsam umzugehen.

Die Balance von Beobachten und Fühlen ist die eigentliche achtsame Kunst. Würden wir dem Fühlen zu viel Raum geben, so wäre die Gefahr groß, dass wir uns mit dem Gefühl identifizieren und eventuell durch unsere Gedankenprozesse sogar noch verstärken. Auch dann wären wir wieder nicht achtsam, sondern würden das Gefühl durch unser Tun verändern. Vielleicht erinnern Sie sich noch an die im Kapitel 5 beschriebene WAS-Fertigkeit (Wahrnehmen, Annehmen, Still damit sein), die als Grundhaltung zum achtsamen Umgang mit Gefühlen dienen kann.

Die zweite Herausforderung besteht darin, dass aktivierte Gefühle sofort automatisierte Regulationsmechanismen in Gang setzen, die der achtsamen Wahrnehmung von Gefühlen natürlich im Wege stehen und der fühlenden Person vielfach nicht bewusst sind. Doch erst wenn diese Regulationsmechanismen unterbleiben, ist ein achtsamer Umgang mit Gefühlen überhaupt möglich. Die Achtsamkeitslehrende sollte also um solche Regulationsstrategien wissen, um durch eine konkrete Anleitung eine Unterstützung zu bieten, beim Gefühl verbleiben zu können.

Eine dritte Herausforderung für Achtsamkeitslehrende besteht darin, dass Teilnehmende auch von Gefühlen überflutet werden können, sodass sie psychisch destabilisieren und eine intensivere Unterstützung brauchen, als sie das Achtsamkeitstraining anbieten kann.

Das Achtsamkeitstraining ist nicht in erster Linie eine Gefühlsschulung, und doch wäre es natürlich wünschenswert, wenn Teilnehmende erfahren würden, wie ein achtsamer Umgang mit einem Gefühl aussehen kann. Genau das versucht die Achtsamkeitstrainerin ja auch im Umgang mit anderen Empfindungen wie Gedanken oder Körperwahrnehmungen. Dazu können genau jene Werkzeuge genutzt werden, die ich in diesem Buch schon vorgestellt habe, etwa das »Folgen und Leiten« aus Kapitel 5. Wir neigen beispielsweise dazu, über ein aktiviertes Gefühl (unachtsam) nachzudenken, statt der Gefühlsqualität weiter achtsam nachzuspüren, wir spannen womöglich unseren Körper gegen ein Gefühl an oder versuchen das emotional berührende Thema zu wechseln.

All dies sollte die Achtsamkeitslehrende sowohl während der Achtsamkeitsübungen als auch in den begleitenden Gesprächen nicht zulassen. Dies gelingt nur, wenn an der richtigen Stelle zum »Leiten« übergegangen wird und die teilnehmende Person genug Führung und Begleitung erfährt, um diesen Prozess bei sich erkunden zu können. Die Bedeutung von Nachgesprächen oder unterstützten Selbsterforschungsprozessen sollte nicht unterschätzt werden.

Wenn sich der Achtsamkeitslehrer oder die -lehrerin den Gefühlen der Teilnehmenden gewachsen fühlt und sich um einen achtsamen Umgang mit den eigenen bemüht, können in Achtsamkeitstrainings viele Emotionen Raum finden und den Teilnehmenden eine Atmosphäre und eine Haltung vermitteln, die ihnen für den weiteren Umgang mit ihren Gefühlen auch außerhalb der Achtsamkeitsschulung ausgesprochen hilfreich sein können.

Beispiel: Trauerprozess im Achtsamkeitstraining

Christian meldet sich zwei Monate nach dem plötzlichen Tod seiner Ehefrau für einen MBSR-Kurs an. Im Vorgespräch erzählt er, dass er noch im Trauerprozess sei und sich sehr freuen würde, am Achtsamkeitskurs teilnehmen zu dürfen. Er habe den Eindruck, er würde eine gute Hilfestellung bekommen, um in dieser herausfordernden Lebenssituation achtsam zu bleiben. Die Achtsamkeitslehrerin ist mit der Teilnahme einverstanden, bittet Christian aber darum, zu Beginn der Gruppe seine Situation zu schildern. Als er das tut, bekommt er von zwei anderen Teilnehmenden das Feedback, wie gut sie es finden, dass er sich nicht mit seiner Trauer versteckt.

Während der acht Gruppentermine wird Christian immer wieder von seiner Trauer über den Verlust seiner Frau berührt. Dies wird von den übrigen Gruppenteilnehmenden aber nicht als Belastung, sondern eher als ein Geschenk für den eigenen achtsamen Umgang mit Gefühlen erlebt.

Doch natürlich sind nicht alle Teilnehmenden in der Lage, gut mit ihren Gefühlen umzugehen und diese achtsam zu tragen. Während der inzwischen über 20-jährigen Geschichte der Achtsamkeitsbewegung im deutschsprachigen Raum haben sich die Beweggründe für die Teilnahme an Achtsamkeitstrainings deutlich gewandelt. Längst nicht alle Teilnehmenden besuchen diese in erster Linie, um ihre Achtsamkeit zu kultivieren.

Immer mehr Menschen melden sich zu Achtsamkeitskursen an, um Unterstützung für eine herausfordernde oder belastende Lebenssituation zu erfahren, ein entspannteres und zufriedeneres Leben zu führen oder Hilfe bei körperlichen oder psychischen Schwierigkeiten zu finden. Teilweise werden Achtsamkeitstrainings auch als Ersatz oder Ergänzung zu einer Psychotherapie besucht. Daher sind Achtsamkeitstrainer immer wieder auch mit Teilnehmenden konfrontiert, die eigentlich einer intensiveren Unterstützung als die eines Gruppentrainings bedürfen würden.

Vor allem bei Achtsamkeitsübungen zum Selbstmitgefühl können sehr starke – teils auch plötzlich auftretende – belastende Gefühle aktiviert werden. Es wird hier vom sogenannten Backdraft gesprochen, ein Begriff, den Feuerwehrleute für das schlagartige Auflodern eines Feuers verwenden, etwa wenn eine Tür zum Brandherd geöffnet wird (Germer & Neff, 2021). Ähnlich verhält es sich mit Gefühlen. Lange beiseite gedrückte Gefühle werden plötzlich wieder wahrnehmbar, wenn durch Selbstmitgefühlsübungen der ganze Organismus weicher wird und sich das Herz »öffnet«. Dann können die Gefühle aber in einer solchen Intensität aufkommen, dass das für die fühlende Person sehr beängstigend ist und es tatsächlich zu einer emotionalen Überflutung bis hin zu psychischen Krisen wie etwa dem Aufkommen von Panikattacken kommen kann.

Achtsamkeitstrainerinnen und -trainer wissen um dieses Phänomen, können es aber nur bedingt steuern. Natürlich sollten die Übungen mit Bedacht gewählt sein, und manchmal mag es sogar angezeigt sein, einem Interessenten die Teilnahme an der Gruppe zu verwehren. Doch eigentlich entfaltet sich hier natürlich ein letztlich wünschenswerter Prozess, denn endlich werden belastende Gefühle wieder wahrnehmbar. Problematisch ist allerdings, dass dies dann manchmal in einer Gruppe nicht hinreichend aufgefangen werden kann und eigentlich eine Einzelunterstützung angezeigt ist.

In vielen Achtsamkeitskursen wird ein Vorgespräch geführt und die Teilnehmenden machen schriftlich einige Angaben zu ihrer Person. Mithilfe des Vorgesprächs lässt sich vielfach besser einschätzen, ob der Interessent oder die Interessentin vom Achtsamkeitstraining profitieren kann und der Kurs in der gegenwärtigen Situation angemessen ist. Berichtet im Vorgespräch beispielsweise jemand, dass er gerade eine depressive Krise überwunden hat, so lässt sich gemeinsam herausfinden, ob derjenige schon stabil genug für die Gruppe ist oder was er sich von der Teilnahme erhofft.

Viele Informationen tauchen in einem Vorgespräch allerdings auch nicht auf, sie werden entweder nicht angegeben oder nicht erfragt. Das sind zunächst einmal alle Themen und Empfindungen, über die sich der Interessent selbst gar nicht wirklich bewusst ist. Auch schambehaftete Themen werden in einem Vorgespräch meistens wohl nicht zum Vorschein kommen. Das Vorgespräch dient also nur einer groben Einschätzung und sollte unbedingt ergänzt werden durch eine möglichst annehmende und offene Atmosphäre in der Gruppe, sodass heikle Erfahrungen mit Achtsamkeitsübungen etc. dort auch tatsächlich angesprochen werden können.

Der Teilnehmende sollte jedoch nicht nur eingeladen werden, sich mit allem, was ihn bewegt, einzubringen, sondern ihm oder ihr sollten auch »Brücken« gebaut werden, die das erleichtern. Dazu gehört beispielsweise, dass der Achtsamkeitslehrende von sich selbst und seinen Schwierigkeiten mit den Achtsamkeitsübungen berichtet. Den Teilnehmenden sollte außerdem angeboten werden, sich auch außerhalb des Gruppensettings jederzeit melden zu können, wenn es zu belastenden Empfindungen oder Schwierigkeiten kommt.

Trotz all dieser Angebote an die Kursteilnehmenden kann es aber trotzdem passieren, dass jemand mit überfordernden Empfindungen konfrontiert ist, belastende Gefühle auftauchen oder automatisierte aber ungünstige Gefühlssuppressionsstrategien ablaufen.

Beispiel

Eine Klientin von mir erzählte im Erstgespräch, dass sie bis vor Kurzem an einem MBSR-Kurs teilgenommen habe. Nach den Gruppentreffen sei es ihr aber mehrmals richtig schlecht gegangen. Sie habe dann zu Hause extrem viel gegessen und viel Alkohol getrunken. Während der Gruppe habe sie gar nicht gemerkt, dass ihr wohl alles zu viel war. Im Anschluss an die Gruppentermine habe sie ihre MBSR-Lehrerin darauf angesprochen, die ihr die Aufnahme einer Therapie empfohlen habe.

Natürlich kommt es eher selten zu so starken inneren Schutzmechanismen, wie gerade beschrieben. Was aber sicher deutlich häufiger passiert, ist ein innerer Schutz vor aufsteigenden Gefühlen, der darin besteht, diese einfach nicht an sich heranzulassen, etwa indem auf die vielen automatisierten Regulationsmechanismen zurückgegriffen wird. Wenn sich der Organismus von Gefühlen bedroht fühlt, wird er sich natürlich vor ihnen schützen. Der Preis dafür ist aber auch nicht unerheblich, denn es entsteht ein innerer Stress, zudem werden paradoxerweise sogar automatisiert ablaufende Regulationsstrategien verfestigt. Die Achtsamkeitspraxis bewirkt dann kein inneres Loslassen, sondern eher eine innere Anstrengung. Dies wird von der betroffenen Person oft aber gar nicht erkannt und kann deshalb auch nicht kommuniziert werden.

Es reicht daher im Gruppensetting zumeist nicht aus, an die Eigenverantwortung des Teilnehmenden zu appellieren, sondern die Kursleiterin braucht eine hohe Wahrnehmungsfähigkeit für mögliche Überforderungen und automatisierte Regulationsmechanismen von Teilnehmenden. Dazu gehören beispielsweise die Mimik und Gestik. So gibt es die teilweise ja schon beschriebenen typischen Anzeichen für starke Emotionen, etwa ein abgewendeter Blick bei Schamgefühlen oder zusammengekniffene Lippen, die vielfach auf emotionalen Schmerz hinweisen. Besonders sensibel sollte die Seminarleitung auch für starke körperliche Anspannungen sein. Besondere Achtsamkeit ist zudem bei den schon beschriebenen Traumafolgereaktionen geboten, etwa bei Dissoziationen. Um die Besonderheiten der Arbeit mit traumatisierten Menschen sollten alle wissen, die Achtsamkeitsübungen anleiten.

Eine wichtige Frage für Achtsamkeitstrainer und -trainerinnen betrifft die Entscheidung, wann eine teilnehmende Person mehr Unterstützung braucht, als ihr im Rahmen des Trainings angeboten werden kann. Wann etwa eine Psychotherapie indiziert ist, kann natürlich nur im Einzelfall beantwortet werden. Starke Gefühle an sich stellen keine Indikation für eine Psychotherapie dar und sollten auch kein Ausschlusskriterium für die

Teilnahme an einem Achtsamkeitstraining sein. Eine Psychotherapie wäre aber zu empfehlen, wenn sich der Betroffene den Gefühlen nicht mehr gewachsen fühlt oder auf schädigende Bewältigungsstrategien zurückgreift.

Der Bodyscan: Risiko der Gefühlsüberflutung

Der vorhin schon vorgestellte Bodyscan ist nicht nur eine besonders wirkungsvolle Achtsamkeitsübung, die zudem eine vertiefte Gefühlswahrnehmung möglich macht, sondern zugleich auch besonders herausfordernd. Dies liegt einmal an der Dauer (vielfach über 30 Minuten), den durchgehend geschlossenen Augen, der liegenden Position und der starken Fokussierung auf körperliche Empfindungen, die eine sehr hohe innere Präsenz erfordert.

Ein solches Setting kann Gefühle von Ohnmacht und Angst auslösen und aufgrund der Unstrukturiertheit dazu führen, dass man von aktuellen inneren Empfindungen überflutet wird. Für manche Teilnehmenden sollte er sogar Tabu sein. So werden traumatisierte Menschen aufgrund der geschlossenen Augen und der liegenden Position schnell von traumaassoziierten Gefühlen überflutet, auch Menschen mit Panikstörungen sollten große Vorsicht walten lassen.

Meditation und Gefühle

Unter dem Begriff Meditation werden sehr viele verschiedene Ansätze zusammengefasst. Je nach kulturellem Hintergrund, in dem die jeweilige Meditationsform entstanden ist, werden andere Schwerpunkte gesetzt und teils auch andere Techniken verwendet.

Leider hat der Begriff Meditation vor allem in den letzten 10–20 Jahren eine ähnliche Trivialisierung erfahren wie jener der Achtsamkeit. Vor allem im Internet werden sehr viele Techniken zur Selbstoptimierung und zur Erreichung bestimmter Ziele als Meditation bezeichnet. In Wirklichkeit handelt es sich bei diesen angeblichen Meditationen aber meistens lediglich um Tiefensuggestionen oder Fantasiereisen.

Ich verstehe wahre Meditation hingegen als eine Praxis, die uns genau wie Achtsamkeit für den gegenwärtigen Moment öffnet und allem, was ist, mit Offenheit und Annahme begegnet. Sie geht in meinem Verständnis über die reine Achtsamkeitspraxis hinaus und zielt auf eine innere Vertiefung und den Zugang zu einer Wahrnehmungs- und Erlebnisfähigkeit, in der unsere Ich-Struktur mehr und mehr zurücktritt und die Wahrnehmung eines Ich-loseren Seins zugänglich wird.

Obwohl Meditation meistens verstanden wird als Offenheit für alles, was sich im gegenwärtigen Moment zeigt, sind manche Meditationsschulen doch eher auf die Kontrolle von Gefühlen ausgerichtet, als dass die Emotionstoleranz und Bereitschaft zur Öffnung für auftauchende Gefühle kultiviert würde. Meiner Meinung nach liegt das vor allem an kulturgeschichtlichen Hintergründen der jeweiligen Meditationsschule. So ist beispielsweise die japanische Kultur sehr kontrollierend und geht so natürlich auch mit Gefühlen um. Das bildet sich in meditativen Praktiken wie beispielsweise der Zen-Meditation ebenfalls ab.

Jede Meditationsschule enthält natürlich nicht nur Wissen und Methoden, um einen spirituellen Zugang zu erleichtern, sondern dient einer Gesellschaft auch zur Lebensbewältigung. In vielen Kulturen der Welt wurde die Emotionssuppression genutzt, um mit den Herausforderungen des Lebens vermeintlich besser zurechtzukommen. Gerade auch asiatische Kulturen praktizieren teils sehr strikte Formen der Emotionskontrolle, was sich zwangsläufig auf die Persönlichkeit der lehrenden Person und die jeweilige Meditationspraxis auswirkt.

Neben der spezifischen Meditationstechnik und der darin enthaltenen Einstellung in Bezug auf Gefühle spielt natürlich auch die tiefere Motivation des Meditierenden eine wichtige Rolle. Diese ist meistens gar nicht bewusst und auch nicht kommunizierbar. Ich weiß von mir selbst, dass meine bewusste Motivation zur Meditation durchaus die ist, das, was ist, da sein zu lassen und allen Empfindungen Raum zu geben. Und trotzdem ist mir schon unzählige Male während der Meditation bewusst geworden, dass ich eigentlich doch auf angenehme Empfindungen warte und ich möchte, dass sich Empfindungen von Ruhe und Frieden einstellen oder bestimmte unangenehme Empfindungen langsam abklingen.

Beispiel

Vor einigen Jahren kam ein Klient zu mir, der bereits regelmäßig meditierte und den Wunsch formulierte, »besser meditieren zu lernen«. Er habe mit der Meditation begonnen, um unangenehme Empfindungen wie Groll, Ärger und Angst zu überwinden. Diese Gefühle empfinde er vor allem seiner Frau gegenüber. Leider bewirke die Meditation jedoch nicht, dass diese Gefühle vollkommen verschwänden, weshalb er Hinweise auf eine wirkungsvollere Meditationsmethode suche. Während des genaueren Betrachtens seiner Lebenssituation erzählte er schließlich, dass seine Frau sehr herrisch sei und er immer wieder von ihr geschlagen werde. Nach einem tätlichen Übergriff ziehe er sich zurück und versuche durch Meditation, seine starken Gefühle zu kontrollieren und seine Wut auf seine Frau zu überwinden.

Auch wenn dies natürlich ein extremes Beispiel ist, so zeigt es uns doch, dass auch die Meditation dazu dienen kann, versteckte (unachtsame) Ziele zu erreichen, Herausforderungen des Lebens aus dem Weg zu gehen und die unbewussten Programme der Vermeidung unangenehmer Empfindungen und des Aufsuchens angenehmer fortzusetzen.

Selbsterforschung für Meditierende

Prüfen Sie möglichst aufrichtig, was Sie von der Meditation erwarten. Fragen Sie sich hierzu:

- Wie bereit bin ich, mich während der Meditation für alle aufkommenden Gefühle zu öffnen?
- Habe ich den Wunsch, von schmerzhaften Gefühlen befreit zu werden und mehr Distanz zu ihnen zu finden?

Es gibt sehr unterschiedliche Meditationsanleitungen, die es uns leichter oder schwerer machen, uns für unsere Gefühle zu öffnen. Vielfach geht die Meditation mit einer bestimmten Technik einher, zum Beispiel unsere Atemzüge zu zählen, ein bestimmtes Mantra zu rezitieren oder bestimmte Körperregionen wahrzunehmen. Dies geschieht meistens, um Gedankenprozesse zu beruhigen. Der Geist wird beschäftigt, sodass er sich nicht an Gedankenprozesse anhaften und ihnen folgen kann. Dadurch können sich diese tatsächlich beruhigen.

Zugleich wird aber keine innere Aufmerksamkeit gefördert, um sich für vorhandene Gefühle zu öffnen. Deshalb führt jede Meditationsanleitung, die eine gezielte Aktivität vorgibt, dazu, dass Gefühlen kein innerer Raum geboten wird. Dies gilt für Gefühle von schwächerer oder mittlerer Ausprägung. Sind sie von starker Ausprägung, so kann durch die Anleitung sogar ein innerer Kampf provoziert werden. Da starke Gefühle unsere Aufmerksamkeit einfordern und sich deutlich bemerkbar machen, führt die Meditationsanleitung dazu, dass man gezielt versucht, sich vom Gefühl zu entfernen, dieses sich aber weiter meldet und aufdrängt.

Während wahre Meditation meiner Meinung nach die Akzeptanz aller Empfindungen bedeutet (Adyashanti, 2006), entsteht hier ein innerer Kampf, begleitet von körperlicher Anspannung.

Heikel sind auch Meditationsanleitungen, mit denen gezielt bestimmte Empfindungen oder Gefühle hervorgerufen werden sollen. Wenn beispielsweise Mitgefühl fokussiert wird (und im Gegenzug Ärger, Missgunst und ähnliche Empfindungen negativ bewertet werden), ergibt sich zwangsläufig ein innerer Konflikt. Aus diesem Grunde sollten Begriffe wie »positive« und »negative« Gefühle im Zusammenhang mit Meditationsanleitungen auch tabu sein.

Inwieweit Gefühle sich während der Meditation zeigen und ob wirklich achtsam mit ihnen umgegangen wird, hängt natürlich davon ab, wie die Meditation angeleitet und praktiziert wird. Hier einige Empfehlungen aus meiner eigenen Meditationspraxis und meinen Erfahrungen mit Meditationskursen – zunächst allgemeine Praxisempfehlungen:

Es ist hilfreich, wenn die Meditation mit einer »Vorbereitungsphase« oder »Ankommensphase« beginnt. In vielen Meditationsanleitungen wird empfohlen, von Anfang an still und möglichst bewegungslos zu sitzen. Dies führt aber zwangsläufig dazu, dass der Körper in eine künstliche, weil bewusst herbeigeführte Bewegungslosigkeit gerät. Diese stellt sich dann nicht ein, weil der Körper natürlicherweise zur Ruhe kommt (körperliches Ruhen im Sein-Modus), sondern weil er sozusagen zur Ruhe »gezwungen« wird (körperliche Bewegungslosigkeit im Tu-Modus). Die Wahrnehmung von Gefühlsqualitäten wird dadurch erschwert.

Deshalb empfehle ich, die ersten Minuten der Meditation darauf zu verwenden, den Körper dabei zu unterstützen, sich zu lösen und den Atem frei fließen zu lassen. Das können bestimmte Bewegungen vorab im Stehen sein, etwa ein Schütteln des ganzen Körpers oder Dehnübungen. Im Sitzen sollte sich der Körper »zurechtruckeln« dürfen. Der geöffnete Mund und der freie Atem führen oft zu einer vertieften inneren Entspannung.

Da die körperlichen Anspannungsmechanismen auch während der Meditation schnell wieder aktiviert werden, sollte zwischendurch darauf geachtet werden, dass der Körper sich lösen kann und der Atem frei fließen darf.

Um Gefühle wahrzunehmen, wenn sie auftauchen, eignet sich die Meditationsform des sogenannten »offenen Gewahrseins« besonders gut. Hierbei werden ohne Fokussierung alle Empfindungen wahrgenommen, die in unser Bewusstseinsfeld gelangen. Meditationsanleitung, die vor allem der Wahrnehmung von Gedanken oder Körperempfindungen dienen, erschweren die Öffnung für Gefühle. Im offenen Gewahrsein werden sie leichter wahrgenommen, ebenso auch die Regulationsstrategien, die auf die Gefühle folgen, mögliche Bewertungen von Gefühlen und auch Gedankenprozesse, die Gefühle weiter anfachen.

Wenn während der Meditation besonders starke Gefühle auftreten, ist Folgendes hilfreich:

- Eine freundliche und nährende Grundhaltung den eigenen Empfindungen gegenüber ist bei starken belastenden Gefühlen und bei Zeitreisegefühlen unbedingt nötig (Brach, 2021). Darauf bin ich im Kapitel 5 bereits eingegangen.
- Bei aktuell vorhandenen sehr starken Gefühlen sind eher aktivere Meditationen hilfreich. Da sich intensive Gefühle körperlich manifestieren, führt das stille Sitzen häufig zu einer inneren Anspannung und vermehrten Kontrollbemühungen während der Meditation. Empfehlen kann man dazu Schüttelübungen, Töne machen, die das Gefühl ausdrücken, oder Brabbellaute, die der Abfuhr emotionaler Energie dienen. Diese Übungen können auch eine Zeit lang anstelle der Meditation praktiziert werden. Einige Übungen dazu sowie eine allgemeine Einführung in die Meditationspraxis finden Sie auf www.inneresglueck.de in meinem Onlinekurs »Wahre Meditation«.

- Neben der eigentlichen Meditation ist es zwischendurch hilfreich, sich zu fragen, was da gerade passiert. Man kann dazu in einen Selbsterforschungsprozess wechseln und erkunden, warum sich ein Gefühl entfaltet. Dann lässt sich auch leichter entscheiden, ob den Gefühlen weiter Raum gegeben werden sollte.
- Wenn das Gefühl überwältigend erlebt wird, man sich ihm nicht gewachsen fühlt oder es mit starker Angst einhergeht, ist eventuell eine zusätzliche Unterstützung empfehlenswert.

Vertiefte Meditationspraxis durch die Öffnung für Gefühle

Eine vertiefte Meditationspraxis hat viel mit unseren Gefühlen zu tun. Dabei scheinen besonders intensive Gefühle tiefere Meditationserfahrungen geradezu möglich zu machen. Am bekanntesten sind die Schilderungen des deutschstämmigen Meditationslehrers Eckhart Tolle, der darüber berichtet, dass er in einer Lebensphase mit tiefster Verzweiflung, Depression und Suizidgedanken eine Erwachenserfahrung machte, die seine Ich-Struktur zurücktreten ließ (Tolle, 2002). Das Phänomen des sogenannten Posttraumatischen Wachstums wird inzwischen erforscht (Taylor, 2021). Dabei zeigt sich, dass viele Menschen in und nach Extremerfahrungen wie Krieg, Gefangenschaft, Nahtoderfahrungen, Verlust geliebter Menschen in einen inneren Wachstumsprozess geraten, der als Erleuchtung, spirituelle Vertiefung oder Ähnliches verstanden wird. Sehr intensive Gefühle und emotionale Grenzerfahrungen können uns für eine eher spirituelle Haltung öffnen, die von Annahme, Hingabe und einem Zurücktreten des Ichs geprägt ist. Dieser spirituelle Vertiefungsprozess wird auch von verschiedenen buddhistischen Lehrenden beschrieben (Khema, 2011).

Extreme Emotionen scheinen, wenn man sich für sie öffnet, den Zugang zu einer unpersönlicheren Wahrnehmungsebene zu ermöglichen. Damit verbundene Empfindungen sind etwa Frieden, Stille, Leere, Weite, Raum,

Liebe, Annahme und Hingabe. Der Berliner Psychotherapeut und Meditationslehrer Christian Meyer hat verschiedene Phasen beschrieben und einen Zusammenhang zwischen dem Erleben von Gefühlen und dem Zugang zu diesem unpersönlicheren Wahrnehmungsbereich hergestellt (Meyer, 2016).

Er unterscheidet die sinnliche Präsenz wie etwa Sehen, Hören oder den Bereich der Körperempfindungen. Auch Gedanken und Bilder werden hier eingeordnet. Ihr folgt der emotionale Bereich der Gefühle und Stimmungen wie Angst, Freude oder Ärger. Unsere Gefühle gehen meistens mit einer physiologischen Aktivierung einher, etwa einem schnelleren Herzschlag oder einem erhöhten Muskeltonus. Daneben gibt es sogenannte tiefere Erfahrungen wie Leere, Frieden oder Stille, die mit einer Abnahme psychophysiologischer Prozesse verbunden sind.

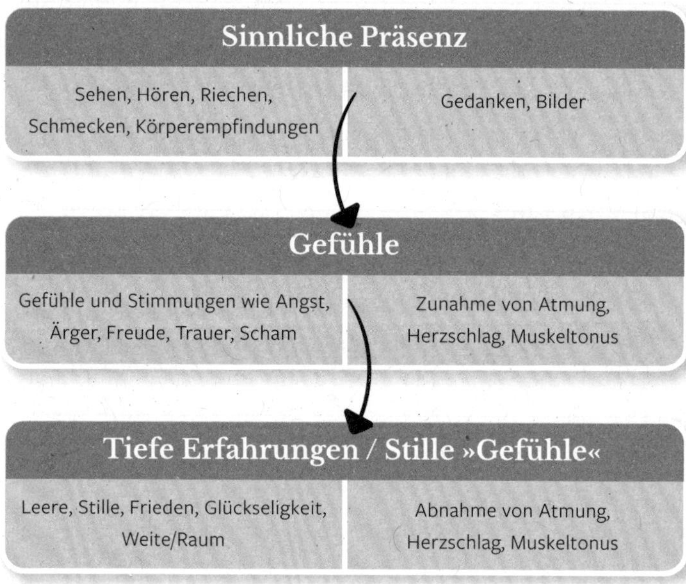

→ Zusammenhang zwischen sinnlicher Präsenz, Gefühlserleben und tieferen Erfahrungen (in Anlehnung an Meyer, 2016, S. 115).

In manchen Meditationsschulen wird nun versucht, gerade diese Empfindungen gezielt herbeizuführen, etwa indem über einen beruhigten Atemfluss ein Empfinden von Frieden entsteht. Viele Menschen machen jedoch die Erfahrung, dass dieser eher unpersönliche und tiefere Bereich gerade dann zugänglich wird, wenn Gefühle zuvor ihren Raum bekommen haben und die meditierende Person sich den Gefühlen hingegeben hat. Modelle wie das von Christian Meyer betonen, dass das Durchfühlen von Gefühlen nicht nur Teil einer annehmenden und achtsamen Meditation ist, sondern gerade dadurch tiefere Erfahrungen möglich werden.

Doch die Meditation kann nicht nur durch die Bereitschaft zur Wahrnehmung von Gefühlen vertieft werden. Gefühle können auch infolge des Meditationsprozesses eintreten, die Meditationspraxis kann uns also mit extremen Emotionen konfrontieren. Existenzielle Gefühle, die im Alltagsbewusstsein kaum wahrnehmbar sind (etwa Todesangst oder existenzielle Traurigkeit), werden durch die Meditation zugänglich. Diese können sehr aversiv sein, beispielsweise ein bedrohliches Erleben von Leere oder eine sehr tiefe Traurigkeit. Auch angenehme Gefühle wie Freude oder Liebe können in der Meditation so überwältigen, dass sie geradezu bedrohlich wirken, wohl weil sie die Ich-Struktur aufzuweichen beginnen.

Spirituelle Krisen sind umfangreich beschrieben worden, und es gibt Zusammenschlüsse von Psychotherapeuten, die speziell für solche Erfahrungen Unterstützung anbieten (zum Beispiel das Netzwerk für spirituelle Entwicklung und Krisenbegleitung, www.senev.de).

CHRISTINE WEISS

Emotionen in der Paarberatung: *Die Musik im Tanz der Liebe*

In Paarbeziehungen erleben wir das ganze Spektrum von Emotionen im Positiven wie im Negativen – und das macht Sinn. Die intensivsten Gefühle werden im Zusammenhang mit unseren wichtigsten Beziehungen geweckt. Und Emotionen zwischen Liebenden lassen sich kaum verstehen, ohne zu verstehen, was es mit Bindung auf sich hat.

Die meisten Paare suchen eine Paartherapie auf, weil sie miteinander in einer wiederkehrenden Negativspirale stecken und es aus eigener Kraft nicht schaffen, dieser zu entkommen. Liebende erzählen von Streiten über Kleinigkeiten, die sich emotional hochschaukeln, oder sie leiden unter stillen Konflikten, zunehmender Distanz oder fehlender Intimität. Im Ausdruck von Emotionen ist dabei alles möglich von hochkochend, explosiv und kaum zu besänftigen bis hin zu abgeschaltet, negiert und verdrängt. An diesem Punkt beginnen Partner nicht selten an der Beziehung zu zweifeln. Wo ist die einstmalige Liebe und Verbundenheit hin? Warum leben wir keine Sexualität mehr oder nur noch selten oder unbefriedigend? Warum vertrauen wir uns nicht mehr? Woher kommt all der Ärger, die Kritik, die Abwertung, die Kühle oder Distanz? Wie kommen wir über eine Affäre hinweg?

Sue Johnson hat eine bindungsbasierte Methode für Paare entwickelt, die Emotionen in den Mittelpunkt rückt: die Emotionsfokussierte Paartherapie (EFT). Sie richtet sich an Paare, die einen Weg finden wollen, um zusammenzubleiben oder glücklicher zu werden als bisher. Sie wendet sich nicht an Paare, die sich bereits für eine Trennung entschieden haben, oder wo einer oder beide Partner in so großer Not sind, dass eine individuelle Psychotherapie indiziert ist, bevor es möglich ist, an der Bindungsbeziehung zu arbeiten.

Die Paare, für die eine EFT hilfreich sein kann, erfahren ihre Beziehung aus emotionaler Sicht als unsicher. Das Ziel ist es, eine sichere Bindung zu erschaffen. Doch was genau ist damit gemeint? Die Bindungswissenschaft hat uns in den letzten Jahren vielzählige Studienergebnisse zur erwachsenen Liebe geliefert. Bindung sei, so John Bowlby, der Begründer der Bindungstheorie, nicht nur bedeutsam für Kinder mit ihren Eltern, sondern eben auch für uns Erwachsene.

Sichere Bindung meint, dass Paare eine emotional sichere Verbundenheit erleben und diese wiederherstellen können, falls sie gestört oder unterbrochen wird. Sichere Bindung meint, dass wir unsere Verletzlichkeiten einander zeigen können, da wir ein grundsätzliches Vertrauen zueinander haben, und dass der andere emotional ansprechbar ist und eingestimmt auf uns reagieren wird, wenn wir uns an ihn wenden. Sue Johnson bringt es in mit folgender Frage auf den Punkt: »Bist du da für mich – ansprechbar, zugänglich und emotional engagiert?« (»ARE *you there for me – accessible, responsive, engaged?*«) Wir wissen heute: Wenn Bindung uns einen sicheren Hafen bietet, können wir von hier aus kraftvoll in die Welt hinausgehen. Sichere Bindung ermöglicht wirkliche Autonomie. Sie ist eine wichtige Quelle für Urvertrauen, Selbstbewusstsein sowie Empathie- und Konfliktfähigkeit.

Bindung heißt nicht, dass zwei Partner ständig zusammen sein müssen, und auch nicht, dass einer einseitig für den anderen da ist oder einer von beiden vereinnahmt wird oder dauerhaft zurückstecken muss. Laut der »Social Baseline«-Theorie von Jim Coan ist es unser physiologischer Grundzustand, in emotionaler Verbundenheit mit wichtigen anderen zu existieren. Bindung ist also »normal«. Sie ist Teil unseres Menschseins.

Bindung ist eng verwoben mit der Fähigkeit, Emotionen zu regulieren. Wie wir diese spüren oder nicht spüren, mit ihnen umgehen und welche Emotionen erlaubt sind und welche nicht, lernen wir zunächst als Kinder in der existenziellen Abhängigkeit von unseren Hauptbindungsfiguren. Wir entwickeln Emotionsregulationsstrategien. Werden zwei Erwachsene ein Paar und geraten miteinander in Bindungsunsicherheit, greifen sie auf diese Strategien unbewusst zurück. Im gegenseitigen Wechselspiel entstehen hier emotionale Dynamiken, die in eine Aufwärts-, aber eben auch Abwärtsspirale geraten können.

Sie erfahren im Folgenden, warum manche Paare in eine emotionale Falle geraten. Und lernen eine Möglichkeit kennen, wie Sie sich im Dschungel der Bindungsemotionen wieder sicher bewegen können.

Die Emotionsfokussierte Paartherapie (EFT) nach Sue Johnson

- Die EFT ist ein auf der Bindungswissenschaft basierter, humanistischer Ansatz zur Psychotherapie, der systemische und experientielle Interventionen kombiniert. Emotionen und Emotionsregulation werden priorisiert.
- Ziel der EFT ist eine zunehmende emotionale Balance und Gesundheit durch inneres Wachstum sowie das Gestalten und Erleben von sicheren Bindungsbeziehungen.

- Die EFT wurde in den 1980er-Jahren als strukturierter Kurzzeitansatz ursprünglich für die Paartherapie entwickelt und wird auch mit Individuen und Familien angewandt.
- Zahlreiche Studien über die EFT zeigen die Wirksamkeit, signifikante Behandlungserfolge und stabile Langzeiteffekte.
- Die EFT wird mit hetero-, homosexuellen und diversen Paaren angewandt, mit Paaren aus unterschiedlichen kulturellen Kontexten sowie denen, die besonders herausgefordert sind, beispielsweise durch Migration, Diskriminierungserfahrung oder psychische und physische Vulnerabilität.
- Sie entwickelt sich über die Kanadische Mutterorganisation ICEEFT und deren über 60 Mitgliedsorganisationen kontinuierlich weiter. ICEEFT folgt hohen Standards für die Qualitätssicherung und Zertifizierung der Ausbildung und ihrer Trainer.
- Das Modell hat eine klare Struktur mit drei Phasen, neun Schritten und einer Makrointervention, der sogenannte EFT-Tango.
- Kontraindikationen für die EFT sind aufgeführt in der entsprechenden Literatur.

Andreas Knuf vermittelt in diesem Buch ein umfassendes Bild über die Welt der Emotionen. Sie sind ein hochwertiges System der inneren Informationsverarbeitung und organisieren unser inneres Erleben wie auch unsere zwischenmenschlichen Interaktionen. Sie kolorieren unsere Welt in vielerlei Hinsicht.

In der Arbeit mit Paaren sind Emotionen zusätzlich der Motor für die ersehnten positiven Veränderungen, für die Paare uns aufsuchen. Ihre emotionalen Signale und Reaktionen ergeben Sinn, wenn wir sie im Kontext ihrer Bindungsbeziehung entschlüsseln. John Bowlby beschrieb, dass die Hauptaufgabe von Emotionen darin bestehe, unsere Bedürfnisse, Motive und Prioritäten einander mitzuteilen. Und mehr noch: Emotionen beinhalten immanente Handlungstendenzen, um diese Bedürfnisse zu erfüllen. Erinnern Sie sich: Wenn wir Angst haben, brauchen wir Schutz, wenn wir traurig sind, Trost, Freude möchten wir teilen, Wut trägt ein Bedürfnis nach Grenzen, Scham löst aus, dass wir uns zurückziehen, und bedarf eines empathischen Gegenübers, um uns aus der drohenden Isolation herauszuhelfen.

In der Arbeit mit Paaren destillieren wir das emotionale Erleben beider Partner heraus, versuchen es zu entschlüsseln und setzen es in den Bindungskontext. In Emotionen schwingen Bindungsbedeutungen mit. Was fühlen wir, wenn wir uns von unserer Partnerin nicht gewürdigt, abgelehnt, fallen gelassen oder ausgenutzt, bedroht, übersehen, entmutigt, verraten, verachtet, abgewertet oder stehen gelassen fühlen? Und was, wenn wir uns im Positiven in den Augen unseres Partners als liebenswert, wesentlich, gehört, gemeint, eingebunden, besonders, bedacht, umsorgt, gebraucht, wertgeschätzt erleben? Wir Menschen können in unserem Körper spüren, wie sich das eine und andere jeweils anfühlt, was uns beängstigt oder verärgert, was uns beruhigt, entspannt und offen füreinander sein lässt.

Um das Dilemma von Liebenden zu verstehen, zu ordnen und zu prozessieren, unterscheiden wir zwischen *Kernemotionen* (primären Emotionen) und *reaktiven Emotionen* (sekundären Emotionen). Hier ein Beispiel eines Paares, Maria und Thomas, das Sie später noch genauer kennenlernen werden:

Beispiel

Maria fühlt sich in ihrer Beziehung zunehmend allein. Manchmal ist sie deswegen unruhig und auch traurig. Gelegentlich, etwa wenn Thomas wieder lang bis in den Abend arbeitet, beginnt sie zu zweifeln. Warum sucht er ihre Nähe immer weniger? Wie wichtig ist sie ihm eigentlich noch? Diese Verletzlichkeit zu zeigen, fühlt sich jedoch zu unsicher an (wer weiß, was er dann über sie denkt?), und sie selbst schiebt diese Gefühle auch gern wieder zur Seite. Inzwischen passiert es häufiger, dass sie Thomas verärgert und aufgeregt erklärt, wo er sie nicht genug wahrnimmt, wertschätzt und was er anders machen soll.

Paare in der Paartherapie sind in einer Krise oder einem unsicheren Miteinander, aus dem sie heraus möchten, aber oft gar nicht wissen, wie. Thomas könnte beispielsweise im Erstgespräch sagen: »Ich weiß gar nicht, warum bei Maria aus jeder Mücke ein Elefant werden muss! Ich tue doch alles für unsere Familie!«

Das tiefer liegende emotionale Erleben ist oftmals nicht im Bewusstsein, überdeckt oder wird verdrängt. Es erscheint manchmal zu schwierig, all das zu fühlen, wenn wir nicht wissen, wie wir damit umgehen können. Wir schützen uns vor Verletzung und manchmal davor, dass sich bestätigen könnte, was unsere Angst uns zuflüstert. Das kann beängstigend sein und ein hilfloses Gefühl auslösen. Und so bestimmt manchmal die laute Musik im Vordergrund das Paargeschehen, etwa der explosive Ärger, das kühle Abwehren oder eine Mischung von beidem. Dabei bleiben Bedürfnisse nach Aufmerksamkeit, Akzeptanz, Nähe, Autonomie, Trost, Vertrauen, Zärtlichkeit oder Sexualität auf der Strecke, und die Bindung leidet.

Wie Bindung den Umgang mit Emotionen prägt

Was haben wir durch unsere Biografie hindurch über Emotionen gelernt? Insbesondere die frühen Lebensjahre prägen uns hier. Wir erfahren durch das Zusammensein unserer Hauptbindungsfiguren, was es mit Emotionen auf sich hat. Werden wir willkommen geheißen und gehalten, wenn wir auf die Welt kommen? Dürfen unseren Emotionen sein und reguliert unsere Hauptbindungsfigur sie? Der Säugling braucht dafür zu Beginn seine Mutter, er kann Emotionen nicht selbstständig regulieren!

Während wir aufwachsen, lernen wir, ob es sicher ist, unsere primären Emotionen zu fühlen, oder ob es unsicher, ambivalent oder gar gefährlich ist. Wir lernen, ob unsere ausgedrückten Bindungsbedürfnisse gesehen werden und sich um uns gekümmert wird. Oder ob wir uns selbst überlassen bleiben oder Ablehnung erfahren, wenn wir uns mit Gefühlen und damit verletzlich zeigen. Wir lernen, ob wir akzeptiert, angenommen und gefördert werden, wenn wir unsere Autonomie ausdrücken und die Welt erobern wollen. Oder ob es ambivalent ist, »mal so, mal so« und es Bedingungen dafür gibt, dass wir geliebt werden und »richtig sind«.

Erfahren wir als Kinder unsere primäre Bindungsfigur als »sicher genug«, werden wir ausreichend gesehen, geliebt, beruhigt und emotional versorgt, im Arm gehalten und gewogen, dabei unterstützt, selbstständig die Welt zu erkunden, ohne allein gelassen zu werden, sowie ermutigt, uns zu entwickeln, und geschützt, wenn wir es brauchen, dann sind unsere Chancen groß, dass wir mit dem Aufwachsen lernen, unsere Emotionen wahrzunehmen und zu regulieren. Dann müssen wir keine Angst entwickeln, uns an andere zu wenden, wenn wir sie brauchen. Wir lernen, dass wir Bindungsfiguren vertrauen können und sie für uns emotional sicher genug und präsent sind – ein sicherer Hafen eben. Mit dem Älterwerden verinnerlichen wir unsere primären Bindungsfiguren, sie werden ein Teil von unserer inneren emotionalen Landschaft.

Aus diesen frühen Bindungserfahrungen entwickelt sich unsere Bindungsstrategie, die entweder sicher oder eben unsicher ist und damit beeinflusst, wie wir mit Emotionen umgehen. Natürlich können diese im Laufe unserer Lebenserfahrungen durch neue korrigierende Erfahrungen modifiziert und überschrieben werden. Und manchmal kann dabei eine Psychotherapie unterstützen oder, in unserem Falle, eine Paartherapie.

Ist die Bindung zu unseren primären Bindungsfiguren unsicher, erleben wir die Not von Bindungsverlust oder sind unsere Bindungsfiguren gar eine Quelle von Gefahr, findet das kindliche Nervensystem eine physiologische Lösung beispielsweise darin, Emotionen aufzudrehen oder abzuschalten. Das Baby spürt genau, wann Mama sich empathisch zuwendet und wann sie sich gegebenenfalls abwendet, und wird sein Verhalten daran anpassen. Das kleine Kind hat keine Wahl: Es passt sich an, weil es sich anpassen muss. Bindung ist überlebensnotwendig, und Bindung zu sichern hat Priorität.

Das kleine Kind, das gelernt hat, dass es positive Zuwendung über »gute Performance« und Leistung bekommt, wird dies aller Voraussicht nach in seinem Leben vorerst weiterführen. Das Kind, das bei Traurigkeit auf Ärger oder beschämende Verharmlosung seitens seiner Eltern stößt, wird sich wohl mehr und mehr in sich zurückziehen und versuchen, damit allein zurechtzukommen oder all das gar nicht mehr zu fühlen. Behält es auch im Erwachsenenalter diese Strategie bei, wird die fehlende Nähe und Öffnung auch weniger Verbundenheit zu möglichen Partnern – den Bindungsfiguren von heute – mit sich bringen.

In unserer Kindheit bestand also die Notwendigkeit, Bindung zu erhalten oder mitunter mit ambivalenter, fehlender oder gefährdender Bindung zurechtzukommen oder zu überleben. Herausgebildete Emotionsregulationsstrategien nehmen wir mit in unser erwachsenes Leben und in unsere Bindungsbeziehungen. Sie holen uns ein und bewegen uns – bis wir ihrer bewusst werden und sie selbst in eine Richtung bewegen, in die wir wollen.

Jedoch sind sie vorerst unsere Brille, durch die wir unsere aktuellen Bindungsfiguren, uns selbst und Liebesbeziehungen sehen. John Bowlby nennt das die »inneren Arbeitsmodelle«. Und diese können sich durch ausreichend neue, emotional sichere Erfahrungen mit Menschen, die vertrauenswürdig und zugewandt sind, verändern. Hier setzen wir in unserer Arbeit mit Paaren an. Wir müssen uns als Liebende daran erinnern, dass wir andere brauchen, um emotional in Balance zu sein, uns zu entfalten und den Herausforderungen des Lebens resilient zu begegnen. Allein zu sein ist keine Option! Es widerspricht der menschlichen Natur.

Unter- und überregulierte Emotionen

In unserer Praxis sehen wir in der Regel Paare, deren Bindung unsicher und nicht mehr in emotionaler Balance ist. Einer der Partner oder beide gehen damit um, indem die Emotionen über- oder unterreguliert werden. Wir sprechen von der vermeidenden sowie der ängstlichen Strategie, wobei auch beide zusammen vorkommen können. Diese Strategien werden weder pathologisiert noch bewertet, im Gegenteil: Wir validieren sie als die bindungsbiografisch entstandene adaptive Notwendigkeit, um Zugehörigkeit und Zuwendung so gut wie möglich zu wahren oder uns als Kinder, soweit möglich, zu schützen.

Wenn wir unsere Emotionen unterregulieren, haben wir eine Tendenz zu der ängstlichen Bindungsstrategie. Dann könnten wir uns beispielsweise innerlich sagen:

»Ein Teil von mir ist immer in Sorge, ob ich dir wichtig bin und wie viel ich dir bedeute. Meine Alarmglocke läutet manchmal, wenn ich dich weit weg erlebe. Dann fühle ich mich nicht gesehen und nicht wertgeschätzt, und das bestätigt meine Angst und macht mich auch wütend. Ich fühle mich dann allein mit allem, als wäre ich dir egal! Das kann mich manchmal richtig panisch machen. Wenn ich dich dann anspreche und du nicht reagierst, kann es mich richtig überwältigen. Dann flippe ich aus und es sprudelt aus mir heraus, was mir alles nicht passt und wo ich mich alleingelassen fühle, und ich kritisiere dich und fordere von dir, dass du etwas änderst. Die Hauptsache für mich ist, dass ich wieder Kontakt zu dir fühlen kann. Das Schlimmste ist, wenn du mauerst, dann fühle ich mich so verloren und wertlos. Erst, wenn ich mich dir wieder nah fühle, kann ich mich etwas beruhigen.«

Wenn wir hingegen unsere Emotionen überregulieren, haben wir eine Tendenz zu der vermeidenden Bindungsstrategie. Dann können wir uns zum Beispiel innerlich sagen:

»Wenn mich etwas verunsichert, schiebe ich es eher beiseite, rationalisiere und suche nach Lösungen oder widme mich meinen Aufgaben.

Wenn ich dich ärgerlich oder kritisch erlebe, verstehe ich die Welt nicht mehr und erfahre innerlich sehr viel Stress. Ich fühle mich wie ein Versager und hilflos. Dann gehe ich in Deckung und hoffe, du beruhigst dich irgendwann. Ich versuche, vernünftig damit umzugehen. Manchmal denke ich, ich brauche niemanden, ich komme besser allein zurecht. Ich versuche, alles richtig zu machen, und doch scheint es nie genug zu sein. Manchmal verteidige ich mich und werde auch ärgerlich, um Abstand und Ruhe zu bekommen – denn ich halte es nicht gut aus, dass es diese Spannung gibt zwischen uns. Ich bin dann allein und fühle mich deprimiert, aber wenigstens hört es erst mal auf. Mit meiner Arbeit versuche ich mich dann abzulenken.«

Bindungsemotionen im Duett

Je nachdem, wie ausgeprägt und unflexibel unsere Emotionsregulation ist, desto größer kann die Not zwischen Liebenden werden. Es kann für Partner zu beängstigend sein, primäre Emotionen, Verletzlichkeiten, Ängste und Bindungsbedürfnisse direkt auszudrücken. Das kann sich so weit ausprägen, dass Partner manchmal gar nicht oder nur minimal wahrnehmen können, was sie fühlen, und das Gefühlte direkt wegschieben oder nicht wahrhaben wollen.

Beispielsweise wird die Angst, verlassen zu werden (primäre Emotion), in Ärger verwandelt (sekundäre Emotion), um zu versuchen, Bindung wieder abzusichern. Oder die Hilflosigkeit und das Gefühl, in den Augen des Partners zu versagen, werden versachlicht und beschwichtigt. Die sekundären Emotionen sind eine Folge der Unsicherheit und Angst, das primäre emotionale Erleben wirklich zu spüren, die darin innewohnenden Bindungsbedürfnisse wahrzunehmen und zu adressieren. Die Chance wird verpasst, Emotionen mit der wichtigsten Person, der Bindungsfigur, zu regulieren, und der Einzelne bleibt damit allein – und physiologisch bleibt der Stress im Nervensystem.

Indem Partner nach außen nicht zeigen, was sie Verletzliches im Inneren fühlen – oder fühlen würden, wenn sie sich das erlauben könnten –, um sich bewusst oder eben auch oft unbewusst zu schützen, entstehen kleine und große Risse, Brüche oder Bindungsverletzungen in der Partnerschaft.

Ein Partner, der wütend und anklagend auftritt, wenn er sich tief in sich verloren, verlassen und übersehen fühlt, wird bei seiner Partnerin meist nicht auf die Empathie und Zuwendung stoßen, die er eigentlich bräuchte, um sich zu beruhigen und wieder verbunden zu fühlen. Und die Partnerin, die sich gleichgültig gibt und abwehrend gereizt zeigt, wenn sie sich tief im Inneren nicht akzeptiert und gut genug fühlt, wird ebenso nicht die emotionale Bestätigung erfahren, die sie eigentlich benötigt, um zu emotionaler Ausgeglichenheit und einem Gefühl von Sicherheit zurückzukehren.

Schafft das Paar nicht, die emotionalen Risse und Brüche in ihrer Bindung zu reparieren, entstehen dadurch die Beziehung gefährdende Muster, die Sue Johnson »negative Zyklen« oder Teufelskreise genannt hat. Diese verstärken meist genau das, was die Liebenden am meisten befürchten.

Mit unseren Paaren rahmen wir also ihr emotionales Erleben im Bindungskontext neu – das ist der Tanzboden, auf dem Liebende sich zur Musik ihrer Emotionen bewegen. Wenn wir von Bindungsemotionen sprechen, haben wir es am meisten mit Angst, Wut, Scham und Traurigkeit zu tun. Angst spielt eine entscheidende Rolle. Wir kennen sie im bedrohlichen Ausmaß als Panik, als die Angst vor Bindungsverlust und Ausgeschlossensein, die Urangst des Menschen.

Wir haben es zu tun mit Einsamkeits- und Verlassenheitsgefühlen sowie der Trauer, Empörung und Verzweiflung darüber und wiederum der Angst davor – manchmal angeheizt durch die Bindungsstrategien der Partner. Und natürlich begegnen wir auch den als positiv angesehenen Kernemotionen Freude und Überraschung, etwa wenn einer von beiden sich zu öffnen wagt, plötzlich etwas Weiches und Verletzliches zeigt und damit seine Partnerin im Herzen berührt, wodurch eine neue positive emotionale Erfahrung möglich wird.

Beispiel: »Maria und Thomas«

Maria und Thomas sind seit 14 Jahren ein Paar. Sie haben eine Tochter, die achtjährige Lea, und einen Sohn, Tobias, 11 Jahre. Maria ist selbstständige Fremdsprachenkorrespondentin und Thomas als Außenhandelskaufmann beruflich viel unterwegs. Die beiden kommen in die Paartherapie, da ihre Beziehung, wie sie sagen »am Abgrund steht« und sie ihr eine letzte Chance geben wollen.

Thomas musste in seinem Leben lernen, Emotionen weitgehend zur Seite zu schieben. Seine Eltern ließen sich scheiden, als er drei Jahre alt war, und er wuchs mit seiner, wie er sagt, »besorgten und überforderten« Mutter auf. Nähe ist für ihn mit ambivalenten Gefühlen verbunden. Frei und unbesorgt fühlt er sich, wenn er auf Reisen ist und »niemand ihn kontrolliert«. Er bekommt viel Anerkennung in seinem Beruf.

Maria ist in einem »emotional turbulenten« Elternhaus aufgewachsen. Ihre Eltern haben viel und heftig gestritten, sich aber auch geliebt. Ihr Vater hatte, als sie 13 Jahre alt war, eine längere heimliche Affäre, die per Zufall entdeckt wurde. Sie versuchte, ihre Mutter zu trösten, die danach depressiv war und unter Panikattacken litt.

Die ersten Jahre ihrer Beziehung beschreiben Maria und Thomas als glücklich. Sie haben sich bei einem gemeinsamen Hobby kennengelernt und sind in ihrer Freizeit viel zusammen gereist. Mit der Geburt von Tobias, der zu früh auf die Welt kam und die ersten vier Wochen auf der Intensivstation liegen musste, hat sich ihr Leben um 180 Grad geändert. Maria beschreibt es so, dass von da an das »Alleinsein« begonnen und sie sich oft überfordert gefühlt habe. Thomas sagt, er habe viel Energie in den Aufbau einer beruflichen Existenz für die Familie gesteckt.

Maria beschreibt, wie sie immer versucht, Gespräche mit Thomas anzufangen, in denen sie ihre Gefühle erklärt und ihn dazu bewegen will, mehr für sie und die Kinder da zu sein. Thomas empfindet das als Kritik und Abwertung und fühlt sich nicht angenommen. Er versucht,

Lösungen zu finden, und zieht sich immer weiter hinter seiner Mauer zurück, was Maria zunehmend verzweifeln lässt. In den letzten Monaten sind ihre Streite so heftig eskaliert, dass Maria gedroht hat, sich zu trennen und mit den Kindern auszuziehen, wenn Thomas »sich nicht ändert«. Thomas fühlt sich ohnmächtig und hat sich einverstanden erklärt, eine Paartherapie aufzusuchen, da er die Beziehung mit Maria nicht verlieren will.

Der Beziehungstanz von Maria und Thomas ist ins Schleudern gekommen. Beide haben einen Umgang damit gesucht und dabei unbewusst auf ihre früh verinnerlichten Emotionsregulationsstrategien zurückgegriffen: Maria mit der Suche nach Kontakt, die mit viel Reden, Erklärungen, Ärger und Kritik einhergehen, und Thomas mit Einzelkämpfertum, Rationalisierung und Abwehr. Beide versuchen damit, sich zu schützen. Die »laute Musik« hat im Laufe der Zeit die »leise Musik« darunter übertönt: die verletzlichen Gefühle beider. Thomas fühlt sich hilflos, nicht richtig und nicht akzeptiert, Maria hat Angst davor, nicht wichtig zu sein, und fühlt sich alleingelassen und unverbunden, was ihre Angst noch verstärkt.

Emotionale Dynamiken von Liebenden: Die Teufelskreise

Maria und Thomas sind in den am weitesten verbreiteten Teufelskreis geraten, der zwischen Liebenden entstehen kann, den von *Verfolgen und Zurückziehen*. Eine Dynamik, die sich als gegenseitig verstärkende Feedbackschleife wiederholt und zuspitzt.

Hier ist ein Tanz entstanden, in dem sich beide Partner an der Oberfläche mit ihren sekundären Emotionen zeigen, mit angreifendem Ärger und lauter Verzweiflung bei Maria und hilfloser Verteidigung und Fluchtgefühlen bei Thomas. Hinter diesen Schutzmustern bleiben die primären Kernemotionen im Verborgenen. Die Verletzlichkeit wird gut geschützt –

und der Teufelskreis dreht sich weiter: Je mehr Thomas mauert, desto größer wird Marias Verzweiflung, und je mehr Maria angreift, desto mehr zieht sich Thomas in seiner Hilflosigkeit zurück.

In unseren Praxen sehen wir Varianten dieser negativen Zyklen: Verfolgen – Zurückziehen, Verfolgen – Verfolgen, Zurückziehen – Zurückziehen und manchmal eine höchst dramatische Mischung aus allem. Damit beginnt, oft als schleichender Prozess, eine Bindungsbeziehung unsicher zu werden.

Und tatsächlich sind emotionale Brüche und Verletzungen nicht das eigentliche Problem, sondern dass Partner diese nicht emotional reparieren und das Vertrauen und die Bindungssicherheit wiederherstellen. Oft wissen sie auch nicht, wie sie das tun können, wenn sie keine Vorbilder in ihrer Entwicklung hatten – und von einer »Schule« für Bindung und Liebe sind wir gesellschaftlich weit entfernt.

Die damit wachsende Bindungsunsicherheit ist ein hoher physiologischer und psychischer Stressfaktor, der Partner manchmal noch tiefer in ihre Schutzmechanismen wie Kämpfen, Flüchten oder gar Erstarren treibt. Finden Paare keinen Weg zurück zu emotionaler Verbundenheit, sind Einsamkeit, Verzweiflung und Hilflosigkeit die Folge. Die Bindungsbeziehung gerät in die Krise.

Wie können wir nun helfen, das emotionale Dilemma, in dem sich Paare wie Maria und Thomas verfangen, zu entwirren und einen sicheren Hafen miteinander zu erschaffen?

Mit Emotionen tanzen

Es hilft Paaren zu erkennen, zu welcher emotionalen Musik sie eigentlich tanzen – wer welche Schritte setzt und wann sie die Tanzfläche vielleicht sogar ganz verlassen. In unserer Arbeit verknüpfen wir das Verhalten und die sekundären Emotionen mit den tiefer liegenden primären Emotionen, die sich im Laufe des Prozesses mehr und mehr erschließen. Wenn ein Paar erkennt, wie es seinen gemeinsamen Tanz tanzt und sich dabei verfängt, ist das ein Schritt in die Deeskalation seines negativen Zyklus.

In der zweiten Phase geht es darum, neue korrigierende emotionale Erfahrungen miteinander zu schaffen. Unsere innere Angst braucht emotional neue und positive Interaktionen, damit wir unseren Schutz Stück für Stück ablegen können. Auf dem Weg zu einer sicheren Bindung wagen die Partner neue Tanzschritte, mit denen sie sich in ihrer Verletzlichkeit einander zuwenden und lernen, sich emotional abzuholen – sie lernen, mit »ARE« zu reagieren: ansprechbar, zugänglich und emotional engagiert. Erst mit der damit neu gewonnenen Bindungssicherheit können Paare »neue Lösungen für alte Probleme« finden. Kurz gesagt: Paare, die die laute, vordergründige Musik von der darunter liegenden, sanfteren und vorerst leiseren Musik unterscheiden lernen, können eine neue Wahl für neue, verbindende Tanzschritte treffen.

Affektelemente auffächern und vertiefen

Um mit Bindungsemotionen zu arbeiten, hat Sue Johnson eine Intervention geschaffen, die sie den »EFT-Tango« nennt und die fünf Tanzschritte eines Prozesses in jeder Sitzung beschreibt. Im zweiten Tanzschritt machen wir Emotion experientiell erfahrbar – zuerst mit einem, später mit dem anderen Partner. Wir nennen das die Zusammenfügung der Affektelemente.

Dieser Prozess startet mit einem Trigger, einem Auslösereiz, unmittelbar gefolgt von einer limbischen Reaktion, die uns signalisiert, ob die Situation oder unser Gegenüber sich für uns sicher oder verunsichernd anfühlt, ob wir uns entspannen oder schützen müssen – und das passiert schneller, als wir intellektuell entscheiden oder kontrollieren könnten. Zu einem emotionalen Erleben gehört außerdem unser Körpererleben, also zum Beispiel der erhöhte Herzschlag, die Spannung im Nacken, die weichen Knie, der »Frosch« im Hals etc.

Wesentlich ist auch, welche Bedeutung Partner ihrem emotionalen Erleben zuschreiben – wir Menschen interpretieren, was wir fühlen auf Grundlage unserer Erfahrungen. Im Rahmen der Arbeit mit Paaren sprechen wir hier von Bindungsbedeutungen. Die innere Bindungsunsicherheit und Angst könnten beispielsweise fragen: »Bin ich in deinen Augen noch liebenswert? Akzeptierst du mich, auch wenn ich andere Bedürfnisse habe? Bleibst du bei mir, auch wenn ich einen Fehler gemacht habe? Bist du vertrauenswürdig? Stehst du zu mir? Kann ich mich dir öffnen, ohne abgelehnt zu werden? Interessierst du dich wirklich für mich mit all meinen Schwächen und Verletzlichkeiten? Oder geht es dir nur darum, dass ich perfekt funktioniere, immer freundlich bin oder dir den Rücken für deine Karriere freihalte?«

Ein weiteres Affektelement ist die Handlungstendenz: das Verhalten oder der Impuls für eine bestimmte Handlung, selbst wenn wir sie nicht konkret ausführen, weil sie etwa zu beängstigend ist. Hierhin gehören auch die sekundären Emotionen: »Wende ich mich ab? Baue ich eine Mauer? Zeige ich mich groß und stark durch reaktiven Ärger und durch Angriff, Kritik oder Abwertung? Bereite ich mich schon einmal darauf vor, mich notfalls von dir zu trennen, damit ich den Schmerz nicht spüren müsste, falls du mich verließest? Beschäme ich dich, damit ich meine eigene, von früher herrührende Scham nicht spüren muss? Suche ich permanent nach Lösungen, damit ich mich nicht ohnmächtig fühlen muss? Suche ich Anerkennung und Wertschätzung außerhalb der Beziehung, da es sich zu gefährlich anfühlt, dich nah an mich heranzulassen, und versuche ich dich davon zu überzeugen, dass das in einer Beziehung so sein muss?«

Das neu explorierte und zusammengefügte emotionale Erleben bringen wir in den direkten Kontakt zwischen den Partnern und bearbeiten die damit aufkommenden emotionalen Blockaden, Ängste oder neuen, näheren Momente von Begegnung. Hier ein Beispiel mit Maria und Thomas:

Beispiel

Maria: Und dann ist er immer noch am Telefonieren, und es ist schon spät am Abend ... und ich frage mich: Wer oder was, um Teufels willen, ist so wichtig, dass mein Mann so spät noch telefonieren muss? (*Reaktive Emotion – Ärger – steigt hoch.*)

Therapeutin: Das macht viel mit Ihnen, richtig? Sie sehen Ihren Mann telefonieren (*Trigger*), und da geht Ihr innerer Alarm los (*limbische Wahrnehmung*) – »Wer oder was ist da so wichtig ... wichtiger als ich?« (*Bindungsbedeutung*)

Maria: (*ärgerlich*) Ja, absolut! Ich bin ihm schon lange total unwichtig! Und seit er diesen neuen Job hat, ist es besonders schlimm ...

Therapeutin: Ja, es macht Sie ärgerlich (*reaktive Emotion*), denn Sie fühlen sich, als wären Sie total unwichtig für Ihren Mann (*Bindungsbedeutung*) ... Und dann ... zeigen Sie ihm das auch (*Frage nach Verhalten*)?

Maria: Ja, ich fange an, nachzufragen. Mit wem musstest du jetzt noch telefonieren? Ist das jetzt wirklich notwendig? Aber wenn das Telefonat länger geht, fange ich innerlich an zu kochen.

Therapeutin: Ja, ich höre Sie, in Ihnen fängt es an zu kochen, denn Sie fragen sich, während Ihr Mann mit etwas anderem beschäftigt ist (*Wiederholung Trigger*): »Bin ich ihm überhaupt noch wichtig (*Wiederholung Bindungsbedeutung*)? Was bedeute ich ihm eigentlich? Wieso verbringt er den Abend nicht mit mir?« Und mit Ihrem Ärger versuchen Sie dann, Thomas zu erreichen?

Maria: Ja, das tue ich. Ich will ja Kontakt zu ihm! (*schaut kurz zu Thomas hinüber*)

Therapeutin: Maria, während Sie das gerade sagen »Ich will ja Kontakt zu ihm ...«, (*verlangsamt*) was passiert gerade in Ihnen?

Maria: Ich weiß nicht genau ... Es fühlt sich irgendwie ... (*stockt*)

Therapeutin: ... traurig an? (*vermutet eine primäre Emotion*)

Maria: Das ... ja, so ist. Unendlich traurig eigentlich.

Therapeutin: Ja ... (*verlangsamt*) Es macht Sie traurig, der Gedanke, Ihrem Mann nicht wichtig zu sein. Und gerade, wo Sie mir hier davon erzählen, kommen Tränen in Ihre Augen ... (*spiegelt primäre Emotion*)

Maria (*nickt*): Es fühlt sich eng an. Meine Brust ist wie zugeschnürt.

Therapeutin: Eng in Ihrer Brust, wie zugeschnürt (*Körperaktivierung*) ... Da spüren Sie: »Vielleicht bin ich dir gar nicht mehr wichtig? Was bedeute ich dir noch?« Und das macht Sie unendlich traurig. Sie sehnen sich nach mehr Kontakt zu Ihrem Mann ... (*Vertiefung des gesamten Erlebens.*)

Maria: Puh, ja. Ich fühle mich oft sehr allein (*beginnt zu weinen. Thomas schaut zu ihr und sein Blick wird zugänglicher*). Vielleicht ist seine Liebe gar nicht mehr da. Vielleicht ist er innerlich schon gar nicht mehr bei mir. (*Ihre tiefer liegende Angst von Bindungsverlust deutet sich an.*)

Die Therapeutin hilft Maria, ihr inneres Erleben mithilfe der Affektelemente zu erforschen, zu verknüpfen, bewusst zu erleben und mit Sinn zu erfüllen. Und dann hilft sie Thomas, Maria von einer Seite kennenzulernen, die er normalerweise zu Hause nicht erlebt – dort bekommt er meist nur ihren Ärger oder ihre Vorwürfe zu hören. Sie hilft Thomas, mehr und mehr mit »ARE« zu reagieren, und das wiederum ist beruhigend für Maria. Später im Prozess fühlt sie sich sicher genug, sich Thomas zu öffnen:

»Ich habe manchmal Angst, dass ich dir gar nichts mehr bedeute. Dass ich vielleicht langweilig für dich geworden bin, vielleicht sogar unattraktiv! Wenn ich mich dann so allein mit allem fühle, dann sehne ich mich eigentlich nach Nähe zu dir. Dann komme ich und stelle dir all diese Fragen, um herauszufinden, was ich dir bedeute. Ich weiß, dass ich dir dann endlos Vorwürfe mache – ich bin einfach verzweifelt. Umso länger ich dich mit anderen Dingen beschäftigt sehe, desto mehr beginnt es in mir zu kochen. Darunter schrillt der Alarm! Ich habe Angst, dass ich deine Liebe schon verloren habe …«

Verknüpfung

Stellen Sie sich nun den Tango-Move 2 mit Thomas vor – oder jemandem, mit dem Sie selbst arbeiten. Oder Sie nehmen sich selbst! Wie können Sie Trigger – limbische Reaktion – Körperwahrnehmung – Bindungsbedeutung – Handlungstendenz verknüpfen, sodass ein emotionales Erleben Sinn ergibt? Falls Sie mit Thomas gehen, könnte Ihr Startsatz sein: »Und dann sehe ich schon wieder Marias vorwurfsvolles Gesicht, und dann …« (*Trigger*)

Emotionale Begegnungen ermöglichen

Wenn ein neues Element im emotionalen Erleben aufgetaucht ist, choreographieren wir eine Begegnung zwischen den Partnern. Mit Thomas und Maria könnte es so weitergehen:

Therapeutin: Maria, können Sie das zu Thomas sagen: »Mein Ärger ist ein hilfloser Protestversuch gegen die fehlende Verbindung zu dir. Darunter habe ich Angst, dass ich deine Liebe schon verloren habe. Und das wäre schrecklich. Die Angst schnürt mir die Brust zu.« Können

Sie ihm in die Augen schauen und von Ihrer Angst erzählen?

Nun kann sich der Prozess unterschiedlich entwickeln – vielleicht braucht Maria erst noch Unterstützung, um etwas von ihrer Verletzlichkeit zu teilen. Vielleicht gehen wir erst zu Thomas und fragen ihn, wie das alles bei ihm ankommt und was er emotional erlebt. Wenn Maria ihr inneres Erleben teilt, könnte Thomas sehr verschieden darauf reagieren, beispielweise:

1. Variante, in der bereits etwas Öffnung sichtbar wird

Therapeutin: Thomas, wie ist das für Sie zu hören?

Thomas *(schaut zu Maria):* Das hast du so noch nie gesagt. Ich wusste nicht, dass du so viel Angst hast. Ich sehe ja immer nur deinen Ärger … Und ich bin gar nicht weg, ich schütze mich nur vor all diesen Vorwürfen.

2. Variante, die noch unsichere Bindung zeigt und mehr Prozess benötigt

Thomas *(schaut von Maria weg):* Das ergibt keinen Sinn für mich. Warum solltest du Angst haben? Du weißt doch, dass ich da bin. Ich rackere mich doch die ganze Zeit für die Familie ab!

Therapeutin: Thomas, lassen Sie uns hier einen Moment anhalten. Ich möchte gern verstehen, was bei Ihnen gerade passiert. (*verlangsamt*) Maria hat sich eben mit etwas gezeigt, was neu für Sie zu hören sein muss. Was eigentlich unter ihrem Ärger und all den Vorwürfen steckt. Dass sie Angst hat, sie hätte Ihre Liebe schon verloren … Was passiert in Ihnen, Thomas, wenn Sie Marias Tränen sehen?

Thomas: Ja, das kommt mir seltsam vor. Ich verstehe diese Tränen nicht. Worüber beklagt sie sich eigentlich?

Therapeutin: Oh ja, das ergibt Sinn, wo Sie beide schon so lange in diesem Teufelskreis gefangen sind, in dem Sie Ihre Frau nur ärgerlich und vorwurfsvoll erleben. Und das ist schlimm für Sie. *(Er nickt.)* Und Sie fühlen sich dann hilflos und wie ein Totalversager, und dann ziehen Sie sich zurück, um all das nicht mehr fühlen zu müssen.

Thomas: Ja, es ist einfach sinnlos, darüber zu streiten!

Therapeutin: Es muss für einen Teil in Ihnen wirklich schwer sein, Marias Tränen hier zu sehen. Und zu hören, dass sie Angst hat, Ihre Liebe schon verloren zu haben … *(verlangsamt)* So redet sie nie zu Hause.

Thomas: Ja, das ist richtig. Ich weiß gar nicht, was ich damit tun soll. *(schaut einen kurzen Moment zu Maria)*

Therapeutin: Ja, das ist absolut neu, sie so zu sehen. *(kurze Pause)* Sie wissen gar nicht, was Sie damit tun sollen. Wie ist es, zu ihr hinüberzuschauen? Was sehen Sie in Marias Augen?

Thomas: Keinen Ärger. Nur Tränen. *(nachdenklich und nach einer Pause an Maria)* Ich möchte nicht, dass du Angst hast. Aber ich verstehe das alles, glaube ich, noch nicht. *(Seine Stimme klingt etwas zugewandter und er schaut hilfesuchend zur Therapeutin.)*

Die Therapeutin wird Thomas helfen, den Zusammenhang zu erkennen und validiert seine neue Offenheit, verstehen zu wollen, was bei Maria passiert.

Die emotionalen Begegnungen zwischen zwei Partnern, die sich in einem Teufelskreis verfangen haben, werden im Laufe des Prozesses umfassender und tiefer. Auf dem Weg, die eigenen primären und verletzlichen Gefühle selbst zu spüren, zu verstehen und den Mut zu fassen, sich damit mitzuteilen, liegen meist Ängste, Scham oder Bindungsverletzungen, die es anzuschauen und zu bearbeiten gilt. In der zweiten Phase des Paarprozesses werden emotional korrigierende Erfahrungen möglich. Thomas wird beispielsweise zu Maria sagen können:

»Ich musste in meinem Leben immer allein zurechtkommen. Und ich war immer stolz darauf, so selbstständig und unabhängig zu sein. Jetzt erkenne ich, dass darunter auch meine Angst vor Nähe zu dir liegt. Nähe war für mich früher immer damit verbunden, dass meine Mutter mich kontrolliert und mich für ihre eigenen Ängste aufgesucht hat. Ich hatte nie das Gefühl, dass ich wirklich akzeptiert werde, wie ich bin und was ich brauche. Für mich war Nähe immer etwas, was man eher vermeiden sollte, weil es eh nie um mich gehen wird. Ich glaube, hinter meiner starken Fassade bin ich auch irgendwie ein Angsthase. Aber ich sehne mich danach, dass du mich akzeptierst. Und dass du mir vertraust, dass ich es gutmache. Dass ich in deinen Augen kein Totalversager bin, wenn ich mich mal hilflos fühle oder einen Fehler mache.«

Maria könnte ihn daraufhin anlächeln. Und man kann vielleicht spüren, wie sie einen tiefen Atemzug nimmt und sich in ihrem Kontakt miteinander etwas zu verändern beginnt: Es ist ein Tanzschritt hin zu sicherer Bindung. Die beiden beginnen, über ihre primären Emotionen zu sprechen, statt sich in den reaktiven Schutzmustern zunehmend zu entfernen und zu verstricken. Die leise Musik wird hörbar und ermöglicht einen neuen Tanz.

Mit Emotionen im Hier und Jetzt

Um den Fluss von Emotionen zu begleiten, sei er nun reißend und voller Stromschnellen, eher durch Hindernisse geblockt oder nur noch vor sich hin tröpfelnd seicht, ist unsere innere Haltung wichtig. Heutzutage wissen wir, wie wesentlich die Beziehung und Allianz zwischen Klienten und Therapeuten den Erfolg der therapeutischen Prozesse beeinflusst. Um verletzlichen Emotionen Raum zu geben, brauchen unsere Klienten genug Sicherheit mit uns.

Hier hilft eine humanistische Haltung, die von Empathie und Akzeptanz geprägt ist. Wie ist es für mein Gegenüber, er oder sie selbst zu sein in dieser Lebenssituation, die er mit mir teilt? Wie fühlt sich das, was wir hören und sehen, in unserem eigenen Körper an? Empathisches Einfühlen bedeutet, dass wir uns neben unsere Klienten »setzen« und mitspüren –

bis wir selbst das emotionale Dilemma ihrer unsicheren Bindung erfassen.

Paare benutzen eigene Worte und Bilder für ihr emotionales Erleben. Wir nennen das »emotionale Anker«. Sue Johnson hat ein Akronym kreiert, um sich in unsere Klienten einzustimmen: RISSSC. Es bezeichnet, wie wir unsere Interventionen und Stimme nutzen, um Sicherheit zu schaffen, um Verletzliches zu »riskieren« *(to risk).*

R	Repeat	Wiederholen
I	Image	Bilder nutzen
S	Slow	Verlangsamen
S	Soft	Sanft
S	Simple	Einfache Sprache
C	Client‘s words	Worte der Klienten

Unsere eigenen Emotionen

Unsere eigenen ausbalancierten Emotionen als Therapeuten sind im Therapieprozess nicht nur akzeptiert, sondern sogar erwünscht. Sie können ein wichtiger Impulsgeber für den Prozess sein.

Wir verstehen uns als »Übergangsbindungsfiguren«: Wir sind emotional präsent, neugierig und unterstützend, und wir übernehmen die Führung, wenn das Paar droht, sich in ihrem Teufelskreis zu verlaufen. Wir helfen, Gefühle zu spüren und diese mitzuteilen und damit etwas Neues zu wagen. Wir fungieren des Öfteren als Brücke zwischen zwei Partnern, bis sie sich selbst einander öffnen und abholen können. Wir stehen ihnen zur Seite, wenn Angst, Schmerz, Scham, Trauer und emotionale Blockaden auftauchen. Wir sind da, wenn sie ein emotionales Risiko eingehen und etwas zeigen, was sie vielleicht noch nie jemandem zeigen konnten, ohne verletzt oder negiert zu werden. Wir signalisieren, dass es sich lohnt, Kontakt, Nähe und Bindung herzustellen, wenn es sicher genug ist. Manchmal offenbaren wir etwas, was wir selbst erlebt haben, wenn es uns nützlich für den Prozess erscheint.

Manchmal berührt uns das, was vor uns passiert, tiefer. Vielleicht werden wir an eigene Verletzlichkeiten und schmerzliche Erfahrungen erinnert. In der EFT rechnen wir damit und heißen es willkommen. Es ist normal. Wir begreifen es als einen Wachstumsschritt für uns selbst, wenn unsere Klienten uns etwas spiegeln. Wir nehmen unsere eigenen Emotionen wahr und ernst und kümmern uns nach den Sitzungen darum, indem wir uns etwa an unsere Partnerinnen, Kollegen oder Supervisorinnen wenden.

Empfehlungen zum Umgang mit Paaren

- Setzen Sie die Bindungsbrille auf. Was ist die verzweifelte Einsamkeit unter den explodierenden Anklagen? Was ist die schreckliche Angst vor Ablehnung und Zurückweisung hinter der eiskalten Mauer? Wir alle bekommen Panik, wenn unsere Bindungsbeziehung gefährdet ist – und sei es nur in unserer Wahrnehmung, die durch frühere Erfahrungen gespeist wird. Pathologisieren Sie nicht.
- Stimmen Sie sich empathisch in das Erleben ein. Spüren Sie erst genügend mit, bevor Sie analysieren.
- Erweitern Sie Ihren Bindungsradius um einen systemischen Blick. Partner bedingen sich gegenseitig und verfangen sich in negativen Zyklen, die mit der Zeit immer hilfloser und verzweifelter machen. Was tun beide Partner, um damit zurechtzukommen und sich und die Beziehung zu schützen, und wie triggert das den anderen? Helfen Sie dem Paar, den gemeinsamen Tanz zu erkennen – und Emotionen sind die Musik.

- Spiegeln und validieren Sie das emotionale Erleben auf empathische Weise. »Ich verstehe, dass es Ihnen Angst macht, wenn Sie das Gefühl haben, er denkt vielleicht schon an Trennung …« Sie schaffen damit einen sicheren Rahmen für inneren Wachstum.
- Spüren Sie Angst, gar Panik in einem oder beiden Partnern? Helfen Sie bei der Emotionsregulation, indem Sie RISSSC anwenden. Bleiben Sie emotional präsent und sprechen Sie warm, moduliert und langsam. Machen Sie sich nahbar und signalisieren Sie verbal und nonverbal »Ich bin da für Sie. Sie sind nicht allein«.
- Lassen Sie alle gutgemeinten Ratschläge und Kommunikationsregeln beiseite – diese doktern nur an Symptomen herum und können die emotionale Dynamik sogar verschlimmern, weil Partner in Scham geraten, wenn sie es nicht schaffen, die Regeln einzuhalten.
- Verschenken Sie ein gutes Buch zum Thema Bindung und Emotionen oder empfehlen Sie zum Stöbern die Plattform www.Lovie.de, die »School of Love«.
- Ein Paar ist ernsthaft in Schwierigkeiten, aber Sie selbst arbeiten nicht als Paartherapeutin? Legen Sie ihm eine bindungsbasierte Paartherapie ans Herz.

www.eftcd.de – Homepage des deutschsprachigen Netzwerks der Emotionsfokussierten Therapie (EFT) mit Therapeuten- und Ausbildungsverzeichnis u. a.

www.lovie.de – »School of Love«: Alles zu Liebe, Bindung & Emotionen für die interessierte Öffentlichkeit. Ein gemeinnütziges Projekt der EFTCD e.V.

www.iceeft.com – Homepage der Internationalen EFT-Mutterorganisation, Ottawa, Kanada.

ARMIN KAUPP

Achtsamer Umgang mit Emotionen in Unternehmen

Im Spannungsfeld von Erfolgsdruck und Leistungsoptimierung

Seit vielen Jahrzehnten arbeite ich nun in den unterschiedlichsten Business-Kontexten. Zunächst über zwei Jahrzehnte als Mitarbeiter, Führungskraft und schließlich Geschäftsführer. Und nun ebenfalls seit über zwei Jahrzehnten im Coaching- und Trainingsbereich für Unternehmen im In- und Ausland.

Jeden Tag geht es darum, Ziele zu erreichen, Strategien zu verfolgen, Märkte zu bearbeiten und Kunden zu begeistern. Als Führungskraft gilt es, Mitarbeiter zu führen, Teams weiterzuentwickeln und aktiv Veränderungen zu begleiten. In dieser Führungsrolle ergibt sich eine ständige Auseinandersetzung von Zielerreichung, Erfolgsdruck und Leistungsoptimierung.

Das Wachstums-Credo lässt dabei kaum jemanden wirklich zu Ruhe kommen. Die Erfolge dieses Jahres müssen im kommenden übertroffen werden und sogenannte Niederlagen haben oft entsprechende Konsequenzen. Neben den Unternehmensvorgaben wirken noch viele Umfeldbedingungen in dieses Zusammenspiel ein: neue Managementmethoden, VUKA-Welt, neue Führungsstile, internationale Verflechtung, Agilitätsturbo, Transformation, Changemanagement, Veränderungsprozesse, Nachhaltigkeit etc.

Viele Managementmethoden sind auf Rationalität aufgebaut, lassen sich planen, strukturieren und mit Projektmanagement-Tools begleiten. Hierin sind Führungskräfte oft sehr gut ausgebildet, häufig haben sie jahrlange Erfahrungen mit diesen Werkzeugen. Rationale und faktenbasierte Entscheidung haben einen festen Platz. Alles muss reibungslos funktionieren, wie bei einer Maschine. Menschen werden in dieser Metapher häufig nur als Ressourcen betrachtet.

Doch braucht es für einen nachhaltigen Erfolg im heutigen Geschäftsleben neben intellektuellem Leistungsvermögen und einer starken Durchsetzungskraft nicht noch mehr? Wo bleibt der Mensch mit seiner emotionalen Komponente? Emotionalität hat für viele im Business nichts mit Ratio zu tun und verwässert dadurch die nüchterne und professionelle Sichtweise. Emotionalität wird als Ablenkung, nicht valide oder sogar als ein Fehler in der Organisation gesehen.

Doch richtig ist, dass die Organisation aus Menschen besteht, Menschen, die ständig Gefühle haben. Umso überraschender ist es, dass viele Beteiligte beim Umgang mit Gefühlen eher Unsicherheit verspüren, Gefühle als nicht wichtig erachten, dieses Thema vielfach sogar aussparen oder es zu vermeiden versuchen. Hierfür gibt es sicher vielerlei Gründe und Erklärungen. Im Businessbereich gibt es Sprüche und Aussagen wie »Emotionen müssen draußen bleiben«, »Wer Gefühle zeigt, hat verloren« oder »Nun fahren wir mal alle Emotionen schön herunter«. Lange wurden Emotionen im beruflichen Umfeld als Schwäche ausgelegt.

Wie Andreas Knuf an vielen Stellen in diesem Buch ja schon deutlich gemacht hat, wäre es stattdessen wünschenswert, die Emotionen einzuladen, ihnen Raum zu gewähren und sie bewusster wahrzunehmen. Wir wissen heute genau, wie das Unterdrücken von Gefühlen inneren Druck erzeugt. Dieser Dauerdruck führt zu Stress und kann unsere Gesundheit gefährden.

Das Kontrollieren kostet uns teilweise enorm viel Kraft und Energie. Der aktive Umgang mit Emotionen wird vermieden, was oft teuer bezahlt wird – und zwar sowohl von der Einzelperson als auch vom ganzen Unternehmen. Bezahlt wird in folgender »Währung«: Leistungsminderung, Unzufriedenheit, Demotivation, Krankheitstage, fehlende Zielerreichung, Kündigung, Dienst nach Vorschrift, Überforderung, Dauerstress, Burn-out und vieles mehr.

Die Wissenschaft hat eindeutig nachgewiesen, wie unser gesamtes Verhalten durch unsere Emotionen im Unterbewusstsein gesteuert wird. Welche Schlüsse ziehen wir für unser Berufsleben daraus und wie gehen Unternehmen mit diesem Wissen um?

Vor allem Führungskräfte haben im Gesamtsystem der Unternehmen eine Schlüsselfunktion. Sie fordern, fördern und entwickeln Mitarbeiter und sind selbst als Team- und Projektmitglieder eingebunden. Gerade in dieser Mehrfachrolle lässt sich die dauernde Herausforderung und der emotionale Spagat dieser Personengruppe deutlich darstellen. Ebenso werden eigene persönliche Ansprüche an diese Führungsrolle, Erwartungshaltungen der Mitarbeiter und Teamdynamiken in diesem Spannungsfeld deutlich.

Emotionskompetenz zu entwickeln und authentisch zu integrieren ist vor allem für Menschen in Führungsverantwortung und Coaches zwingend notwendig. Berufliche Extremsituationen drängen uns zur Suche nach schnellen Erleichterungen, die vermeintlich rationale Lösungen brauchen. Leider bringen diese scheinbaren Befreiungen nicht immer eine nachhaltige Lösung. Sofortiger »Druckabbau« und die Suche nach schnellen Lösungen führen oft zu Emotionssuppression oder Gefühlsunterdrückung. Die unaufhörliche Selbstoptimierung, die einem »persönlichen Raubbau« ähneln kann, gipfelt teilweise im Burn-out.

Es braucht demnach einen integrierten Umgang mit Gefühlen, was eine nachhaltige und persönliche Selbsterforschung notwendig macht. Gerade meine eigene Erfahrung in diesem Bereich zeigt mir, wie viele »Bewertungskonfigurationen« hier vorhanden sind. Jede Emotion hat eine persönliche Botschaft, und oft wollen wir diese Hinweise nicht haben. Die Macht der Emotionen verstehen zu lernen und Gefühle wirklich zu fühlen kann sehr befreiend sein. Dies eröffnet weitere Potenziale, enorme Chancen und neue Sichtweisen. Doch wie kann das gelingen? Wie können wir im täglichen Business echte Gefühle bewusst wahrnehmen?

Nun ist es schön für mich zu beobachten, dass die Botschaft »Nix wie fühlen!« auch im Businessbereich zunehmend ihren Platz bekommt. In vielen Gesprächssituationen wird mehr und mehr die eigene emotionale Betroffenheit dargelegt. Gefühle werden in Veränderungsprozessen immer häufiger angesprochen und als wichtiger Teil der Gesamtlösung gesehen. Auch in Führungstrainings wird ihnen mehr Platz eingeräumt.

Ich erlebe in den letzten Jahren vermehrt, wie Führungskräfte in den Seminaren und Coachingsitzungen direkt und offen ihre aktuellen Emotionen in den Vordergrund stellen. Sie berichten, wie Ängste vor persönlichen Überforderungen, Resignation bei schwierigen unternehmerischen Rahmenbedingungen, aufgestauter Ärger und Wut über vermeintliche Fehlentscheidungen auf die tägliche Arbeit einwirken. Dieses Aussprechen, Wahrnehmen, Zulassen und Fühlen von Emotionen ist für Führungskräfte der erste Schritt zum eigenverantwortlichen Handeln. Nicht allein das Anpassen der Rahmenbedingungen, sondern auch der Umgang mit den eigenen Gefühlen unterstützt eine Veränderung.

Heute sehe ich den professionellen Umgang mit Emotionen als einen der großen und notwendigen Erfolgspfeiler unserer Zeit! Um Menschen achtsam begleiten und führen zu können, müssen wir diese Emotionskompetenz auch für uns selbst aufbauen. Es ist äußerst wichtig, sich seiner eigenen Gefühle bewusst zu sein.

Dass dies nicht immer einfach ist und ein langer Weg sein kann, weiß ich aus eigenem Erleben. Nach den ersten Erfahrungen als Führungskraft wurde mir schnell klar, dass die mentalen Belastungen auch einen Ausgleich benötigen.

Während beruflicher Auslandsaufenthalte in Asien bin ich eher zufällig auf Meditationsangebote gestoßen. Nachdem ich einige Kursangebote ausprobiert hatte, wurde mir rasch bewusst, dass es hier etwas für mich zu entdecken gab: eine nach innen gerichtete Wahrnehmung, die mir eine bisher nicht bewusste Ressource erschließt. Eine Innenschau, die mehr Klarheit und gleichzeitig auch größere Ausgeglichenheit ermöglicht. Die Meditation half mir, einen besseren Zugang zu meinen Gefühlen zu finden und folgende Fragen zu beantworten: »Wann geht es mir gut? Warum bin ich überfordert? Wo bin ich verärgert und enttäuscht?«

Bald schon erhielt ich von meinem Team die Rückmeldung, dass genau diese Aspekte in meiner Art der Führung positiv wahrgenommen wurden. Immer mehr traute ich mir zudem, meine eigenen Emotionen zu verbalisieren. Auch die Teammitglieder wurden durch mein »Vorbild« mutiger, sich mit ihren Gefühlen offen zu zeigen.

Einige Zeit später lag die Gesamtverantwortung für verschiedene ausländische Tochterunternehmen bei mir. Wir hatten uns in den letzten Jahren zu einem eingespielten, lebendigen und erfolgreichen Führungsteam entwickelt. Dann veräußerte die Muttergesellschaft in den USA die Sparte »über Nacht« gewinnbringend an einen Investor. Daraufhin verwandelte sich mein Traumjob plötzlich in einen Albtraum. Ohne größere Vorwarnung und Einbeziehung unseres Teams wurden die Tochterunternehmen einzeln verkauft. Die Betroffenen erhielten während der ganzen Veränderungsprozesse keinerlei emotionale Begleitung. Sie wurden mit den Gefühlen von Wut, Irritation, Resignation, Enttäuschung etc. alleingelassen. Kaum zwölf Monaten später hatten die meisten Potenzialträger demotiviert das Unternehmen verlassen. Rückschauend war der Verkauf an den Investor sowohl wirtschaftlich als auch menschlich ein Misserfolg.

Ich selbst zog nach einem Jahr frustriert die Konsequenzen und stieg zunächst für ein Jahr aus. Ich wollte zur Ruhe kommen, mich neu ausrichten und nachspüren, was mir wieder Freude machen könnte. Nach der Rückkehr aus dem Ausland gründete ich ein Trainingsteam, das vor allem Führungskräfte unterstützte und schulte. In dieser neuen Aufgabe wurde mir sehr schnell bewusst: Ein wirklich nachhaltiger Erfolg stellt sich nur ein, wenn der Mensch im Mittelpunkt steht. Neben vielen Business-Tools muss die Führungskraft sich als Ganzes selbst wahrnehmen können.

Viele Seminarteilnehmer wollten zunächst Ratschläge zum schnellen beruflichen Erfolg. Doch ein echter, langfristiger Erfolg ist nur über einen guten Zugang zu den eigenen Gefühlen möglich. Daher waren viele Teilnehmer irritiert, wenn ich etwa folgende Fragen formulierte: »Wie verarbeite ich meine Niederlagen? Was beschämt mich und wie kann ich Schwäche zeigen? Was vermeide ich? Was ärgert mich und warum? Was macht mich traurig? Wie geht es mir wirklich damit? Welches Gefühl ist damit verbunden? Welche Handlung löst dies bei mir aus?«

Man benötigt Selbstreflexion, um sich Emotionen bewusst zu machen und damit umgehen zu lernen. Daneben liefert Selbstexploration wichtige Erkenntnisse hinsichtlich der eigenen Veränderungs- und Umsetzungsgeschwindigkeit. Erst durch direktes Ansprechen und aktives Bearbeiten von Emotionen werden Änderungen und Lösungen möglich. Sich mit den eigenen Gefühlen im Kontext der Businessaufgaben zu zeigen, schützt vor Vermeidungstaktiken und vielen Scheingefechten. In den Führungstrainings ist dieses Self-Leadership ein wichtiger Erfolgsbaustein geworden.

Für mich selbst ist diese »neue« Kombination aus kognitiven Business-Tools und emotionaler Kompetenz selbst heute noch eine ständige Lernkurve. Es macht viel Spaß und Freude, dies in die tägliche Führungsarbeit zu übertragen. Es braucht diese innere Einstellung und Haltung, damit die Kraft der Emotionen authentisch und überzeugend vermittelbar wird. Ich bekomme immer wieder die Rückmeldung von Führungskräften: »Diese Investition lohnt sich, auch wenn der Weg einen herausfordert.« Man benötigt Vorbilder, die als Leuchttürme wahrgenommen werden!

Emotionale Kompetenz im beruflichen Kontext: Veränderungsprozesse in Unternehmen ganzheitlich begleiten

Wir könnten den achtsamen Umgang mit Gefühlen in Unternehmen nun in ganz verschiedenen Bereichen betrachten: Wie gehen Mitarbeitende miteinander um und wie ehrlich zeigen sie ihre Gefühle? In welchem Ausmaß haben Gefühle in Teams ihren Raum und wie ließe sich dort ein achtsamer Umgang etablieren? Welchen Platz brauchen Emotionen in Konfliktsituationen und was benötigt man für eine nachhaltige Klärung? Welche Ressourcen verliert ein Unternehmen durch unterdrückte Emotionen und wie könnte dieses Potenzial positiv genutzt werden?

Aus all diesen verschiedenen Unternehmensbereichen greife ich nun die Führungskraft und ihren Umgang mit Gefühlen heraus. Und zwar erstens, weil die Führungskraft zentralen Einfluss darauf hat, wie in einer Firma oder einem Team mit Gefühlen umgegangen wird, welche Atmosphäre dort herrscht und wie sich Mitarbeitende begegnen. Ich konzentriere mich zweitens auch deshalb auf die Betrachtung von Führungskräften, weil ich vor allem in ihrer Beratung seit vielen Jahren tätig bin und mich in diesem Umfeld gut auskenne.

Aus all den Herausforderungen, mit denen Führungskräfte konfrontiert sind, greife ich wiederum eine heraus, nämlich das Change-Management. Moderne Unternehmen sind ständig mit Veränderungsprozessen konfrontiert, da sie sich dauernd an neue Marktgegebenheiten anpassen müssen.

Ich wähle das Feld der Veränderungsprozesse aber noch aus einem weiteren Grund aus, denn in diesem Bereich ist es offensichtlich, dass ohne die Bearbeitung von Gefühlen ein Wandel nicht gelingen kann.

Jede Veränderung löst Gefühle aus, erst recht, wenn es sich um tiefgreifende Veränderungen handelt, etwa neu zusammengesetzte Teams oder ein verändertes Arbeitsgebiet. Ich habe ja schon beschrieben, dass der Businessbereich mit Gefühlen eher Schwierigkeiten hat. Beim Change-Management herrscht jedoch Einigkeit: Ohne die Berücksichtigung von Gefühlen geht es nicht.

Letztlich sind aber auch all die anderen Herausforderungen in Unternehmen nicht zu bewältigen, ohne Gefühlen ihren Raum zu geben. Anhand eines Veränderungsprozesses lassen sich dabei verschiedene Methoden zur Arbeit mit Gefühlen vorstellen, die auch in anderen Arbeitsfeldern in Unternehmen genutzt werden können. Hierzu drei Beispiele:

1. Ein Unternehmen muss aufgrund neuer Wettbewerber seine Vertriebsstrategien neu ausrichten. Die ganze Vertriebsmannschaft wird umorganisiert und bekommt neue Aufgaben und Verantwortungen.
2. Ein Team wird organisatorisch in einen anderen Verantwortungsbereich verlagert. Es bekommt eine neue Führungskraft und ein Teil der bisherigen Teammitglieder wird durch neue Kollegen intern ersetzt.
3. Ein Unternehmen zieht in ein neues, größeres Gebäude. Alte Standorte werden aufgelöst und in den neuen Standort umgesiedelt. Diese Veränderungen sind aus strategischer Sicht notwendig und wichtig.

Veränderungsprozesse sind keine rein organisatorische Maßnahme, sondern zu 80 Prozent Steuerung von Emotionen und Kommunikation. Um diesen Prozess hilfreich anstoßen oder begleiten zu können, sind Mitarbeitende in Leitungsfunktionen mit verschiedenen Herausforderungen und Fragestellungen konfrontiert:

1. Wie geht es mir selbst als Führungskraft mit diesen Veränderungen? Welche Empfindungen habe ich persönlich?
2. Wie geht es dem Team bzw. der Projektgruppe? Wie ist die Emotionalität dieser betroffenen Personengruppe?
3. Was nehme ich bei dem Mitarbeiter bzw. der Einzelperson wahr? Wie kann ich als Führungskraft den einzelnen Mitarbeiter und Betroffenen achtsam in den Veränderungsschritten begleiten?

Veränderungsprozesse emotional begleiten: Das Haus der Veränderung

Ich möchte nun ein Modell einführen, das im wichtigen Arbeitsfeld des Change-Managements wie auch allgemein eine gute Hilfestellung bieten kann, um die verschiedenen emotionalen Herausforderungen in Unternehmen genauer zu untersuchen: das Haus der Veränderung.

Dabei handelt es sich um ein Modell »Die vier Räume der Veränderung«, das auf den schwedischen Psychologen Claes F. Janssen zurückgeht. Das Modell entstand in Schweden in den 60er und 70er Jahren und beschreibt eine physisch erlebbare Theorie über Veränderung und Entwicklung in sozialen Systemen. Es nutzt das Bild eines Hauses, um die verschiedenen Herausforderungen einprägsam zu beschreiben, die sich während eines Veränderungsprozesses ergeben. Zugleich erläutert es, wie eine Führungskraft Menschen in und durch Veränderungen begleiten kann. Im Haus der Veränderung gibt es vier Räume, wobei jeder einen anderen emotionalen Zustand im Zuge eines Change-Prozesses beschreibt. Die grundlegende Aussage des Modells ist, dass die Betroffenen bei jeder Veränderung immer durch alle vier Räume gehen. Deswegen ist dieses Modell auch hervorragend geeignet, um das emotionale Verhalten von Menschen, beispielsweise im Zuge der Transformation oder auch in Krisensituationen, zu erklären.

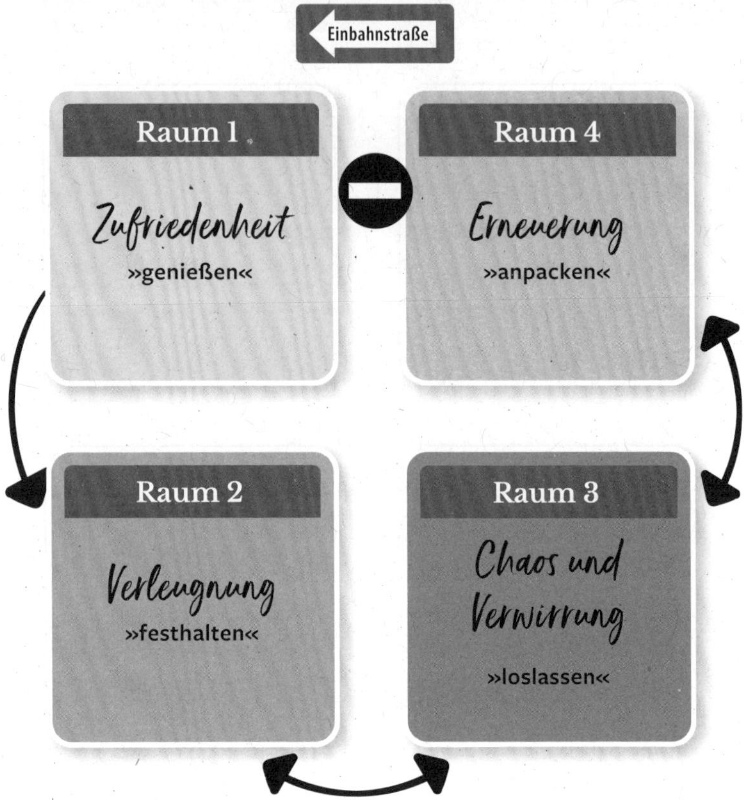

→ Das Haus der Veränderung (nach Claes F. Janssen)

Die vier Räume der Veränderung im Überblick

- **Raum 1** der Zufriedenheit: Status quo, Komfortzone, »Alles ist gut« — Gefühle von Zuversicht, Vertrauen, Behaglichkeit.
- **Raum 2** der Verleugnung: Kommunikation des Vorhabens, »Das darf doch nicht wahr sein« — Gefühle von Zorn, Angst, Irritation, Unzufriedenheit, Verunsicherung, Wut, Zynismus.

- **Raum 3** der Verwirrung: »Ist das ein Durcheinander« – Gefühle von Angst, Chaos, Einsamkeit, Hilflosigkeit, Orientierungslosigkeit.
- **Raum 4** der Erneuerung: »Ich habe etwas dazugelernt« – Gefühle der Erleichterung, Befriedigung, Spaß, neues Wissen.

1) Raum der Zufriedenheit: Status quo – »Alles ist gut«

Der erste Raum im Haus der Veränderung ist jener der Zufriedenheit, welche die Phase vor der eigentlichen Veränderung beschreibt. Mitarbeitende und Menschen fühlen sich wohl und geborgen. Die Umgebung ist geordnet und Abläufe sind routiniert. Die Dinge nehmen ihren gewohnten Lauf und es läuft vielleicht sogar wie am Schnürchen. Sich abzeichnende externe Veränderungen werden oft kleingeredet oder ignoriert. Es herrscht ein Gefühl der uneingeschränkten Kontrolle.

Menschen genießen diesen Zustand, bis eine eintretende Veränderung den Status quo zum Wanken bringt. Das kann ein plötzlicher externer Schock sein oder die langsam eintretende Erkenntnis, dass eine Veränderung unausweichlich ist. Mitunter wird die sich abzeichnende Veränderung weiter ignoriert oder heruntergespielt. Jeder macht weiter wie bisher. Wenn klar ist, dass die Veränderung unausweichlich ist, betreten Menschen den nächsten Raum im Haus der Veränderung, den Raum der Ablehnung.

Praxisbeispiele – typische Aussagen:

- »Wir sollten das nicht so ernst nehmen.«
- »Das ist nur vorübergehend.«
- »Das ist nur Panikmache.«

- »Das geht schnell wieder vorbei (dann ist alles wieder beim Alten).«
- »Wir haben Wichtigeres zu tun.«

Typisches Handeln:

- bürokratisch,
- wenig Aufmerksamkeit für die Außenwelt (beispielsweise Mitbewerber),
- wenig Gehör für alles, was zwischen den Zeilen gesagt wird,
- der Schwerpunkt der Aktivitäten liegt auf dem Operativen.

Selbsterforschung

Reflektieren Sie selbst solche Praxiserlebnisse aus Raum 1 der Zufriedenheit:

- Stellen Sie sich vor, die aktuelle berufliche Situation ist für Sie persönlich gut zu meistern. Eher unerwartet wird Ihnen jedoch mitgeteilt, dass einige grundlegende Veränderungen auf Sie zukommen.
- Wie ergeht es Ihnen emotional, welche Gefühle nehmen Sie wahr?
- Was könnte Sie in Ihrer persönlichen emotionalen Lage unterstützen (in der Rolle als Führungskraft oder als Mitarbeiter)?

Unterstützung im Raum der Zufriedenheit

Hier geht es darum, in aller Deutlichkeit und Entschiedenheit die Veränderung vor Augen zu führen. Die Mitarbeitenden erleben aktuell noch keine Notwendigkeit, die Komfortzone zu verlassen. Wie können wir also das Durchlaufen dieser Veränderungsphase unterstützen?

Die Betroffenen müssen so früh wie möglich mit Informationen versorgt und alle Veränderungen offen kommuniziert werden: Warum ist der Wandel notwendig? Was passiert, wenn wir uns nicht ändern? Zeigen Sie Hintergründe und Entscheidungsprozesse auf. Es braucht genügend Raum und Zeit, diese Informationen rational und emotional zu verarbeiten. Holen Sie die Betroffenen in Feedbackschleifen ab und achten Sie darauf, was die Mitarbeiter verstanden haben. Fragen Sie persönliche Unzufriedenheiten ab. Erkunden Sie sich nach »unerfüllten Wünschen«. Hierbei sind unterschiedliche Dialogformate nützlich, damit etwa folgende Fragen bearbeitet werden können: »Was bedeutet das für dich/uns? Welche Gefühle, Emotionen tauchen auf? Was fehlt, wenn wir in die Zukunft schauen?«

Praxistipp 1: Umgang mit Emotionen und Gefühlen

Menschen können mit verständlichen Bildern schneller in die Verarbeitung einsteigen. Stellen Sie Ihrem Team das Haus der Veränderung vor. Erläutern Sie die jeweiligen Phasen und skizzieren Sie insbesondere die damit verbundenen Emotionen. Bitten Sie jeden Teilnehmer aufzuschreiben, in welchem Raum er sich befindet (beispielsweise auf einer Moderationskarte oder einem Post-it) und den Zettel zu falten. Sammeln Sie die Zettel ein und tragen Sie jede Selbsteinschätzung mit einem Punkt im jeweiligen Raum auf einem Flipchart ein. Danach besprechen Sie die Ergebnisse in der Gruppe.

Typischerweise erreichen Sie damit, dass die Teilnehmer sich über Veränderungen auf einer Metaebene unterhalten können. Zudem hilft es zu sehen, dass der Einzelne nicht allein ist, sondern Kollegen und Kolleginnen vielleicht mit den gleichen Gefühlen konfrontiert sind. Das schafft Verbundenheit in der Gruppe und stärkt damit ein extrem wichtiges Grundbedürfnis.

Mit dieser Übung identifizieren Sie gegebenenfalls auch Kolleginnen und Kollegen, die bereits etwas weiter und bereit sind, andere auf ihrem Weg zu unterstützen (sogenannte Sponsoren). Zu sehen, dass andere schon im Veränderungsprozess fortgeschritten sind, kann Mut machen. Hierbei ist der Hinweis wichtig, dass jeder sein eigenes Tempo hat und es völlig in Ordnung und normal ist, dass die Verarbeitung eine gewisse Zeit dauert und sich niemand unter Druck setzen lassen soll. Denn es gibt weder eine Abkürzung noch eine Beschleunigung in diesem Prozess. Ebenso können wir Personen nachher individueller in ihrer jeweiligen Emotion abholen und begleiten.

Praxistipp 2: Verständnis für Mitarbeitende entwickeln

Führungskräfte haben fast immer den Vorteil, bereits viel früher mit Veränderungen konfrontiert zu werden oder sogar ihre Gestalter zu sein. Das heißt, sie haben einen emotionalen Vorsprung und durchliefen schon alle vier Räume. Sie sind im Idealfall begeistert und erfolgreich erneuert. Aus dieser Haltung heraus konfrontieren sie dann ihr Team mit der anstehenden Veränderung. Da sie selbst schon die vier Räume durchquert haben, können sie perplex sein, dass ihre Mitarbeiter noch am Status quo hängen, sich im Raum der Zufriedenheit wohlfühlen oder in den Raum der emotionalen Ablehnung eintreten. Hier ist es wichtig, Verständnis und Empathie für die Mitarbeitenden zu entwickeln. Es ist hilfreich, wenn die Führungskräfte selbst von ihren eigenen Emotionen reden. Wie es ihnen persönlich ergangen ist und welches mögliche Gefühlskarussell sie im Vorfeld selbst durchlaufen haben.

2) Raum der Verleugnung: »Das darf doch nicht wahr sein«

Im Raum der Verleugnung wird die Veränderung bewusst wahrgenommen. Es ist klar, dass eine Veränderung unausweichlich ist und es nicht weitergeht wie bisher. Jedoch wird sie immer noch geleugnet oder im weiteren Verlauf von aktivem Widerstand begleitet. Das heißt, sie wird infrage gestellt und offensiv mit Verweis auf den alten Status quo schlechtgeredet. Die Vergangenheit wird hingegen verteidigt oder weiter schöngeredet. Es beginnt die Suche nach Schuldigen, Vorwürfe werden laut. Oft werden die Führungskräfte hierfür verantwortlich gemacht.

Zentrale Gefühle im Raum der Verleugnung sind Angst und Wut. Mitarbeiter und Betroffene zeigen passiven (etwa fehlende Beteiligung) oder aktiven Widerstand (etwa Dagegensprechen). Mit intensiven Emotionen geht das Gefühl einer stärkeren wahrgenommenen Kontrolle einher.

Praxisbeispiele – typische Aussagen:

- »Das war vorher besser.«
- »Das ist nur passiert, weil …«
- »Das haben wir … zu verdanken.«
- »Das darf doch nicht wahr sein.«
- »Ich finde das richtig schlecht.«
- »Welches Problem?«
- »Dafür haben wir keine Zeit!«

Typisches Handeln:

- Vergangenheit und Gegenwart werden verteidigt,
- die »Verantwortlichen« werden in Schutz genommen,
- wichtige Informationen werden ignoriert,
- die Probleme werden kleingeredet.

Selbsterforschung

Reflektieren Sie selbst solche Praxiserlebnisse aus Raum 2 der Verleugnung:

- Stellen Sie sich vor, Sie möchten die geforderte Veränderung nicht mittragen. Sie verbinden mit dieser Veränderung nur persönliche Nachteile für sich.
- Wie ergeht es Ihnen emotional, welche Gefühle nehmen Sie wahr?
- Was könnte Sie in Ihrer persönlichen emotionalen Lage unterstützen (in der Rolle als Führungskraft oder als Mitarbeiter)?

Unterstützung im Raum der Verleugnung

Im Haus der Veränderungen gilt der Raum der Verleugung als der anspruchsvollste. Denn hier treten die heftigsten Emotionen auf. Außerdem haben die Betroffenen in dieser Phase noch das Gefühl einer sicheren Position und der Kontrolle.

Es ist enorm wichtig, als begleitende Person hier den Emotionen Raum zu geben. Schaffen Sie Ventile und Möglichkeiten, diese auszudrücken. Nehmen Sie die Gefühle ernst! Ermöglichen Sie im offenen Dialog einen Umgang damit. Das »Alte« gilt es zu würdigen und auch Verständnis dafür aufzubringen, dass ein Loslassen nicht so einfach ist. Die eigene Identität hängt zunächst noch mit dem Status quo zusammen. Wichtig ist hier, bei destruktivem Widerstand ein klares Zeichen zu setzen, dass ein Zurück nicht mehr möglich ist. Dabei ist ein einfühlsamer Umgang mit den Bedenken bedeutsam.

Gleichzeitig braucht es Klarheit mit dem zu Verändernden. Zeigen Sie Respekt für die Vergangenheit und vermitteln Sie eine positive Vision der Zukunft. Für die Betroffenen muss Raum für Beteiligung geschaffen werden, statt fertige Lösungen vorzugeben. Verdeutlichen Sie kleine erste Erfolge und schaffen Sie Raum und Zeit für einen offenen Austausch, bei dem auch Emotionen eingeladen und gefühlt werden können.

Praxistipp 3: Umgang mit Emotionen und Gefühlen – den Betroffenen Zeit geben mitzukommen

Der emotionale Widerstand ist ein wichtiger und normaler Schritt im Laufe der Veränderung. Mitarbeitende, die im Widerstand sind, sind immerhin schon einen Schritt weiter als ihre Kolleginnen und Kollegen im Raum der Zufriedenheit. Achten Sie darauf, dass Sie emphatisch und geduldig mit Ihren Mitarbeitern umgehen. Sie brauchen Zeit, um durch alle vier Räume zu gehen. Ihre richtige Ansprache und emotionale Begleitung verhindern, dass sie in einen vorherigen Raum zurückgehen. Wichtig ist zu wissen, dass die Wandlung durch Außendruck weder beschleunigt noch nachhaltig abgekürzt wird.

Nicht das Auftreten von Widerständen, sondern deren Ausbleiben sollte Sie misstrauisch machen. Machen Sie sich bewusst, dass Widerstand immer eine persönliche verschlüsselte Botschaft enthält. Entscheiden Sie sich deshalb lieber dafür, die persönlichen Motive zu ergründen, anstatt dagegen vorzugehen.

Die Ursachen für Widerstand liegen selten in der Sache, sondern vielfach im emotionalen Bereich. Solange sich Ihre Teammitglieder unbewusst bedroht fühlen, können sie Ihre sachlichen Informationen schwer aufnehmen. Sinnvolle Fragen können beispielsweise lauten: »Was interessiert euch am meisten bezüglich der bevorstehenden Veränderung?«, »Was erhofft ihr euch von der Veränderung?«, »Was befürchtet ihr bezüglich der anstehenden Veränderung?«, »Wie kann ich euch als Führungskraft am besten unterstützen?«.

Schaffen Sie Raum für einen ganz persönlichen Umgang mit dem Widerstand. Nehmen Sie Druck weg und widmen Sie dem Widerstand genügend Aufmerksamkeit. Planen Sie ausreichend Zeit für Kommunikation und Ursachenforschung ein. Auch hier ist es öfter notwendig, mit den Personen individuell über ihre ganz persönliche Gefühlslage zu sprechen. Schaffen Sie auch hierfür ausreichend Zeit. Gefühle dürfen und sollen gefühlt werden können.

Praxistipp 4: Empathisches Zuhören (vor allem im Einzelgespräch)

Im beruflichen Umfeld wird oft nicht wirklich zugehört, und eine empathische Grundhaltung ist in der Unternehmenskommunikation sicher nicht die Regel. Schaffen wir durch empathisches Zuhören einen unterstützenden Raum für das Gegenüber, sind eine emotionale Ebene des Akzeptierens und ein Gefühl, gesehen zu werden, erreichbar. Dies kann eine Erleichterung und Reduzierung von aufgestautem Druck ermöglichen. Es gibt Platz für die Gefühle, Bedürfnisse, Werte, Befürchtungen und Wünsche der Person.

Wichtig ist hierbei, dass die Führungskraft die eigenen Sichtweisen zurückhält. Es geht hier um das Einschwingen auf den Mitarbeitenden und darum, ihn zu verstehen. Lassen Sie Pausen im Gespräch zu – schwierige Gefühle dürfen und sollen wirklich gefühlt werden.

Sie können auf der nonverbalen Ebene dieses somatische Angleichen noch verstärken. Sowohl die Körperhaltung und Sprechmuster können hierzu dienen. Doch achten Sie dabei darauf, dass Sie eine angemessene Distanz wahren und nicht ein Teil des Systems des Gegenübers werden.

3) Raum der Verwirrung: »Ist das ein Durcheinander«

Im Raum der Verwirrung haben wir schließlich verstanden, dass sich etwas ändern wird oder auch ändern muss. Dieser rationalen Erkenntnis folgt zeitversetzt die emotionale Einsicht, dass die vertraute Komfortzone nicht länger aufrechterhalten werden kann. In der Folge kommen Verlustgefühle auf.

Gleichzeitig sind neue Abläufe noch nicht etabliert und fehlerhaft. Es herrscht Chaos. Fehlende Kontrolle und Kompetenz werden als frustrierend wahrgenommen. Die Steuerungskompetenz ist auf dem Tiefpunkt, in der Change-Kurve von Kübler-Ross wird das Tal der Tränen durchlaufen. Die Betroffenen haben keine Orientierung und wünschen sich oder rufen nach Hilfe. Mit dem Durchlaufen des Tals der Tränen nähert man sich der Akzeptanz, die gleichzeitig auch den Übertritt in den nächsten Raum im Haus der Veränderung bedeutet.

Praxisbeispiele – typische Aussagen:

- »Ich weiß nicht mehr weiter.«
- »Wie konnte ich nur in diese Situation geraten?«
- »Wir brauchen Hilfe, um da wieder herauszukommen.«
- »Das klappt vorne und hinten nicht.«
- »Früher war es besser.«
- »Es ist alles so unübersichtlich.«

Typisches Handeln:

- Frust und Unsicherheit machen sich breit,
- manche treten den Rückzug aus dem Projekt an,
- Schuldige werden gesucht,
- das Verhalten erscheint zunehmend irrationaler.

Selbsterforschung

Reflektieren Sie selbst solche Praxiserlebnisse aus Raum 3 der Verwirrung:

- Stellen Sie sich vor, Ihr Frust und Ihre Unsicherheit werden bei der Umsetzung der geforderten Veränderung immer größer. Was früher gut funktionierte, klappt aktuell immer weniger.
- Wie ergeht es Ihnen emotional, welche Gefühle nehmen Sie wahr?
- Was könnte Sie in Ihrer persönlichen emotionalen Lage unterstützen (in der Rolle als Führungskraft oder als Mitarbeiter)?

Unterstützung im Raum der Verwirrung

Im Raum der Verwirrung sind die Betroffenen regelrecht am Tiefpunkt und sehr verunsichert. Ihre alte Kompetenz ist unter Umständen nicht mehr gefragt und eine neue konnten sie noch nicht entwickeln. Es herrscht Chaos und fehlt an Sicherheit. Deswegen ist in dieser Phase eine der wichtigsten Aufgaben für Führungskräfte, ein »Fels in der Brandung« zu sein und viel Sicherheit auszustrahlen.

Es ist wesentlich, die Betroffenen hier aktiv mitgestalten und ausprobieren zu lassen. Eigenverantwortliche Rollen und klare Priorisierungen stärken das Sicherheitsgefühl. Stärken und fördern Sie die Fehlerkultur und zeigen Sie auf, dass »Fehler« ein ganz normaler Prozess im Lernen sind. Streben Sie kurzfristige, erreichbare Ziele an und feiern Sie Erfolge ganz bewusst.

Hier ist auch das zeitnahe und wertschätzende Feedback für bereits Erreichtes enorm unterstützend. Loben Sie also viel, auch das Ausprobieren des »Neuen«! Verdeutlichen Sie zudem weiterhin die positive Vision, ermutigen Sie zum Ausdruck von Gefühlen, betonen Sie die Dinge, die sich nicht verändern, fokussieren Sie sich auf erreichbare nächste Schritte und feiern Sie Abschiedsrituale.

Praxistipp 5: Umgang mit Emotionen und Gefühlen – eine Metaposition einnehmen

Wir alle kennen Sprüche und Aussagen wie »Vor lauter Bäumen den Wald nicht sehen«, »Ich weiß nicht mehr, wo mir der Kopf steht« oder »Ich brauche Abstand und Distanz«. Bieten Sie dem Gegenüber eine andere Sichtweise an, durch die er eventuell seinen Tunnelblick weiten kann. Eine Metaposition einzunehmen, kann uns ermöglichen, den nötigen Abstand und die neue Sichtweise zu entwickeln. Helfen Sie in der Begleitung, diese neue Wahrnehmung zu erkennen und zu erfühlen.

Schreiben Sie hierzu beispielsweise die Gefühle auf eine Karte und positionieren Sie diese neu mit Abstand. Oder bitten Sie die Mitarbeitenden, sich selbst aus der Vogelperspektive zu betrachten und die neue Sichtweise zu beschreiben.

Praxistipp 6: Gefühle einladen und ihnen Raum geben

Das Einladen von Gefühlen ist insbesondere in Einzelgesprächen und Moderationen wichtig. Dazu ein kleines Beispiel:

In einem Gespräch beschreibt ein Mitarbeiter, dass er mit der aktuellen Situation große Probleme hat. Auf die Nachfrage, was er denn genau damit meint, wird er wortkarg und hat Schwierigkeiten, es in Worte zu fassen: »Ich habe kein gutes Gefühl und weiß nicht mehr weiter ...!«

An dieser Stelle ist es wichtig, empathisch auf das Gegenüber einzugehen und auf wertschätzende Art den Ausdruck von Gefühlen einzuladen. Das Zeigen von Gefühlen ist alles andere als selbstverständlich. Vor allem wenn es um sehr belastende Gefühle oder auch um die eigene Verletzlichkeit geht. Es braucht oft Mut und Unterstützung, sich damit zu »offenbaren« und dies auszudrücken. Unterstützen Sie vorsichtig mit Formulierungen wie »Das ist wichtig ...«, »Ich bin sicher, es ergibt Sinn, dass ...« oder »Vielen Dank, dass du ...«.

Achten Sie darauf, dies mit einer inneren Haltung von Mitgefühl zu unterstützen. Nehmen Sie beispielsweise Ärger, Trauer oder Betroffenheit wahr, können folgende Fragen dies aktiv begleiten: »Wie berührt dich das?«, »Was würde dein Gefühl jetzt für einen Satz sagen?« oder »Was macht das mit dir?«

Hierbei ist es wichtig, dass entstandene Sprechpausen auch zugelassen werden. Dieser Freiraum ist für viele Führungskräfte eher ungewohnt, doch die Pausen sind ein wichtiger und verstärkender Teil des Fühlens. Sie schaffen den Raum, die momentane Emotion wirklich wahrzunehmen und zu fühlen.

Die Stille ist oft sehr intensiv und muss sensibel beobachtet werden. In der Begleitung gilt es nun, darauf zu achten, wann eventuell ein Angebot zur Verbalisierung erfolgen kann. Dies ermöglicht wiederum, das vorherrschende Gefühl wahrzunehmen: »Etwas passiert in dir gerade?«, »Manchmal fehlen uns die Worte«, »Was fühlst und erfährst du gerade?«

Wichtig ist es hier, möglichst die Worte des Gegenübers nur zu wiederholen. Bitte keine Interpretationen und Ergänzungen hinzufügen. So geben Sie den Rahmen für den Gefühlsausdruck und für das Wahrnehmen und Fühlen von Gefühlen.

4) Raum der Erneuerung: »Ich habe etwas dazugelernt«

Im Raum der Erneuerung weichen die Bedenken aus Raum 3 langsam einer klaren Sicht. Der Tiefpunkt ist überwunden, das Neue fängt an zu funktionieren, es läuft immer besser, und sogar erste kleine Erfolge sind sichtbar. Die gefühlte Kontrolle und das Vertrauen steigen, werden aber oft von einem Gefühl der Müdigkeit und Erschöpfung begleitet.

Praxisbeispiele – typische Aussagen:

- »Lass uns mal … probieren.«
- »Das fängt an, Spaß zu machen.«
- »Jetzt sehe ich langsam, wofür es gut ist.«
- »Jetzt muss ich erst einmal durchschnaufen.«
- »Gemeinsam können wir das schaffen.«
- »Es ist viel weniger schlimm als erwartet.«

Typisches Handeln:

- Es wird konstruktiv kommuniziert und einander zugehört.
- Neue Ziele entstehen.
- Es entwickelt sich einer neuer »Flow«.

Selbsterforschung

Reflektieren Sie selbst solche Praxiserlebnisse aus Raum 4 der Erneuerung:

- Stellen Sie sich vor, Sie erleben, wie Ihr Spaß an der Arbeit zurückkehrt. Die Vorteile der notwendigen Veränderung sind nun auch für Sie persönlich spürbar.
- Wie ergeht es Ihnen emotional, welche Gefühle nehmen Sie wahr?
- Was könnte Sie in Ihrer persönlichen emotionalen Lage unterstützen (in der Rolle als Führungskraft oder als Mitarbeiter)?

Unterstützung im Raum der Erneuerung

Im Raum der Erneuerung haben Mitarbeiter den emotionalen Tiefpunkt hinter sich gelassen. Bei vielen Mitarbeitenden ist allerdings jetzt eine Art Erschöpfung zu spüren. Als begleitende Führungskraft kann dabei folgende Unterstützung hilfreich sein: das Erreichte bewusst aufzeigen und Erfolge feiern. Geben Sie wertschätzendes Feedback und loben Sie! Stärken Sie den Veränderungs- und Lernprozess mit weiteren Freiräumen und Best-Practice-Erlebnissen. Machen Sie die Entwicklung des Teams erlebbar und begleiten Sie diese auch emotional.

Mit den ersten eintretenden Verbesserungen entwickeln sich Vorstellungen darüber, wie die Zukunft aussehen kann. Zuversicht und Mut für neue Dinge können nun entstehen. Mit Durchlaufen dieses letzten Raumes im Haus der Veränderung ist eine höhere Steuerungskompetenz als vor der eintretenden Veränderung erreicht. Das Gefühl der Sicherheit kehrt zurück.

Als Führungskraft sollten Sie jetzt die positive Veränderungsenergie aufrechterhalten, weiter mit Feedback und Raum für offenen Austausch arbeiten, Erfolge feiern, »Außenseiter« integrieren, Erlerntes festhalten und auf den nächsten Veränderungsprozess übertragen. Was hat uns in diesem Veränderungsprozess gut durch die Räume geholfen? Was können wir daraus lernen und für künftige Veränderungsvorhaben positiv nutzen?

Chancen und Blick in die Zukunft

Herausforderungen sind gleichzeitig Chancen für die Zukunft. Ein bewusster und sicherer Umgang mit Emotionen im beruflichen Umfeld erschließt uns viele neue Potenziale. In der Rolle einer Führungskraft erfahren wir in der Selbstreflexion einen größeren Handlungsspielraum für uns selbst. Diese Optionen geben uns mehr persönlichen Spielraum und neue Erfahrungsräume. Situationen, die bisher extremen Druck erzeugt haben, können sich abschwächen und sogar auflösen. Das teilweise kräftezehrende Wegdrücken oder Umlenken von Gefühlen kann durch ein bewusstes Wahrnehmen ersetzt werden. Die Emotion kann endlich ihre Aufgabe als Hinweisgeber und Botschafter erfüllen.

Durch die emotionale Begleitung werden sogenannte Changeprozesse nachhaltiger umgesetzt und Mitarbeiter aktiv in der emotionalen Verarbeitung unterstützt. Daraus resultiert sehr häufig auch eine wirtschaftliche Komponente, die im betrieblichen Kontext eine wichtige Rolle spielt. Dies ist sicher auch für den zukünftigen Ausblick ein wichtiger Aspekt.

Ganz konkret bedeutet dies: Führungskräfte können für sich selbst mehr »Entscheidungsfreiheit« erreichen. In der Mitarbeiterführung ist durch diese vertiefenden Fähigkeiten eine individuellere Begleitung möglich. Dies kann neben der verbesserten Mitarbeiterzufriedenheit und Motivation auch ganz konkrete Themen wie Zielerreichung, Konfliktlösung, Fluktuation, Krankheitsquote bis hin zu Burn-out positiv beeinflussen. Das aktuelle berufliche Umfeld ist offener für diese notwendige Anpassung. Das bereits beschriebene Spannungsfeld zwingt uns praktisch, alle möglichen Ressourcen zu nutzen, den Erfolgspfeiler unserer Zeit zu kultivieren, unsere Emotionskompetenz weiterzuentwickeln und authentisch zu integrieren.

Das neue Bild der Zukunft

In meinem »Raum der Erneuerung« ist das »Umparken im Kopf« vollzogen! Diese Chance und dieses Zukunftsbild sehen wie folgt aus: Der aktive und gefühlte Umgang mit Emotionen erhöht die Effektivität im Arbeitsleben. Es gibt weniger Missverständnisse, Konflikte, Fluktuationen, Fehlentscheidungen, Erschöpfungszustände und ungelöste Probleme. Die Organisation wird nachhaltiger und effektiver. Die emotionalen Themen erhalten ihren angemessenen Raum in guter Balance zu den sachlichen Aspekten. Mitarbeiter und Führungskräfte können sich voll und ganz mit all ihren Potenzialen und Lösungsideen einbringen. Es entstehen stabile Beziehungen, die ein echtes An-einem-Strang-Ziehen und bemerkenswerte Ergebnisse ermöglichen. Wir nutzen die bisher zu wenig ausgeschöpfte Ressource »Emotionen« aus. Sowohl Führungskräfte als auch Mitarbeiter sind ganzheitlich mit Kopf und Bauch eingebunden. Dadurch können innovative Ideen, Modelle und Lösungen entstehen. Der Mut besteht, sich auf die Kraft der Emotionen ganz einzulassen.

Die Führungskräfte haben sich zu Vorbildern und Leuchttürmen entwickelt und sind somit positive Unterstützer. Ihre Stärke ist es, auch ihre

Schwächen zu offenbaren und gelebte Emotionen als Teil des nachhaltigen Erfolges zu verstehen. Sie sind fähig, die Kraft der Emotionen als innere Einstellung und Haltung zu betrachten. Sie lernen immer mehr, ihre eigenen Gefühle wahrzunehmen und wirklich zu fühlen.

Lassen Sie uns also »nix wie fühlen«!

ANHANG

Über die Autoren

Andreas Knuf ist Psychologischer Psychotherapeut. Er ist als niedergelassener Psychotherapeut in Konstanz am Bodensee tätig und arbeitet daneben als Dozent und Supervisor. Zum Umgang mit Gefühlen hat er den Ratgeberband »Ruhe, ihr Quälgeister. Wie wir den Kampf gegen unsere Gefühle beenden können« veröffentlicht, außerdem den Onlinekurs »Nix wie fühlen!« (www.inneresglueck.de). Zahlreiche Buchveröffentlichungen und Fachartikel. Bei Arbor ist sein Ratgeber »Ruhe da oben! Wege zu einem gelassenen Geist« erschienen.

Kontakt: www.andreas-knuf.de

Armin K. Kaupp ist Coach, Führungstrainer und Berater. Er arbeitet für verschiedenste nationale und internationale Unternehmen. Er ist Inhaber und Geschäftsführer der seepunkt AG in Kreuzlingen (Schweiz).

Kontakt: armin.kaupp@seepunkt.com
www.seepunkt.com

Christine Weiß ist zertifizierte EFT-Trainerin, EFT-Supervisorin und EFT-Therapeutin. Gemeinsam mit ihrem Mann Hendrik Weiß führt sie das EFT Center Hannover für Training & Supervision und arbeitet in eigener Praxis mit Paaren, Einzelnen und Gruppen.

Kontakt: info@eft-center-hannover.de
www.eft-center-hannover.de

Literaturverzeichnis

Adyashanti (2006). *True Meditation. Discover the Freedom of Pure Awareness.* Sounds True.

Auszra, L. et al. (2017). *Emotionsfokussierte Therapie. Ein Praxismanual.* Hogrefe.

Barnow, S. (2015). *Gefühle im Griff! Wozu man Emotionen braucht und wie man sie reguliert.* Springer-Verlag.

Bauer, J. (2006). *Warum ich fühle, was du fühlst.* Heyne.

Berking, M. (2010). *Training emotionaler Kompetenzen.* Springer-Verlag.

Bohus, M.; Wolf, M. (2009). *Interaktives Skillstraining für Borderline-Patienten.* Schattauer.

Bowlby, J. (2014). *Bindung als sichere Basis.* Reinhardt.

Brach, T. (2020). *Dein furchtloses Herz: Mit der RAIN-Methode schwierige Emotionen heilen.* O.W. Barth.

Brakemeier, E.-L. et al. (2012). *Chronische Depression.* Hogrefe.

Brubacher, L. L. (2020). *Wegweiser Emotionsfokussierte Paartherapie. Paare prozess- und bindungsorientiert durch den Dschungel der Gefühle begleiten.* Vandenhoeck & Ruprecht.

Coan, J.; Maresh, E. L. (2014). Social Baseline Theory and Social Regulation of Emotion. In: J. J. Gross (Hg.) *Handbook of Emotion Regulation.* Guilford Press.

Eifert, G. H. et al. (2009). *Mit Ärger und Wut umgehen. Der achtsame Weg in ein friedliches Leben.* Hogrefe.

Eifert, G. H. (2011). *Akzeptanz- und Commitment-Therapie (ACT).* Hogrefe.

Ekman, P. (2016). *Gefühle lesen. Wie Sie Emotionen erkennen und richtig interpretieren.* Spektrum Akademischer Verlag.

Forsyth, J. P.; Eifert, G. H. (2010). *Mit Ängsten und Sorgen erfolgreich umgehen. Ein Ratgeber für den achtsamen Weg in ein erfülltes Leben mit Hilfe von ACT.* Hogrefe.

Franz, M. (2016). Vom Affekt zum Mitgefühl. Entwicklungspsychologische und neurowissenschaftliche Aspekte der emotionalen Regulation am Beispiel der Alexithymie. In: Lewkowicz, E.-M. et al. (Hg.): *Führung und Gefühl,* S. 15–35.

Germer, C.; Neff, K. (2021). *Achtsames Selbstmitgefühl unterrichten.* Arbor.

Gilbert, P.; Choden (2014). *Achtsames Mitgefühl: Ein kraftvoller Weg, das Leben zu verwandeln.* Arbor.

Gilbert, P. (2011). *Mitgefühl. Wie wir Mitgefühl nutzen können, um Glück und Selbstakzeptanz zu entwickeln und es uns wohl sein zu lassen.* Arbor.

Gilligan, S. (2014). *Generative Trance: Das Erleben kreativen Flows.* Junfermann.

Glasenapp, J. (2021). *Emotionen als Ressourcen: Manual für Psychotherapie, Coaching und Beratung.* Beltz.

Goleman, D. (1996). *EQ. Emotionale Intelligenz.* dtv.

Goleman, D. (2003). *Emotionale Führung: Durch emotionale Intelligenz erfolgreich in Führungspositionen sein.* Ullstein.

Greenberg, G. (2011). *Emotionsfokussierte Psychotherapie.* Ernst Reinhardt.

Gunaratana, B. H. (1996). *Die Praxis der Achtsamkeit. Eine Einführung in die Vipassana-Meditation.* Kristkeitz.

Gysling-Tappeiner, C. (2012). *Emotionale Schemata und Emotionsregulation von Psychotherapeutinnen und Psychotherapeuten.* Masterarbeit.

Haarer, J. (1934). *Die deutsche Mutter und ihr erstes Kind.* Lehmanns.

Hayes, S. et al. (2004). *Akzeptanz und Commitment Therapie. Ein erlebnisorientierter Ansatz zur Verhaltensänderung.* Cip-Mediendienst.

Herrmann, I.; Auszra, L. (2017). *Emotionsfokussierte Therapie. Ein Praxismanual.* Hogrefe.

Herwig, U. et al. (2010). Self-related awareness and emotion regulation. In: *Neuroimage,* 50, 2, S. 734–741.

Hüther, G. (2017). Wie Embodiment neurobiologisch erklärt werden kann. In: Storch, M./Cantieni B./Hüther, G./Tschacher, W. (2017). *Embodiment: Die Wechselwirkung von Körper und Psyche verstehen und nutzen.* Hogrefe.

Janssen, C. F. (1996). *The Four Rooms of Change (Förändringens fyra rum).* Wahlström & Widstrand.

Jennissen, S. et al. (2016). Emotion dysregulation mediates the relationship between child maltreatment and psychopathology: A structural equation model. In: *Child Abuse & Neglect,* 62, S. 51–62.

Johnson, S. M. (2017). *Liebe macht Sinn – Revolutionäre neue Erkenntnisse über das, was Paare zusammenhält.* Btb.

Johnson, S. M. (2019). *Halt mich fest. Sieben Gespräche über lebenslange Liebe.* Junfermann.

Johnson, S. M. (2020). *Bindungstheorie in der Praxis – Emotionsfokussierte Therapie mit Einzelnen, Paaren und Familien.* Junfermann.

Johnson, S. M. (2021). *Praxis der Emotionsfokussierten Paartherapie. Verbindungen herstellen.* Junfermann.

Kahneman, D. (2012). *Schnelles Denken, langsames Denken.* Siedler.

Khema, A. (2011). *Die Kunst des Loslassens. Der Weg der spirituellen Vertiefungen.* Jhana-Verlag.

Knuf, A. (2022). *Ruhe da oben! Der Weg zu einem gelassenen Geist.* Überarbeitete Neuausgabe. Arbor.

Knuf, A. (2013). *Ruhe, ihr Quälgeister. Wie wir den Kampf gegen unsere Gefühle beenden können.* Arkana.

Knuf, A. (2016). *Sei nicht so hart zu dir selbst. Selbstmitgefühl in guten und in miesen Zeiten.* Kösel.

Knuf, A. (2020). *Umgang mit Gefühlen in der psychiatrischen Arbeit.* Psychiatrie-Verlag.

Lammers, C. H. (2011). *Emotionsbezogene Psychotherapie. Grundlagen, Strategien, Techniken.* Schattauer.

Linehan, M. (2008). *Dialektisch-Behaviorale Therapie (DBT) der Borderline-Persönlichkeitsstörung. DBT Therapiebuch.* Psychosozial-Verlag.

Luoma, J. et al. (2009). *ACT-Training Handbuch: Acceptance & Commitment Therapie. Ein Lernprogramm in zehn Schritten.* Junfermann.

McCullough, L. et al. (2019). *Affektfokussierte psychodynamische Psychotherapie. Ein integratives Manual zur Behandlung von Affektphobien.* Kohlhammer.

Mennin, D. S. et al. (2002). Applying an emotion regulation framework to integrative approaches to generalized anxiety disorder. In: *Clinical Psychology*, 9, 1, S. 85–90.

Meyer, Ch. (2016). *Ein Kurs in wahrem Loslassen.* Arkana.

Mikulincer, M.; Shaver, P. R. (2016). *Attachment in Adulthood.* Guilford Press.

Neff, K. (2012). *Selbstmitgefühl. Wie wir uns mit unseren Schwächen versöhnen und uns selbst der beste Freund werden.* Kailash.

Neff, K.; Germer, C. (2019). *Selbstmitgefühl – Das Übungsbuch: Ein bewährter Weg zu Selbstakzeptanz, innerer Stärke und Freundschaft mit sich selbst.* Arbor.

Nissen, L.; Sturm, M. (2018). *Emotionsvermeidung überwinden: Eine integrative Methode zur Regulierung des inneren Alarmsystems.* Junfermann.

Plamper, J. (2012). *Geschichte und Gefühl. Grundlagen der Emotionsgeschichte.* Siedler.

Plassmann, R. (2019). *Psychotherapie der Emotionen. Die Bedeutung von Emotionen für die Entstehung und Behandlung von Krankheiten.* Psychosozial-Verlag.

Reckwitz, A. (2017). *Die Gesellschaft der Singularitäten. Zum Strukturwandel der Moderne.* Suhrkamp.

Rosa, H. (2016). *Resonanz: Eine Soziologie der Weltbeziehungen.* Suhrkamp.

Seebauer, L.; Jacob, G. (2021). *Imaginatives Überschreiben.* Hogrefe.

Seiffge-Krenke, I. (2000). Causal links between stressful events, coping style, and adolescent symptomatology. In: *Journal of Adolescence*, 23, 6, S. 675–691.

Staemmler, M. (2021). *Resonanz und Mitgefühl. Wie Trost gelingt.* Klett-Cotta.

Stahl, S. (2015). *Das Kind in dir muss Heimat finden. Der Schlüssel zur Lösung (fast) aller Probleme.* Arkana.

Taylor, S. (2021). *Extraordinary Awakenings. When Trauma Leads to Transformation.* New World Library.

Teismann, T.; Ehring, T. (2019). *Pathologisches Grübeln.* Hogrefe.

Tolle, E. (2002). *Jetzt. Die Kraft der Gegenwart.* Kamphausen.

Treleaven, D. (2019). *Traumasensitive Achtsamkeit.* Arbor.

Wagner, A. (2021). *Gelassenheit durch Auflösung innerer Konflikte: Mentale Selbstregulation und Introvision.* Kohlhammer.

Wagner, B. (2013). *Komplizierte Trauer. Grundlagen, Diagnostik, Therapie.* Springer.

Wagner, T.; Russinger, U. (2016). *Emotionsbasierte systemische Therapie. Intrapsychische Prozesse verstehen und behandeln.* Klett-Kotta.

Wendisch, M. (2015). *Verhaltenstherapie emotionaler Schlüsselerfahrungen. Vom kognitiven Training zur emotionalen Transformation. Wissenschaftliche Grundlagen und praktische Anleitung.* Hogrefe.

Young, J. et al. (2015). *Schematherapie: Ein praxisorientiertes Handbuch.* Junfermann.

Online-Kurs »Nix wie fühlen!«

Ein Online-Selbsterfahrungskurs, um einen achtsamen Umgang mit den eigenen Gefühlen zu kultivieren.

Er kann auch zur Vertiefung der Buchthemen verwendet oder Klient*innen empfohlen werden.

Du möchtest einen besseren Zugang zu deinen Gefühlen finden oder von heftigen Gefühlen nicht mehr überflutet werden? Du möchtest nicht länger gegen deine Gefühle kämpfen, sondern achtsamer und freundlicher mit ihnen umgehen? Nix wie fühlen! ist ein neuer Online-Kurs über den achtsamen Umgang mit Gefühlen, bestehend aus 7 Modulen, in denen du lernst, deine Gefühle besser zu verstehen, unangenehme Gefühle anzunehmen und dich auch angenehmen Gefühlen wieder mehr zu öffnen.

www.inneresglueck.de

Für Lesende von **Nix wie fühlen!** gibt es den Kurs für 99 EUR statt 139 EUR. Verwende den Code: FUEHLEN99

Das kannst du lernen:
Modul 1 - Wie kann ich meine Gefühle besser kennenlernen?
Modul 2 - Wie kann ich einen Zugang zu meinen Gefühlen finden?
Modul 3 - Wie entstehen meine Gefühle eigentlich?
Modul 4 - Wie kann ich gut mit meinen Gefühlen umgehen?
Modul 5 - Wie gehe ich mit Gefühlen um, die von früher kommen?
Modul 6 - Die drei Schritte zum achtsamen Umgang mit Gefühlen
Modul 7 - Wie kann ich angenehme Gefühle stärken?
Notfallübung

Dieser Kurs beinhaltet:
30 etwa 10-minütige Videos
8 Audiomeditationen und Übungen – auch als Download

ISBN 978-3-86781-350-1

Andreas Knuf

Ruhe da oben!

Der Weg zu einem gelassenen Geist

Andreas Knuf beschreibt, warum unser Geist Probleme liebt, so gerne bewertet, kommentiert und vergleicht, und wie wir lernen können, dass ein Gedanke ein Gedanke und keine Tatsache ist. Zudem zeigt er, wie wir durch Annehmen, Entschleunigen und Loslassen Inseln der Wachheit in unserem Leben erfahren können – und ein wenig mehr inneren Frieden erleben.

Für diese Neuausgabe wurde das Buch überarbeitet und um neueste Erkenntnisse zum Thema Grübeln ergänzt. Zugleich enthält es noch mehr wirkungsvolle Strategien, um wirklich »Ruhe da oben« zu erleben.